iHuman
新民说

成为更好的人

法政纠结

北洋政府时期"罗文干案"的告诉与审断

杨天宏 著

广西师范大学出版社
·桂林·

法政纠结：北洋政府时期"罗文干案"的告诉与审断
FAZHENG JIUJIE:
BEIYANG ZHENGFU SHIQI "LUOWENGANAN" DE GAOSU YU SHENDUAN

图书在版编目（CIP）数据

法政纠结：北洋政府时期"罗文干案"的告诉与审断 / 杨天宏著. —桂林：广西师范大学出版社，2018.7
ISBN 978-7-5598-0878-3

Ⅰ．①法… Ⅱ．①杨… Ⅲ．①北洋军阀政府—司法—案例 Ⅳ．①D929.6

中国版本图书馆 CIP 数据核字（2018）第 099885 号

广西师范大学出版社出版发行

（广西桂林市五里店路 9 号　邮政编码：541004）

　网址：http://www.bbtpress.com

出版人：张艺兵

全国新华书店经销

长沙鸿发印务实业有限公司印刷

（湖南省长沙县黄花镇黄垅村黄花工业园 3 号　邮政编码：410137）

开本：880 mm × 1 240 mm　1/32

印张：8　字数：177 千字

2018 年 7 月第 1 版　2018 年 7 月第 1 次印刷

定价：68.00 元

如发现印装质量问题，影响阅读，请与印刷厂联系调换。

目　录

第一章　法政纠结：罗文干案告诉程序的合法性争议 / 001

一、罗案告诉程序的合法性争议 / 005

二、罗案"声请再议"的缘由与法律依据 / 015

三、蔡元培辞职与罗案检审法律生态的变化 / 024

四、罗案处置中"独立司法"存在的问题与外部干预 / 036

五、法院对罗案的程序合法裁断 / 047

第二章　罪抑非罪：罗文干案的审断与案情原委 / 054

一、被告"受贿"指控的事实辩证 / 056

二、被告"伪造公文"指控的事实辩证 / 067

三、被告"损害国家利益"指控的事实辩证 / 081

四、奥国战争赔款与中方债务冲抵 / 095

五、中国在奥债新旧合同转换中的损失估算 / 109

第三章　了犹未了：法政纠结下罗文干案的结局 / 114

一、"保洛之争"与罗案的曲折反复 / 117

二、影响罗案检审的外交因素 / 135

三、顾维钧出任外长与罗案妥协 / 146

四、罗案判决与奥款展期合同的善后处置 / 153

第四章　结　语 / 163

附　录　罗文干案部分重要资料辑录 / 171

第一章
法政纠结：罗文干案告诉程序的合法性争议

民国肇建之初，北京政府向奥地利银行团借款，该银行团通过在债券市场发行中国债券的方式募集资金计475万英镑，借与中国，其中231万镑被指定购买奥国军舰及武备。合同执行后，截至1915年底尚有到期应还本金123万镑未还，财政部于次年6月与奥银团商订展期合同。后因欧战爆发，中国对德、奥宣战，奥款本息停止支付，中国所购军舰等亦未交货。战后持票人代表暨意、法两国公使多次催促中方履行合同。财政总长罗文干遂与当事银行接洽，以抛弃定金62万镑为前提，将前订合同中的购货合同取消，核结欠款总数577万余镑，于1922年11月14日签订期限十年的展期合同，是为奥款新展期合同。[1]

该展期合同签订后，华义银行副经理徐世一持证据揭发罗文

---

[1]《财政部华义银行前奥款展期借款》引言，财政科学研究所、中国第二历史档案馆编《民国外债档案史料》第8册，档案出版社，1990，第442-443页。

干受贿等情。[1]国会以国家利益严重受损，酝酿查办，经众议院正、副议长吴景濂、张伯烈面见总统揭发，总统令京师警备厅将罗逮捕，震惊朝野的"罗案"由是发生。罗案发生后，因保、洛军阀出于各自利益的不同干预，罗文干曾两度进出囹圄，但检察厅最初做出不予起诉的处分决定。国务会议对此不满，通过了教育总长彭允彝提出的"声请再议案"，罗文干因此再入看守所并在检厅续行侦查后以受贿及诈财图害国家利益罪受到起诉。然而，由于复杂的内政与外交因素交互作用，京师地方法院最终做出被告无罪的法庭判决。检厅方面不服判决，曾提起上诉，但随着政局变化，"最高问题"即总统选举提上日程，直系内部关系也因"反直三角同盟"逐渐形成而被迫修补，外交压力也越来越大，在此背景下，检厅宣布撤回上诉，罗案遂以原告败诉从法律上宣告了结。[2]

罗案因被告为现任财政总长又牵扯国务总理王宠惠，涉案金额高达数千万元华币，并史无前例地同时激起政潮、法潮和学潮，堪称近代中国"级别"最高且最具影响的刑事案件之一。就内涵而言，这一案件的复杂性超乎寻常想象，涉及闻见杂呈各说不一的事实甄别及刑法与刑事诉讼法的条款适用、合同执行期间国际关系的变化、债权关系转移后合同的有效性、合同执行中的违约责任、借款还债中本金的变化与利息复利计算、战争赔款与借款

---

[1] 《奥债之续讯·债案之屑》，《益世报》1922年11月22日，收入季啸风、沈友益主编《中华民国史史料外编》（前日本末次研究所情报资料，以下略作《史料外编》）第10册，广西师范大学出版社，1997，第421页。
[2] 胡宝麟：《罗文干签订奥款展期合同案》，《文史资料存稿选编·晚清北洋（下）》，中国文史出版社，2002，第91页。

冲抵的国际法依据,以及国内政局与外交形势变化等多方面问题。[1]就连站在"好人政府"立场为被告辩护的胡适,也因顾虑问题过于复杂,除声称"相信"罗文干的"人格"不至受贿并情绪化地表示中国不应在借款问题上"赖债"外,不愿就其他犯罪指控发表意见。[2]

就"价值"而言,罗案研究已远远超出被告罪与非罪的法庭判决正误探讨,具有法律、政治、经济及国际关系的丰富含义。然而国内外相关研究与此案的价值却极不相称。既有研究几乎无一例外地将此案视为政治陷害,认为罗文干不过是保、洛之争背景下国会与内阁争斗的牺牲品。[3]作者从相关史料的阅读中发现许多与既有言说不同的记录,故拟对罗案研究做点拾遗补阙与匡误的工作。为避免偏信之暗,确保事实重建的完整,作者将

---

[1] 详见刘崇佑《罗文干等被告诈财及伪造文书案调查证据意见书》(辩护人律师刘崇佑呈递法院原文),中国科学院近代史研究所资料室藏档,登录号:312249,分类号570/299/7222,第2页。

[2] 胡适:《这一周》第49(1922年6月至1923年4月),欧阳哲生编《胡适文集》第3集,北京大学出版社,1998,第445-446页。

[3] 罗案学术史的梳理是一件既十分复杂又颇为简单的事情。说其复杂,是指研究者甚多,相关成果层出不穷。尽管专题研究罗案的论著近乎阙如,但研究北洋时期政治史、法律史、中外关系史甚至财政史的论著,无不提到罗案;说其简单,是因为迄今国内外几乎所有论著,都一种口径,一种声音,认为罗文干案是冤案,罗是政治的牺牲品,罗案原告的主张缺乏事实支撑与法律依据,法院的最终判决是正确的。有关罗案或涉及罗案的研究论著主要有,经先静:《内阁、国会与实力派军阀——20世纪20年代罗文干案始末》,《史学月刊》2004年第4期;周默:《罗文干案:司法界的独立战争》,《看历史》2011年第5期;周浩:《"罗文干案"与民国司法》,收入陈煜主编《新路集——第二届张晋藩法律史学基金会征文大赛获奖作品集》,中国政法大学出版社,2013;毕连芳:《北洋财长罗文干案》,《检察风云》2006年第11期;唐振常:《从两次辞职事件论蔡元培》,《社会科学战线》1983年第3期;娄岱菲:《蔡元培1923年辞职原因新探》,《教育学报》2008年第4卷第6期。

同时观照原告与被告两方面的陈述。不过鉴于既有研究中原告方近乎成为失语者（the voiceless），本书可能会对原告一方提供的证据与反证做较多举证。现代司法原则强调"疑罪从无"（no punishment in doubtful cases），在时过境迁之后研究历史，应有理解甚至宽容当时当事人所为的历史主义立场与胸襟（empathy），因而对已由法庭宣判无罪的被告，作者不免会有重新置人于有罪地步的忌讳，但就罗氏涉嫌的三项犯罪指控而言，尽管作者感情上更倾向于认同胡适"好人政府"成员的"人格"应不至有问题的辩护，却也不能漠视显见的历史事实，轻信既有言说。

罗案初始阶段的争议并非围绕实体问题展开，而是偏向技术路线的程序层面。被告方及主流的社会舆论均认为，罗案告诉及声请再议程序严重违法，检察机关最初亦曾做出不予起诉的处分决定。刑事案件检审强调程序合法，其间存在庞德（Roscoe Pound）所言法律的"执行正义"[1]问题，并直接影响到案件的实体研判。按照民国刑事诉讼条例相关条款严格审视原告行为，尽管确存在一些程序不规范现象，但总体而言，其告诉及声请再议均被限制在法律范围内，未尝逾矩。北京律师公会的调查论证与法院的最终判决，从法理、现行法律及司法实践角度证明了这一点。

然而，蔡元培等人对罗案告诉"程序违法"和对原告方干预"司法独立"的严重抗议激起的大规模学潮、法潮，造成强大到几乎不可拂逆的社会舆论，罗案检审的法律生态为之改变，该案最终判决被告无罪，不能说与此无关。如果说，近代中国司法实践中程序违法干扰实体判断系一普遍存在的现象，罗案则可视为能够

---

[1] 〔美〕庞德：《通过法律的社会控制——法律的任务》，商务印书馆，1984，第55页。

证明这一现象的特殊案例,提示了案件当事人在捍卫"司法独立"原则的旗帜下对"独立司法"实施逆向干扰的可能。这一复杂的历史表现形态不仅平添了罗案的史学研究价值,也赋予该案法学及司法实践研究的意义,启发人们从通常未能设想到的方向思考。

汉密尔顿(Alexander Hamilton)说:"由于人类弱点所产生的问题种类繁多,案件浩如瀚海,必长期刻苦钻研者始能窥其堂奥。所以,社会上只能有少数人具有足够的法律知识,可以成为合格的法官。"如果只依靠"常人的推理"或"社会的良心",将会"湮没法律职业的权威与尊严"[1]。所言虽系针对从事法律职业者,但对研判历史陈案的学人同样适用。本书将尽力体现法史研究的"专业性",避免"常人的推理"或依据"社会的良心"做出轻率判断。研究历史陈案应效法"老吏断狱",熟悉律例,明辨是非,虽无可置辩的学术审断结果很难达致,但对作者而言,纵或不能,心实向往。

一、罗案告诉程序的合法性争议

1922年12月10日,《努力周报》刊登了一篇署名Y.J.的文章,对罗案的告诉过程做了略带文学色彩的述评,文曰:"大惊小怪的罗案,随着政潮的起伏,渐已寂寂无闻了。现在罗案既已成了

---

[1] 〔美〕汉密尔顿、杰伊、麦迪逊:《联邦党人文集》,程逢如等译,商务印书馆,1980,第396页。就连国外的报道也说:"自此案发生后,报纸消息,多相抵触,局外人未能知其真相。"《特约路透通电·罗案扩张之外信》,《申报》1922年11月29日,第4版。

法律问题，在法庭未判决之先，我不愿多加批评揣测。不过罗案从发觉到今日，已经历三个阶级：第一个阶级说是罗文干受贿，两个议长拉了一个银行西崽，好像是探听了什么内乱罪非常犯似的，巴巴的跑到总统府去告密。这位总统也就如拿什么内乱罪非常犯似的，立刻拿解讯办。什么叫做法律，什么叫做程序，一切都可不顾，可怜只为受贿两个字。"[1]

文章提到的"两个议长"即众议院正、副议长吴景濂和张伯烈，所拉"银行西崽"为华义银行副经理徐世一，他被认为是告发罗文干受贿之人。[2] 徐世一字亚幹，曾任第二届国会议员，事发之后，即向银行辞职。[3] 1922年11月19日下午吴、张谒见黎元洪时，黎曾传徐某，详问一切，徐答以若证据有一不实，甘受死罪。黎遂传警察总监入府，手交密谕，命立拿罗文干，送交法庭。[4]

罗文干被捕引来此案是否程序合法的严重质疑。在内阁与议院联席会议上，国务总理王宠惠指责总统羁押总长违法，要求按司法程序将罗文干移送法院审理。[5] 11月20日，被视为王阁靠山的吴佩孚发出通电，斥责罗案办理非法，称"现行内阁制度，照

1　Y.J.：《这一周》，《努力周报》1922年12月10日第32期，第1版。
2　徐氏原籍浙江，在京多年，系唐山矿业学校毕业，曾任济南高等学堂教员，哈尔滨某报主笔，陇海铁路副工程师，安福国会议员，华义银行京行协理，告发罗案后辞职。亦是：《罗案消息汇闻·徐世一略历》，《申报》1922年11月25日，第7版。
3　《奥债之续讯·债案之屑》，《益世报》1922年11月22日，《史料外编》第10册，广西师范大学出版社，1997，第421页。
4　通一：《一周间国内大事纪略·北京政潮》，《申报》1922年11月26日，星期增刊第1版。
5　颜惠庆：《颜惠庆自传：一位民国元老的历史记忆》，吴建雍等译，商务印书馆，2003，第178页。

章俱由内阁负责,罗总长及该司长等纵有违法事件,应提出阁议公决,经国务员副署,解除官职,方能送交法庭,若如聂统领、薛总监来电所云,似属不成事体,殊蹈违法之嫌,非所以保持威信昭示国人也"[1]。梁启超、蔡元培对黎元洪下令逮捕罗文干也曾做出"不合法律手续","令人诧异"的表态。[2]

各方抗议捕罗,依据是《临时约法》中总统颁令须由国务员副署及国务员渎职应由国会弹劾的规定。[3]因约法系宪法性文件,高一涵乃指责总统议长行为"违宪"[4],顾维钧面见黎元洪时亦明确表示,"根据宪法",内阁是向总统负责的,"怎能不和政府总理或司法总长打个招呼就逮捕阁员呢?所以,我来觐见总统就是为了弄清为什么会发生这种事,谁下令逮捕罗博士的,以便确定责任问题"。[5]

对于罗案处置"程序违法",许宝蘅的意见最具代表性。罗案发生翌日(11月19日),他在日记中写道:

> 此事之谬误,真可叹恨。吴、张若以议会资格,当提出弹劾,若以人民资格,当向法庭起诉,何能以议长

---

[1] 怫况:《罗案始末纪》上编,《互助》1923年第1卷第1期,第11页。
[2] 《梁任公为罗案致黎黄陂电》,《申报》1922年11月23日,第13版;蔡元培:《为罗文干被捕答记者问》(1922年11月26日),《晨报》1922年11月26日,收入中国蔡元培研究会编《蔡元培全集》第4卷,浙江教育出版社,1997,第819-820页。
[3] 《中华民国临时约法》(民国元年三月十一日公布),郭卫编《中华民国宪法史料》,沈云龙主编《中国近代史资料丛刊》正编第88辑第879册,台北:文海出版社有限公司,出版时间不详,第13-17页。
[4] 高一涵:《国法何在》,《努力周报》1922年11月26日第30期,第2版。
[5] 《顾维钧回忆录》第一册,中国社会科学院近代史研究所译,中华书局,1983,第244-254页。

名义强迫元首横行逮捕？此一谬也。总统命令非国务总理署名不生效力，既不拒绝张、吴违法之请求，又单独行使总统之职权，此二谬也。聂、薛以总统手谕请示总理，乃不有正当之处决，但肆怒骂，以致聂、薛无可如何，但依总统之使令，以行违法之逮捕，此三谬也。……至于罗之得受回扣，应否借款，乃另一问题，不能并为一谈也。[1]

对于各方指责，黎元洪曾通电辩解，称罗文干等签署奥款展期合同，涉嫌受贿及严重损害国家利益，国会正、副议长持公函要求查办，有证人出面作证，嫌疑人又有"远飏"之可能，遂依两议长所请，面谕薛总监等据院印公函，将其传送法庭。至于罗等以现任总长身份，未解职而先送法庭，虽无现行法依据，但成例甚多，所为不过援例而已，与现行法制并无不合。[2]

黎氏所说"成例"很明显为被告及其辩护方忽略了。由各国法学家草拟的《调查法权委员会报告书》指出：民国以来国家制定了约法及各种法律制度，但"中国法律实际上虽仅以大总统命令及部令为根据，而其适用于各法院丝毫不成问题。盖自法律之眼光观之，仅属条例之性质者而各法院已认为均有法律之效力，但制定各该条例之机关，如大总统及司法部得随时变更或废止

---

1 《许宝蘅日记》第3册（1922-1928），收入"中国近代人物日记丛书"，中华书局，2010，第912-913页。
2 《黎黄陂对于罗案之通电》，《河南自治周刊》1922年第11期，第23-24页；拂况：《罗案始末纪》上编，《互助》1923年第1卷第1期，第12-13页。

之"[1]。报告书虽旨在指陈中国法律制度的缺陷,却也道出了总统命令"适用于各法院"这一通行惯例。因而由总统下令将具有重大犯罪嫌疑的罗文干等人送交检察机关"依法办理",应该没有大的法律问题。

至于总统下令逮捕罗文干未经国务员副署这一看似与《临时约法》规定相左的做法,原告方也做出了解释。黎元洪说:"现行法例,凡嫌疑事件,关系本身者,应行回避,被告既系阁员,似无再交阁议之理,法律既无此规定,事实犹恐其扶同。"[2] 国会方面亦宣称,在王宠惠、高恩洪、顾维钧等内阁成员已成连带被告的情况下,要经其副署再查办犯罪嫌疑人几乎不可能。民国刑事诉讼法有相关的回避限制,可以用作无须副署的法律解释。针对不对罗文干提出"弹劾"而采取"查办"的违法质疑,国会方面也做了回应,声称弹劾是针对国务员的惩处措施,罗文干任总长仅系署理,未经国会同意,算不上国务员,故作一般官吏违法,以"查办"处置。[3] 这样的解释,虽不为被告方接受,却也能找到现行制度的依据。

由于总统下令逮捕罗文干被认为是受吴景濂、张伯烈"胁迫",故吴、张持国会印信告发嫌疑人是否合法亦备受关注。在此问题上,梁启超的意见最有分量。梁氏在罗案发生后一直未对罗是否

---

[1] 《调查法权委员会报告书》第二编"中国之法律及司法制度",《法律评论》1926年第182期增刊,第82页。

[2] 拂况:《罗案始末纪》上编,《互助》1923年第1卷第1期,第12-13页。

[3] 《众议院议长吴景濂等宣布议员余绍琴等提出查办罗文干案并议员李文熙等动议罗文干所订合同声明无效均经大多数可决电》(1922年11月23日),参议院公报科编《参议院公报》第3期第2册,1922年至1923年,公文,第51-53页。

犯罪表态,却对罗案处置的程序合法性提出质疑,认为罗文干是否犯罪须等法庭调查后才能证明,但目前已证明犯罪的至少有三人:"首犯"为吴景濂、张伯烈,罪名为以私人资格盗用众议院印信,假借议长名义威逼行政机关乱拿人,及抗拒法庭传票不肯到案。"共犯"为黎元洪,罪名为"听了两个私人的教唆,用私人资格乱发命令拿人"。梁启超指出,此三人犯的是"众目昭彰的现行罪"[1]。梁氏不愧曾担任司法总长,深通法律,且不说所断黎元洪为"共犯"是否确当,他能一眼看出吴、张以国会名义告发罗文干程序违法,目力就非同一般。吴、张二人未经院议便携带院印,以众议院名义要求总统拿办罗文干,其行为逾越法律范围,应无可质疑。

鉴于吴、张"冒用"众院名义要求总统捕罗违法,要求惩处的呼声不断。[2] 对吴、张不利的是,不仅各界责其违法者甚多,就连国会内部,也有呼吁惩处者。11月22日,众议院在通过查办罗文干案及宣布奥款合同无效案时,提出并讨论了惩戒吴、张案,谓二人未经院议,擅用众院印信,违背院法(众议院法规),应援院法第21条惩戒。议案由议员许峭嵩提出,至少130人附议。[3] 吴宗慈发言称:"吴景濂等检举罗文干丧权辱国,不经院议通过,虽系出以公心,为国尽力,但擅用院印之恶例不可开,提议惩戒,

---

1 梁启超:《对于罗文干案国民所应持的正义》,《兴华》1922年第19卷第46期,第31-32页。
2 如费保彦等就曾以"苏绅"名义通电,要求法庭传吴、张到法庭对质,主张对二人滥用职权的违法行为,"法庭应即检举,依法惩处"。《鼓动政潮之罗案消息》,《申报》1922年11月28日,第6版。
3 《政潮中之罗案消息·众院查办阁员与惩办议长》,《申报》1922年11月29日,第6版。

要求吴等当场谢罪。"[1]就连张伯烈事后亦表示与吴一起面见总统告发罗,"事前既毫无闻知,临事亦过嫌迫促",以致"急遽掩捕,掀动政潮",表示愿意向国人道歉。[2]可见吴、张所为违法,应无争议。

不过吴、张违反的只是"院法"而非刑事诉讼法,不能视为罗案告诉程序违法。且即便是违反院法,也只关乎程序,众议院几天后高票通过查办罗文干议案(详后),可视为对正、副议长告发罗文干一案合法性的追认。就票传事件而言,吴、张拒绝到庭,虽被舆论指为蔑视法庭,却未尝没有法律依据。所谓检察机关传票,实际上是由王阁命令京师地检厅发出,[3]这种被国会视为内含诸多"共案犯"的内阁指令检厅发出的传票,本身就存在合法性疑问。故传票发出后很快激怒国会议员,以为议长、议员在法律上有不受拘提之保障,即便有违程序,仅违反"院法",并非犯罪,其对罗案的检举,系代表众议院机关(事后众议院近乎全体一致通过查办罗文干案,可视为追认),票传议长等同侮辱国会。于是议员群至总统府理论,阻止下发国务院草拟的命令。黎元洪得知利害关系后,亦不愿颁令。不仅如此,议员还要求传司法次长

---

[1] 《国内要闻·罗案消息之别报》,《申报》1922 年 11 月 23 日,第 4 版。
[2] 在罗案实体问题上,吴、张立场是一致的。张伯烈虽在检举罗之后认识到程序违法并向国人"道歉",亦坚持认为:"至于罗案祸国,证据确凿,铁案如山,不可动摇。"表示自己既在告发程序上"疏失于前",就应当在事实上"坚持于后","此次巨大祸国赃案,既已发现,凡吾侪力所能及者,要当排除万难,摧陷廓清,义不反顾"。《公电·张伯烈通电》,《申报》1922 年 12 月 3 日,第 4 版。
[3] 《申报》报道称:罗案发生次日上午,全体阁员相率入府,责黄陂不商内法两阁员而径令军警逮捕,谓为违法。议决三项办法:1. 由总统下令,为众议院议长等下令逮捕罗系非法;2. 由国务院通电各省,陈述案件始末,为借款为民三之事,与罗无关;3. 由法庭以告发人名义,传吴景濂张伯烈,虚坐实就。《国内要闻·北京特约通信》,《申报》1922 年 11 月 22 日,第 6 版。

石志泉接受询问,石到府后承认票传议长系"地检厅错误",表示"传票当然取消",喧嚣一时的票传议长事件,方告结束。[1]

票传议长事件平息后,一个更为重要的问题即罗案有无合法告诉人的争议浮出水面。人所共知,罗案系由吴景濂、张伯烈引发,出乎意料的是,吴却不承认自己是"告发人",也不愿自居"告诉人"地位。他公开表示:对于罗案,"无论其请何高明律师,如查实罗文干无罪者,吾甘坐枪毙,但吾不承认为告发人"。[2] 吴氏所言引出高一涵对告诉人资格的主张。11月26日,高氏在《努力周报》上发表《国法何在》一文,论及罗案。认为依据刑事诉讼律第261条,检察官开始侦查及实施对嫌疑人的处分须有四个原因:1. 由被害人告诉;2. 由第三者告发;3. 由犯罪人自首;4. 由检察官直接闻见。高一涵认为,罗文干被送检厅既无人告诉,吴景濂、张伯烈也不承认为告发人,罗文干又未自首,检察官亦未直接闻见,依照法律,"无因而至"的案件应拒绝受理,无原告的"被告"不能收押,检厅受理罗案,显系违法。[3]

高一涵提出的问题使罗案原告方陷入尴尬。为摆脱窘境,众议员马骧对"告诉人"做了解释,认为凡涉及损害国家利益的案件,"全国四万万人"与"全国行政最高机关之国务院",均有告诉人之资格。国会议员"既系全国人民之代表,当然可以为告诉人"[4]。

---

1 《国内要闻·北京特约通信》,《申报》1922年11月22日,第6版。
2 亦是:《北京通信·罗案发生后之各方面情势》,《申报》1922年11月25日,第6-7版。
3 高一涵:《国法何在》,《努力周报》1922年11月26日第30期,第2版。
4 《众议院第三期常会会议速记录》第19号(1923年1月17日),李强选编《北洋时期国会会议记录汇编》第13册,国家图书馆出版社,2011,第447页。

罗案发生后，亦有人在《申报》发文，提出罗系由吴、张交给总统处置，应由"国会当原告"的主张。[1] 以国会议员充当"告诉人"的主张虽本于"主权在民"理念，有其合理性，却未必有现行法依据，故马骧等人的主张甫提出，就遭到同为国会议员的郭同的质疑。[2]

在此情况下，众议员陈则民以个人名义，向京师地检厅递交诉状，请求侦查起诉。[3] 诉状详列罗文干触犯刑律的事实，指出罗不能不负处理公务图利第三人损害国家财产之责任，故依据现行刑律及现行刑诉条例，具状告发，请检察厅票传被告，迅付侦查，提起公诉。[4] 罗案检察官胡宝麟分析说，陈则民这样做，是根据《六法全书》刑事诉讼条例规定，即检察官若不起诉或无告诉人，告发人有声请再议之权。罗案告诉人不明，陈则民告发，是准备万一检厅不起诉，即可以告发人资格，声请再议，做为预留地步。[5] 然而陈氏的"个人"身份又岂够资格担当"国家受害"的告发人？其主张不为检厅接受，洵属必然。

对原告不利的是，不仅罗案告诉方没有被认可的合法告诉人，就连被视为偏袒被告的京师地审厅，其认定的告诉人（总统黎元

---

1 《国内专电·北京电》，《申报》1922年11月20日，第3版。
2 《众议院第三期常会会议速记录》第19号（1923年1月17日），李强选编《北洋时期国会会议记录汇编》第13册，国家图书馆出版社，2011，第447-448页。
3 《京师地方检察厅侦察罗文干等办理奥款展期合同取消购货合同一案不起诉处分书》，《政府公报》处分书，1923年1月14日第2459号，第196册，第179页。
4 《陈则民告诉状》，拂况：《罗案始末纪》上编，《互助》1923年第1卷第1期，第28-30页。
5 胡宝麟：《罗文干签订奥款展期合同案》，《文史资料存稿选编·晚清北洋（下）》，中国文史出版社，2002，第92页。

洪）也不被承认。周一粟曾著文讨论京师地方审判厅受理罗案，认为罗案有"告发人"而无"告诉人"，黎元洪充其量只是"告发人"而已，故检厅受理，明显违法。[1]此亦不是，彼亦不是，有关罗案有无合法告诉人的争论陷入僵局。

从罗案告诉及检厅受理之初的情况看，程序违法应是客观事实。首先，作为一桩刑事罪案，罗案初始阶段没有明确的告诉人，对于连告诉人都尚不明确的案件，检察机关受理并实施侦查、做出免予起诉处分的法律依据何在，显然存在疑问。其次，吴、张持国会印信告发罗文干涉嫌违反国会法规，但检方受王阁指挥票传国会议长的行为亦属违法，毕竟议员具有刑事"豁免权"。可见就程序而言，罗案违法行为的主体不仅涉及告诉一方，也涉及检察机关。至于黎元洪能否下令逮捕现任总长，因罗并未取得国会同意这一国务员的法定资格，以当事人持证据揭发且事关重大国家利益并有先例可循为前提，黎元洪所为并不违法，吴、张滥用国会印信的责任，不应由黎承担。

不过罗案的程序违法远没有人们强调的那么严重。就性质而言，罗案告诉方的问题基本属于告诉程序上的"技术性违法"，社会舆论对处置罗案"践踏约法"、"蹂躏人权"的抗议[2]，以及各界对国会"查办"而非"弹劾"罗文干，总统逮捕罗文干的命令未经国务员副署这类应定义为"宪法性侵权违法"[3]的指控，在罗案告诉与检察的初始阶段基本无法坐实，有些指控则系出于对《临

---

1 周一粟：《论京师地审厅受理罗案之违法》，《法律评论》1923年第5期，第17-18页。
2 《教部学潮》，《兴华》1923年第20卷第4期，第31页。
3 有关"技术性违法"与"违宪性错误"或"宪法性侵权"的概念辨析，参阅陈瑞华《程序性制裁理论》，中国法制出版社，2005，第232-233页。

时约法》理解的偏颇（如将未经国会同意的内阁总长视为"国务员"）。罗案告诉阶段相关争议中真正被击中要害的是案件有无告诉人的问题，这一争议如此激烈，以致直到内阁更迭，王宠惠内阁在经历汪大燮内阁短暂过渡后为张绍曾内阁取代，仍未能平息。然而，随着新内阁"声请再议"罗案引发的更大争议，人们对罗案所涉问题的关注明显转向。

二、罗案"声请再议"的缘由与法律依据

1923年1月14日，京师地方检察厅发布《侦察罗文干等办理奥款展期合同取消购货合同一案不起诉处分书》，在做出不起诉处分的同时，详细说明了做此决定的理由，大意为受贿指控有华义银行当事人证明，三万五千镑已作为手续费交收，八万镑有交通部证明已转其账上，作为支付广九铁路还款之用。而伪造文书罪经王宠惠证明曾有禀告，至于图害国家罪一层，虽导致国家受损，当事人却无主观故意，不构成犯罪。[1]

---

[1] 《京师地方检察厅侦察罗文干等办理奥款展期合同取消购货合同一案不起诉处分书》，《政府公报》处分书，1923年1月14日第2459号，第196册，第177页起。但《益世报》载文所做检厅突然对罗文干宣布不起诉的原因分析，则提供了另一种思考。该文称："某方说者，以此与法长之人的问题，无不多少因应之关系。据云已经派署之法长王正廷，对于法长一席，现已表示坚决不干，将来法长，势不得不另易他人，于是时国会议员运动此席最烈而交由希望者，为褚辅成（益友社）张伯烈（新民社）温世霖（全民社），三人中无论何人长法，以各方之推测，咸恐与罗案之解决，难免有多少之不利，故此番手急眼快之处置，亦殊敏捷可爱云云。但在告发罗案之吴景濂派议员，闻之却不胜愤懑之极，闻吴氏得讯后，立即电话张绍曾，张氏含糊支吾，殊无以应，吴亦无可奈何。按刑诉条规则，告诉者方有请求再议之权，吴氏既为告发而非告诉，罗氏既经释放，便不致再有危险矣。"《罗文干被宣告释放矣》，《益世报》1923年1月12日，《史料外编》第10册，广西师范大学出版社，1997，第477页。

检察机关的不起诉处分在国会内激起的强烈反响,为当事者始料未及。署名"拂况"者的分析评论,最具代表性,有曰:

> 此案既经地检厅之宣告,法律上告一结束,惟以如此重案,地检厅竟以不起诉了之。国民方面,国会方面,以及所谓实力派者,是否亦即认为终了,诚不可知。或因是引起重大之恶潮,未可料也。近年以来,贪官污吏,布满国中,然一举手而丧失国帑至五千万之巨者,尚未前闻。今以如此重大之案,竟认为无起诉之理由,此中法理,真令人莫测其高深。试取其处分书,平心静气一读之,诚不能不佩服其措辞之妙,用心之苦矣。[1]

更为当事各方没有料到的是,不仅本来主张"依法严办"罗案的国会因检厅不予起诉而生反感,就连此前一直站在被告辩护立场的《努力周报》,亦流露出对如此轻率处置可能产生的后果的担心。1923年1月21日,该报载文指出:"我们看过罗案不起诉处分书,总有些痛惜他的证据和理由不十分充足,所以越想替罗文干昭雪,越惹起袒护罗文干的嫌疑。譬如'关于受贿部分'的证明,仅仅据'犯罪嫌疑人'或'共同犯罪嫌疑人'的口供;关于八万镑的用途固然侦出了下落,可是关于三万镑和五千镑的下落便置之不问。就以这两点,不得不说是处分书中的缺点。"文章表示赞成检察厅处分的"目的",却不赞成检察厅证明不犯

---

[1] 拂况:《罗案始末纪》上编,《互助》1923年第1卷第1期,第51-52页。

罪的"方法"。指出司法界固然不应害怕外界干涉,但是司法界自身的立脚点却不可不格外稳固;"司法界不必要对得住军阀国会,也不必要对得住罗文干,只要对得住法律"。[1]

各方对检察厅不起诉处分的质疑及国会议员表达的严重不满,为罗案"声请再议"创造了适宜的舆论环境。恰新内阁名单于此时发表,在这届内阁中,总理张绍曾是前内阁在罗案问题上相对中立的阁员,曾声明未见王阁开会议决奥款展期合同;司法总长程克和教育总长彭允彝都曾参加同盟会[2],民国成立后担任过南京临时政府参议院议员和其他要职,具有较深的资望与行政能力,对罗案亦有自己的主张,[3]加之张阁建立后试图协调与国会的关系,这为罗案"声请再议"提供了组织人事条件。

罗案"声请再议"缘于彭允彝1月15日在国务会议上的一项提议。彭在会上宣称,奥债一案,国家损失达数千万元之巨,检厅处分诸多含糊,若不彻究,无以明真相而儆官邪。国务院为国家代表,应代表国家为告诉人,向检厅声请再议。16日内阁例会,彭将声请再议案正式提交阁议。据称议案出自法学家张耀曾手笔,其文曰:"奥款展期合同,叠经国会及国务会议否认,今罗案与此项合同,有直接关系,地方监察厅,竟宣告诉讼不成立,认为与国家有莫大损害。依刑事诉讼条例第220条及252条、254条,

---

[1] I.H.:《关于罗案的批评》,《努力周报》1923年1月21日第38期。
[2] 胡宝麟:《罗文干签订奥款展期合同案》,《文史资料存稿选编·晚清北洋(下)》,中国文史出版社,2002,第94页。
[3] 《程克对于罗案主张尊重国会意见》,《史料外编》第10册,广西师范大学出版社,1997,第478页。

本院应代表国家为告诉人，请求再议。"[1] 17 日上午 10 时，黎元洪传程克入府，有所询问。当天下午，程克召集司法部特别部务会议，讨论罗案处置方法，决定颁发部令，命检厅再行侦查。[2] 18 日下午阁议通过声请再议案，着法长拟具理由书。程克对罗案免诉本不赞同，获此交代，遂于 2 月 1 日将罗案再议理由书拟就，并将羁押嫌疑人之部令送达检厅，罗、黄（指促成此事的商行买办、公债司司长黄体濂）二人遂再为阶下囚。[3]

关于声请再议之法律程序，阁议时本有两种主张：一是依普通诉讼手续，由国务院推出一阁员，向法庭具诉状，声请再议，此项主张乃彭允彝提出。二是由司法部以训令行之，为程克所主张。结果议定由司法部核办，故国务院 17 日晨咨文司法部，饬令检厅再行检查。[4]

国务院通过罗案声请再议案殊出罗文干支持者之意料。时论

---

1 案刑事诉讼条例第 220 条，被害人之法定代表人保佐人或配偶者得独立告诉；第 252 条，告诉人接受不起诉之处分书后，得于七日内，经由原检察官向上级检察长，声请再议；第 254 条，上级检察长，认为声请有理由者，应分别为左列处分：1. 侦察处分未完备者，命令下级检察官续行侦察。2. 侦察处分已完备者，命令下级检察官起诉。相关报道参见《国务院声请再议罗案之由来》，《晨报》1923 年 1 月 17 日，第 2 版；《今日阁议将提出之罗案再议案》，《益世报》1913 年 1 月 16 日，《史料外编》第 10 册，广西师范大学出版社，1997，第 478-479 页。
2 《国内要闻·罗文干二次被拘》，《申报》1923 年 1 月 18 日，第 4 版。
3 《国内专电·北京电》，《申报》1923 年 1 月 19 日第 4 版、2 月 4 日第 3 版。
4 《司法部令京地厅再议罗案》，《申报》1923 年 1 月 20 日，第 7 版。程克曾通电解释对于罗案的处理，有云：自京师地方检察厅宣布罗案免诉，举国哗然。克就任之时，又值此案之黄体濂，乘间逃脱，中途截回。时机紧迫，刑诉条例第 255 条，有再议期限内，遇有必要情形，得命羁押之规定，因令行地检厅依法办理，该检察长亦认为有拘押之必要，故仍将罗黄二人，收回看守所，并无勒令拘押之事。《程克对违法处理罗案之强辞》，《晨报》1923 年 1 月 29 日，第 2 版。

分析说，按刑事诉讼条例，上级检厅欲令下级检厅续行侦查不予起诉处分之案件，须由告诉人于接受处分书后七日内声请再议，方为适合。罗案只有"告发人"而无"告诉人"，则检厅所下不起诉处分书应无人接受，安有于法定日期声明再议之事发生？上级检厅无所依据，又安能令下级检厅续行侦查？"故就法律而论，则罗案除有发现新事实或新证据外，殆绝无旧案重提之术也"。[1]

现在"绝无"可能之事情居然发生，引起的反响也就异常强烈。罗文干再遭羁押，各界哗然，"舆论多谓彭、程违法"。[2]《京报》称罗案因政治意味再度发动，国务院与司法部指令再将罗文干羁押，是政学系阁员作祟。认为该系阁员此举，目的在博取国会吴、张派欢心以通过阁员同意案，并借此排挤程克而拥该系首领张耀曾入长司法。为实施此项计划，"彭允彝昨以教育总长而提出干涉司法之议案，以教育部而代司法部处置案件，可谓政界之创闻"。[3]北京《晨报》报道说：罗文干被非法再拘一案，经本报据法力争，已引起各界关注。近日报载各方攻击程克违法举动，措辞异常激烈，"足见公道自在人心，非长官威势所能压迫也"。[4]

对罗案"声请再议"的不满首先衍生出对程克及彭允彝的声讨。程克长法后，章太炎致函黎元洪，指斥程为"宋案要犯"（指系赵秉钧亲信），"用长司法，天下惊疑，如出他人滥荐，愿公刚

---

[1]《程克极力买好议员》，《晨报》1923年1月15日，第2版。
[2]《要闻·罗案再议》，《清华周刊》1923年第268期，第55页。
[3]《阁员争利用罗案求通过》，《京报》1923年1月17日，《史料外编》第10册，广西师范大学出版社，1997，第480页。
[4]《法界攻击程克违法》，《晨报》1923年2月1日，第2版。

断"[1]。杨荫杭亦影射程涉嫌"宋案",指责当局所用非人。[2]

不唯如此,被告支持者还对罗案"声请再议"有无法律依据提出质疑。如东三省特别区法院"全体职员"就发出通电,指斥声请再议程序违法,称"罗文干案本系他人告发,至今无合法告诉人,依刑诉条例即无声请再议之余地。纵使原处分错误,或有新证据发生,亦应依法另寻救济。乃竟令再议,重行羁押,实属蹂躏法权"。该法院对大理院迟迟未能表态也表示不满,称高检厅已密请大理院解释国务院据以声请再议的刑事诉讼法条文,大理院多刑法专家,对此意义明晰之条文,迟迟未予答复,殊属费解,"岂此种关系人权案件,在法官视之为无足轻重耶?"[3]

舆论界对罗案声请再议反应更加强烈。《晨报》曾载文对罗案再议表示不满,针对地检厅答复高检厅再行拘押罗、黄的三点理由(1. 刑诉条例规定,再议期内,得命羁押;2. 黄体濂释放后企图逃脱;3. 罗文干在外有生命危险情形),该报明确指出,这

---

[1] 《本埠新闻·章太炎最近之电函》,《申报》1923年1月16日,第10版。程克得任司法总长,据知其内幕者谓程与张绍曾本有私交,而与冯玉祥尤称相得。此次入阁,实由于冯氏推毂之力。冯在河南时,程为幕宾,颇多擘画,因此见赏于冯。冯拥一师四旅之众,屯驻畿辅,其势力自为各方所注目。张绍曾为交欢冯氏起见,故亦极欢迎程入阁,程为总长,则长且亦非冯系人物不可,于是乃觅得前任河南财政厅长薛笃弼,以继石志泉之任。薛为冯玉祥最亲近之人,从此张阁与冯玉祥关系,当更加密切矣。《程克得任法长之原因》,《申报》1923年1月16日,第4版。

[2] 杨荫杭说:"北京罗案重行'侦查',颇受法律家之非议。然官吏渎职案件,侦查亦不厌求详。使罗而果有罪也,再侦查可以免漏网;使罗而果无罪也,再侦查亦可以间执谗匿之口。故仅就侦查而言,吾无反对之理。"但侦查须周详,"尝见宋教仁被杀案卷中牵涉要犯,与今之司法总长同名,不知是否一人,此事关系重大,当然亦在侦查之列"。杨荫杭:《我不反对侦查》,杨绛整理《老圃遗文辑》,长江文艺出版社,1993,第709页。

[3] 《法界攻击程克违法》,《晨报》1923年2月1日,第2版。

些理由完全不能成立。所谓再议期间得命羁押，须有必要前提，而此案并无此前提，何得再行拘押？况拘押须以七日为限，何以至今尚未释放？至于担心罗文干在外发生生命危险情形，尤不能为拘押之理由。人民有生命危险情形，便可以保护为名实施羁押，检察厅根据何种法律，有此特权？而黄体濂纵或图逃，与罗何涉？罗宅早有军警密布，再押有何必要？以这样的理由对罗再行羁押，不知高检厅能否认可？[1]

面对各界质疑，罗案告诉方从法律和事实两方面为再议罗案做了"合法性"论证。首先，告诉方指出不起诉处分有违现行法律规定。1923年1月17日召开的众议院第三期常会上，议员谷思慎发言称：罗案提交地检厅，检察官不起诉，按之法律手续，其不合者有四点。其一，此种重大案件须经过预审程序，此前钟世铭及吕铸两案均曾送交审判庭，经过预审之后判决无罪，该厅犹提起抗告，罗案比钟、吕两案重大，该厅不经预审程序即做出不起诉处分，弊窦显然。其二，宣告不起诉应有七天犹豫期，其间不得径行释放，但该厅朝示免诉，罗文干夕已出狱，显系徇私袒纵。其三，证人须有证人之资格，钱懋勋与罗文干有密切关系，在法律上无证人资格，检厅仅凭钱之供述即宣告罗无罪，岂能发生效力？其四，法官对案件应遵循回避之规定，今代理检察长及检察官与罗文干非亲即友，例应回避而不回避，亦属违法。谷思慎指出，罗文干伪造文书渎职诈财并冒称经过国务会议议决及大总统批准，证据确凿，罪无可绾。该代理检察长及承审检察官对

---

[1]《高检厅问拘罗理由》，《晨报》1923年1月30日，第2版。

此案应予起诉而不起诉，明显违法，应请政府依法查办。[1]

对于声请再议的法律依据，告诉方也做了论证。众议员褚辅成在国会发言称，根据刑事诉讼条例，处分书发表后告诉人对于处分书理由认为不充分时，可声请再议；于处分书发表后发现新证据时，可于同一时间另行起诉。鉴于处分书所陈理由不充分已由谷思慎道明，褚辅成强调指出，查办罗文干一案，于检察厅处分理由书内又发现新证据，即罗案展期合同计算利息共有两账，甲账为银行提出，乙账为罗文干等提出，账内所列计算利息方法，我国所欠奥款 430 余万镑照 8 厘利息计算，但托银行代购货物之款照 6 厘计算。褚辅成认为，这显系图利他人并损害国家的行为，这一"新证据"的发现，可作声请再议的事实依据。[2]

至于备受质疑的罗案告诉人问题，鉴于案发之初认识的差池，众议员王侃重新做了界定，称罗案系普通官吏收受贿赂、伪造文书及渎职诈财，案件受害者为国家，国家为特殊法人，政府（国务院或总统府）既代表国家，即为告诉人，政府以告诉人资格将罗文干提交检厅，检厅不起诉，在告诉人一方可请求继续侦查，在国会则可咨请政府以告诉人资格续行起诉。[3]

而曹锟稍前的通电，则从王宠惠、汪大燮两任内阁回护被告的角度，为张阁声请罗案再议提供了可作自我辩护的理由。曹氏

1　《众议院第三期常会会议速记录》第 19 号（1923 年 1 月 17 日），李强选编《北洋时期国会会议记录汇编》第 13 册，国家图书馆出版社，2011，第 453-454 页。
2　《众议院第三期常会会议速记录》第 19 号（1923 年 1 月 17 日），李强选编《北洋时期国会会议记录汇编》第 13 册，国家图书馆出版社，2011，第 441-442 页。
3　《众议院第三期常会会议速记录》第 19 号（1923 年 1 月 17 日），李强选编《北洋时期国会会议记录汇编》第 13 册，国家图书馆出版社，2011，第 451 页。

指责政府（府方）办理罗案没有诚意，称罗案发生，举国惶骇，虽迭经众议院提案查办，政府却一再迁延，多方解脱。后虽被迫免去罗文干、王宠惠等人之职，也并非以国会查办之理由为依据。而继任阁员仍复先行派署，并未根据约法提交国会同意，甚至所派署之国务总理兼财长汪大燮、法长许世英，一为事前迎接罗出狱、事后补具保结保释之人，一为代办奥款展期合同之华义银行总裁，以理应回避之人，出而组阁，政府对于罗案，有无彻查诚意，令人疑惑。似此纳贿渎职、祸国丧权、损失国家财产数千万元之重要罪犯，设竟因以保全，以后何从补救？对此，曹锟表示将通过众议院同人提出严重责问，限即日答复。[1]

不难看出，罗案声请再议首先是因为检察机关不起诉的处分决定过于轻率，程序上明显违法，致国会反感，并激起较大社会反响。而在告诉一方，虽告诉行为存在诸多法律程序瑕疵，但声请再议手续基本合法，所提供的声请再议理由亦大致能自圆其说。就性质而言，双方在这一阶段的争议与本案告诉初期的争议一样，基本仍属"法律技术"层面不同意见的表达。然而，随着蔡元培宣称抗议彭允彝以教育总长身份干涉"司法独立"并愤然辞去北京大学校长之职，引发大规模的学潮与法潮，罗案检审的法律生态为之改变，一场更大的有关罗案声请再议合法性的争议改从问题是否属"宪法性违法"的方向展开，一切都变了。

---

[1] 《公电·保定曹锟通电》，《申报》1922年12月4日，第4版。

三、蔡元培辞职与罗案检审法律生态的变化

蔡元培在罗文干案检审中扮演的角色举足轻重，罗初入囹圄时他曾对国会及总统"违法"表示抗议，认为此举系国会及总统的"自杀"，于罗的人格"一无所损"[1]。1923年1月17日，当阁议通过彭允彝提出的罗案声请再议案、罗文干因此再受羁押时，蔡元培即向总统黎元洪递交辞呈，宣布辞去北大校长职务，并表示"即日不到校视事"[2]。蔡在辞呈中详述了辞职的原因：

> 数月以来，报章所纪，耳目所及，举凡政治界所有最卑污之罪恶、最无耻之行为，无不呈现于中国。国人十年以来最希望之司法独立，乃行政中枢竟以权威干涉而推翻之。最可异者，钧座尊重司法独立之命令朝下，而身为教育最高行政长官之彭允彝，即于同日为干涉司法独立与蹂躏人权之提议，且已正式通过国务会议。似此行为，士林痛恨！……（元培）不忍于此种教育当局

---

[1] 1922年11月26日，蔡元培就罗文干被捕答记者问。曾明确指出，此举为国会与总统之自杀，于罗之人格，一无所损。认为就吴景濂等举罗之受贿而言，三张支票，已有出处，并非罗氏所得，故"受贿与否，昭然若揭"。至其余各点证诸合同与事实，皆显而易见，故于罗之人格一无所损。至于称此举为国会及总统之自杀，系因法治国之元首、国会与政治家之行动，应以法律为前提。吴景濂、张伯烈居众议院议长副议长之地位，于私人告密函上，盖众院印信，坚请黄陂不依法律手段，逮捕阁员，实为不合。黎为一国元首，对此等重大事件，应加以考虑，执行逮捕，有一定之手续，乃听一面之词，贸然而谕军警长官，速即逮捕，令人诧异。蔡元培：《为罗文干被捕答记者问》（1922年11月26日），《晨报》1922年11月26日，收入中国蔡元培研究会编《蔡元培全集》第4卷，浙江教育出版社，1997，第819-820页。

[2] 《教部学潮》，《兴华》1923年第20卷第4期，第31页。

之下，支持教育残局，以招国人与天良之谴责，惟有奉身而退，以谢教育界与国人。[1]

在给北大学生的信中，蔡元培称辞职原因在于"早有去志，不过因彭事促进，义取洁身，无暇顾虑"[2]。蔡辞职后接受采访，也说自己系一"比较的还可以研究学问的人"，故一直想辞退校长职务，但因各种原因未能遽退，"不意有彭允彝提出罗案再议的事件，叫我忍无可忍，不得不立刻告退了"。他说罗案初起，便深恶吴、张险恶，认为二人为倒阁起见，尽可质问弹劾，何以定要用不法行为，对于未曾证明有罪的人，剥夺他的自由？"现在法庭果然依法办理，宣告不起诉理由了，而国务员匆匆提出再议的请求，又立刻再剥夺未曾证明有罪的人的自由，重行逮捕，而提出者又并非司法当局。我不管他们打官话打得什么圆滑，我总觉得提出者的人格，是我不能再与为伍的，我所以不能再忍而立刻告退了。"[3]

在蔡元培提出的辞职理由中，最能耸动视听的是对彭允彝以教育总长身份"干涉司法独立"的抗议。离京后蔡元培与友人在天津车站相会，略有问答。其友人称，对此次辞职，外间不察，

---

[1] 同日，他还在各报刊刊登辞职声明："元培为保持人格起见，不能与主张干涉司法独立蹂躏人权之教育当局再生关系，业已呈请总统辞去国立北京大学校长之职，自本日起，不再到校办事，特此声明。"蔡元培致大总统辞职呈及声明均引自《北京大学日刊》1923 年 1 月 19 日。

[2] 蔡元培：《致北大学生函》（1923 年春），高平叔等编注《蔡元培书信集（上）》，浙江教育出版社，1999，第 666 页。

[3] 《蔡元培辞职后之宣言》，《东方杂志》1923 年第 20 卷第 1 号，第 145-147 页。

颇多议论,"其所怀疑大旨,可归纳二点:一、谓先生辞职有袒护罗文干之嫌疑。二、与彭允彝有争意气之嫌疑。先生之真意究如何?"蔡回答说,辞职"全为政府干涉司法独立",称自己"与罗虽相交有素,但当其秉政时,多批评内阁毫无政策,谈不上偏袒"。[1]

但外界对蔡元培辞职的原因却有不同说法。《顺天时报》就蔡元培辞职发表评论,认为蔡、彭之争很可能涉及教育界的派系斗争。彭欲伸张政学会势力于教育界,将"资本党"势力渗入政界,坊间早有此种传说,此前颁布取缔学潮的命令,亦有人谓系出于此种目的。故北大蔡元培、胡适二人的地位,早有濒于危殆之说,并非讹传。至于蔡指责彭"人格低下",无立宪思想,不甘居其宇下,未必能服人。盖"人格低下"者远非彭氏一人,若要因此辞职,则蔡早就该辞。其辞职理由,表面虽极堂皇,实则极形矛盾,难以自圆其说。故其辞职,与其认为愤慨罗案再议,毋宁认为因地位被压而愤激。即便后退一步,本善意以作解释,亦可认蔡之辞职,乃不满政党势力之侵入学界,借此以泄"公愤"。[2]

甚至有人从"私怨"角度解析,认为彭氏长教,或用杨度为北大校长,激化了与蔡元培的矛盾。彭与"某通讯社"记者谈话时称,罗案声请再议前,曾有人劝其不必因此开罪一班政治上失意之人,事后亦有人批评其为"笨汉",起初自己不知何有此言,"事后调查,始知蔡君此举,系受旁人之挑拨,对于余之指责,完全

---

[1] 《蔡元培宣布辞职真相》,《申报》1923年1月25日,第6-7版。
[2] 《蔡元培校长之辞职》,《顺天时报》1923年1月19日,《史料外编》第10册,广西师范大学出版社,1997,第490-491页。

出于误会";他特别强调说,"外间有传余将用杨度为北大校长之说,绝无其事,且生平绝无往来,何来此突兀之语?足见挑拨者大有人在"。[1] 彭允彝所言,意在解释其与蔡元培的关系不像世人传说的那么糟糕,但事情到了需要这位新任总长出面澄清的程度,已说明了问题的客观存在与严重性。此外,还有彭允彝不满北大、医专"学阀"垄断教育部总长、次长位置,思有以易之的说法。[2] 若此说确切,也可能会加剧其与蔡元培的矛盾。从时间上看,彭允彝是汪大燮代阁时始任教育总长并留任张阁继续长教。1922年11月30日汪阁刚发表,北京各高校便议决一致宣言,不承认彭的教长资格,[3] 而此时罗案尚未声请再议,可见罗案再议并不像蔡元培及其支持者声称的那样,是各方群起反彭的主要理由。[4] 如果考虑到蔡元培具有国民党背景并从南方反对直系统治这一政治斗争角度解析,蔡元培辞职的因素会更加复杂。

然而不管真实原因为何,也不管在北洋时期动辄就辞职的蔡

---

[1] 《彭允彝自辩之辞》,《申报》1923年1月26日,第6版。
[2] 署名"蠖公"的一篇文章说:"彭为湘赵之所推荐,黄陂欲利用之以联络湖南。其就职之时,适为教部罢工之时。彭欲邀集参事司长等开一会议,以期继续办事,为厅司所拒绝。后彭氏欲任用尹叟武为秘书,以部员罢工,无从下部令,托某参事以私意转致,请其先到部办事。其意以教部总、次长,向为北大及医专之学阀所垄断,而他校不与,咸有怨言。此次欲力反所为,以为见好于各校之地。尹即其联席会议之有力者,故亟亟汲引之。"蠖公:《北京通讯·汪张递嬗中之政像》,《申报》1922年12月8日,第4版。
[3] 《国内专电·北京电》,《申报》1922年12月1日,第3版。
[4] 另有报道称:至此次蔡元培辞职原因,外间传说不一,但究以本报昨日所载,较为确实。闻昨日午间有研究系而与彭素有私交之某议员,至彭氏私寓访彭,自谓系奉该系首领之命而来,大意以蔡元培确已早欲脱离北大,今之事,不过借题发挥,即使政府挽留,恐亦不能回任。《蔡元培去后之彭允彝与学生》,《益世报》1923年1月20日,《史料外编》第10册,广西师范大学出版社,1997,第488页。

元培此番辞职出于何种动机，其以捍卫"司法独立"这一冠冕堂皇的理由为自己辞职所做的解释却博得了众多喝彩，并很快引发大规模学潮、法潮，改变了罗案检审的法律生态。

蔡宣布辞职翌日，北大教职员在该校第三院紧急开会，议决四事：1. 一致挽留蔡校长；2. 不承认任何人为北大校长；3. 发表宣言表示态度；4. 照常上课。[1] 与此同时，北京国立八高校教职员在北大集会，讨论援助蔡校长问题，蒋梦麟、胡适及各校校长与会。会议宣称，彭允彝但知以经费牢笼北京教育界，为获取国会通过其教长资格，迎合吴、张干涉罗案，破坏司法独立，有污教育尊严，京师教育界不能不"自重人格"，决定到会各校长及教职员连同辞职，并上书总统，表达立场。[2]

如果说教师的行动尚能维持在校园范围内，相对理性，学生的行为就没有多少自我约束了。1月18日上午，北大学生见蔡氏辞职通告及登报启事，相顾惊愕，转瞬之间，黄纸揭帖，遍贴校内。甚至北大法律专业的课堂，也成为控诉彭允彝的讲台。[3] 为应付局面，北大学生会紧急开会，议决数事：1. 挽蔡；2. 宣布彭允彝摧残教育、干涉司法罪状；3. 请愿国会否决彭长教；4. 请愿政府罢斥彭；5. 采"五四"对待曹、陆手段，以示抗议。19日下午，因众院将表决阁员名单，北大学生近千人举行示威游行，沿途发放传单，最后包围众议院，要求勿通过彭氏之教长任命，院警驱赶未果，酿成流血冲突。事件发生后，各校学生决定组织北京公

---

[1] 《彭允彝主张罗案再议之经过》，《申报》1923年1月21日，第6-7版。
[2] 《教部学潮》，《兴华》1923年第20卷第4期，第31页。
[3] 《昨日北大讲堂中之哭声》，《晨报》1923年1月21日，第3版。

第一章　法政纠结：罗文干案告诉程序的合法性争议

私立学校学生联席会议，共同行动。2月3日北京学生联合会代表到国务院请愿，要求罢免彭允彝。2月7日，北京学生再次请愿要求总统黎元洪罢免彭允彝。北大、高师、女师、农专、高工、美专六校还向国务院呈文，宣布与彭允彝担任总长的教育部脱离关系，由评议会维持校务。与此同时，北京学生分京汉、津浦两路南下"串联"，试图联络各地学生，共同驱彭，否认其教育总长资格，宣布其长教期间所颁各项部令，一概无效。[1]

与学潮波涛涌起同步，被称为"法潮"的法界人士反抗运动，亦勃然兴起。

罗案声请再议后，程克依据国会提出的查办违法司法职员案，对部分司法职员做了人事调整，[2]激起反抗。1923年1月19日，修订法律馆总裁江庸以司法总长程克破坏法制致司法独立无望而通电全国，愤然辞职。其辞呈说："司法不能干涉，载在约法，此次署司法总长程克勒令京师地检厅逮捕依法释放之罗文干等，再行侦查，显与刑事诉讼条法法规不合，干涉司法，竟出自司法当局，殊出意外。"[3]江镛的辞职博得众多赞扬同情，副总裁石志泉、陆鸿仪、总纂郑天锡等亦相继辞职。而奉天、河南、山东、直隶、

---

[1] 《京学界反对教彭愈力》，《申报》1923年2月4日，第6版；《国内要闻·相持中之北京学潮》，《申报》1923年1月31日，第6版；《愈演愈烈之学潮》，《晨报》1923年1月29日，第2版。《国内专电·北京电》，《申报》1923年1月20日，第3版；《京学潮范围扩大》，《申报》1923年1月24日；《京学界反对教彭愈力》，《申报》1923年2月4日，第6版。《京学生又请愿免彭》，《申报》1923年2月11日，第7版；《国内专电·北京电》，《申报》1923年2月3日，第3版；《要闻·北京学潮》，《清华周刊》1923年第268期，第55页。

[2] 胡适：《司法独立之破坏》，《努力周报》1923年3月4日，第42期。

[3] 胡宝麟：《罗文干签订奥款展期合同案》，《文史资料存稿选编·晚清北洋（下）》，中国文史出版社，2002，第94页。

江西五省高地审厅及察哈尔都督审判处，则通电挽留江庸。电文虽未提及罗案违法，但挽留江庸，即系反对程克，反对程克，即认其违法，推演文义，不言可喻。[1] 1月27日，东三省特别区法院李家鏖等通电北京政府司法部、大理院、法律馆、总检察厅、高等检察厅和律师公会，抗议罗案再议。嗣后，湖北、安徽、奉天、河南、山东、直隶、江西等地纷起响应，连北京高等检察厅也诘责京师地检厅再行拘罗非法。[2]

对告诉方更加不利的是，就在罗文干案审判期间，北京司法界掀起大规模的索薪潮。京师地方审、检两厅联呈司法当局，要求发放欠薪，否则两厅职员将罢工。5月23日司法部仍无圆满答复，地审厅议决24日起实行罢工，地检厅则定于28日起采取一致行动，两地厅职员遂全体罢工。高等两厅亦步其后尘，定于25日罢工响应。总检厅则全体议决请"措资假"，宣布从27日起不到厅履职。[3] 尤为引人注目且可能对判决产生直接影响的是，就在罗案开庭当天，京师法官先后罢工。[4] 勃然兴起的法界索薪潮，推波助澜，使"法潮"染上了维护法界自身利益的色彩。

对这场因声请再议罗案激起的"法潮"，迄今研究者均认为

---

1 《司法界对罗案之怒潮》，《申报》1923年2月4日，第6版。
2 胡宝麟：《罗文干签订奥款展期合同案》，《文史资料存稿选编·晚清北洋（下）》，中国文史出版社，2002，第94页。关于司法界掀起法潮的详情，可参阅《东省法院反对罗案再议》，《申报》1923年2月21日，第11版；《粤司法界质问撤换林荣》，《申报》1923年3月5日，第7版；《司法界对罗案之怒潮》，《申报》1923年2月4日，第6版；《东省特别法院全体续电辞职》，《申报》1923年3月19日，第7版；《程克正已接特区法院说》，《申报》1923年4月6日，第7版。
3 《京司法界索薪风潮扩大》，《申报》1923年5月28日，第6版。
4 《京法官先后罢工》，《申报》1923年4月26日，第6版。

是为了维护法律尊严，视之为一场"捍卫司法独立的战争"[1]，很少意识到"法潮"未尝没有政治斗争的色彩。某种程度上，抗议国务院议决再议罗案者，本身就在援引实力派的力量来维持自己标榜的"独立"。就李家鏊东三省特别区法院职员的身份与权限而言，本不应干预属于内地司法行政方面的事务[2]，却因与奉张关系特殊，有恃无恐，出面干预。李家鏊与张作霖为把兄弟，程克不敢得罪，乃取杀鸡吓猴之法，呈免同样鼓动法潮却没有靠山的湖北高等审判厅长林荣之职。后因李家鏊等三电严词责问，逼迫太甚，不得已始免李之职，调陈克正继任东省特别区法院高审厅长。但程克调任陈也包含特殊用意，盖陈克正与张作霖为"总角之交"，程意以陈继李，当不至招奉张反对。但奉张究不能不为其盟兄弟李家鏊出气，故得到李氏免职之讯，便致电法部，称东省为自治区域，中央无权对东省法官加以任免，电末且责法部违背约法。[3] 李家鏊等援奉张以自重，"法潮"的政治斗争性质，昭然若揭。

至于因蔡元培辞职而起的学潮，当然有因不满现实希望有以改变的合理成分，却也不排除因崇拜偶像盲目冲动以致被人"运

---

[1] 周默：《罗文干案：司法界的独立战争》，http://star.news.sohu.com/20110916/n319566038.shtml。

[2] 《调查法权委员会报告书》指出："东三省特别区域法院设于1920年，以管辖中东铁路沿线居住之数千俄人，从前归俄国治外法权之法庭管辖者。此等特区法院，现居中国司法制度上特殊之地位，盖此等法院乃特别设以审理受中国管辖之外人间及此种外人与中国人间之事件者也。此种法院现有五所，其中二所，一为特别高等审判厅，一为特别提防审判厅，皆设于哈尔滨，其余三处为特别提防分庭，设于满洲里海拉尔及横道河子。"由此可知其权限所在。《调查法权委员会报告书》第二编"中国之法律及司法制度"，《法律评论》1926年第182期增刊，第125页。

[3] 《司法部更调三省法官无效力》，《申报》1923年3月16日，第7版；《程克正已接特区法院说》，《申报》1923年4月6日，第7版。

动"的可能。吕芳上研究近代学生运动,有"学生运动"变成了政党"运动学生"的说法。[1]事实表明,学生这次又被"运动"了。[2]《东方杂志》载文指出:自从五四运动以后,北京学界在各党派之外,俨然一个很有力量的团体。这个团体的学识才能既然比较其他党派为优,其所占的势力,所获的效果,当然也非其他党派所能及。于是各党派便起了利用这个独立团体的野心。自"五四"而"六三"而此次"驱彭",屡有带党派色彩的人去向学界表示殷勤,蛛丝马迹,清晰可见。[3]就连多少偏袒罗案被告的杨荫杭,也感慨本属体育方面的"运动",此时却"变为政治之运动",指出只要发生政治需求,必有人"运动学生",使之从事校外活动。于是"五四运动"、"六三运动"之名,纷然而起,闻者欣快。杨荫杭认为,教育者欲造就完善之人格,决不应让学生"身为鹰犬,供他人奔走之用"[4]。

黎元洪与北大请愿教职员的一番对话,最能说明此番学潮的性质。1923年1月25日,北大教职员代表谒见黎元洪,要求罢彭挽蔡。黎明确告诉北大教职员代表蒋梦麟、杨栋林、陈启修等人:"你们学界被人利用了";"你们学阀,动辄聚众,所以巡警辄打起来,并且他们不知来的人是学生,且彭之罪何在?再议罗案是

---

1 吕芳上:《从学生运动到运动学生(民国八年至十八年)》,台湾"中央研究院"近代史研究所专刊(71),台北南港,1994,第18页。
2 法专学潮,反对教育部新任命的校长王某,彭允彝任命周览,因学生反对不就,彭又改任刘彦,刘为现任国会议员,籍隶政学系,消息传出,法专学生再次反对,称"刘彦是政学系党员,曾赴保去拜寿磕头者",不配做法专校长。透露出法专学潮学生反对保系的政治立场。《法专拒长风潮益烈》,《申报》1923年1月1日,第10版。
3 《北京的学潮》,《东方杂志》1923年第20卷第1期,第17-18页。
4 老圃:《运动奇谈》,《申报》1923年1月26日,第11版。

法律问题"。教职员代表声称彭破坏司法独立，黎明确表示："在法律上，彭并未破坏司法，而教育界人却反借法律问题干涉行政，除破坏司法外，彭尚有被免职理由乎？"并谓"学生不应恃众而有越法之举"，"教职员动辄教学生聚众要求，亦属不合"[1]。需要提示的是，黎元洪此前曾亲迎罗文干出狱，并对当初下令将罗逮捕不合法律程序向罗道歉，对罗案的立场已趋中立，其讲话对认识驱彭学潮，应有参考价值。

退一步言，即便黎元洪所谓学界被人"运动"的说法不能坐实，此次学潮也表现出极大的盲目性。对黎元洪谈话中提到的罗案再议的合法性以及彭允彝是否破坏司法独立等问题，学潮参与者往往偏信一方，认知并不公允。为避免偏信之暗，不妨听听备受批评的彭允彝对各方指控的辩驳。蔡元培辞职之后，彭允彝通电各界指出：

> 声请再议，本告诉人一种权利，此案既显然损害国家，国务院为代表国家执行政务机关，国务员为国务会议中之一员，依法提议，责所当然。至再议后如何侦查如何处分，其权仍在法庭，何谓破坏司法独立？虽经再议，诉讼应否成立，自可依法办理，何为蹂躏人权？以国务员商议国务，何为侵越权限？国会为代表民意机关，对于罗案屡有提议，自应郑重办理，何谓见好一般政客以为同意案之条件？若果如蔡校长所云，国务员对于国

---

[1]《北大代表与黎黄陂谈话》，《申报》1923年1月26日，第6版。

务不能置议,蔑视国会而不顾,目睹国家蒙受损害而不理,如此即可见好士林,不受国人与天良之谴责乎?蔡校长身为国家最高学府表率,且曾任最高行政长官,乃亦发出此不规律之言论,实深愧惜。且允彝以国务员议国政则被蔡校长任意指责,而蔡校长以校长资格横干国政又将何说之词?允彝不自量度,妄欲整顿学风,为国家自效,不料国立大学校长亦出位越轨如此,瞻念前途,至为可痛。[1]

彭氏所言可归纳出几个要点:其一,声请再议乃告诉人的法定权利;其二,再议之后法院仍独立审判,不能说是破坏司法独立;其三,尊重国会提议乃是尊重民意,岂能视为讨好政客;其四,若作为国务员的教育总长不能与闻国务,蔡元培以校长资格干涉国务,又当如何解释?彭允彝所言,从法律上击中了此番学潮、法潮的要害。[2]

然而相比声势浩大的学界与法界,彭允彝实在过于渺小,其辩解虽甚有力,却无法改变罗案检审面临的困难局面。如前所述,国会通过查办罗文干和违法失职的司法官员以及国务院对罗案声请再议的举措,被指斥为对"司法独立"的严重破坏,引发广泛抗议。各界参与抗议之人甚多,别的且不说,仅就章太炎、梁启超、蔡元培、胡适四人而论,其地位名望,就足以让彭允彝辈败下阵

---

[1] 《教育总长彭允彝对于北大校长蔡元培辞职之通电》,《顺天时报》1923年1月19日,《史料外编》第10册,广西师范大学出版社,1997,第497页。
[2] 《国内要闻·京司法界警告程克三事》,《申报》1923年1月18日,第4版。

来。不宁唯是，这些人对罗案程序违法及告诉方破坏司法独立、蹂躏人权的指控，支持并激励了年轻学生的思想与行为冲动，而学生的游行示威请愿及前往各地的宣传串联，又进一步造成声势并将"学界伟人"的主张带到各地，深入人心。与此同时，被激怒的法界则在全国范围内掀起"法潮"，学潮与法潮相激相励，"外交系、法系、洛系学阀打成一片"[1]，整个社会舆论近乎一边倒，任何人，除非是不知其中深浅及利害关系者，都不敢轻易拂逆其锋，从而形成一种明显对被告有利的法律生态（legal ecology）。[2] 某种程度上甚至可以认为，普遍发生的学潮与法潮，已实际而非虚拟地建构起某种"院内法庭"和"院外法庭"，法潮参与者在院内，学潮参与者在院外，相互交通，内外支援。在原告无法通过组织特别法庭或转移审判以根本改变这一现状，又不得不依靠原法院来对罗案做出法律裁判的情况下，罗案的最终结果似乎从国务院声请再议触犯学界及法界众怒时开始，便已大致前定。

---

[1] 《国内专电·北京电》，《申报》1922年11月25日，第3版。
[2] 从前面的论述可知，在关于罗案程序的合法性问题，自从罗文干初次入狱，就几乎出现一边倒的局面，舆论几乎都认为原告方程序违法，罗案声请再议之后，引起的反感更加强烈。曾经担任国务总理的颜惠庆致函《英文导报》，略谓罗文干为政府第二次拘留，殊属非是，盖罗氏之罪状若尚在法官彻底根究之中，则吾人对于此件自不得任意有所发表意见，罗氏初次被捕，手续不当，又甚毒辣，人民对之，无不愤激，但迄未有所表示，日前北京地方检察厅调查事实后，业已声明罗文干不起诉之宣告，……反对于此节表示不满意之人，如收得罗氏罪状之新证据时，亦可要求重新诉讼，此种手续，鄙人认为与法律符合者也。既无新证据，则第二次罗之逮捕即为不合法律之举动。办理此案之权，属于司法机关，今教育部总长居于提起诉讼之国务院（为行政机关），又为正式之磋商，此种举动，实数违法侵权，干涉司法独立，凡主张公道之人，均应起而严重交涉云云。《颜惠庆博士攻斥非法行为》，《京报》1923年1月20日，《史料外编》第10册，广西师范大学出版社，1997，第497页。

四、罗案处置中"独立司法"存在的问题与外部干预

不过应当承认，除了前述不一定能成立的原告方在告诉程序上对于"司法独立"干预的指控之外，在罗案告诉及检察过程中确实出现过国会或内阁插手干预案件处理的现象。这些现象是否应定义为"干涉"司法独立当然可以讨论，但以往的研究似乎都忽略了这类"干涉"与罗案处理中"独立司法"存在的问题之间的关联，对"司法独立"的理解也明显存在偏差。

1923年1月29日，正当罗案处置遭到破坏"司法独立"的指控时，《申报》"常识"专栏刊登了一篇题为《司法独立》的评论文章，所论被当作"常识"推出，应能反映时人对"司法独立"的理解。文曰：

> 所谓司法独立者，谓法官处理法庭之案件，非特任何机关不能干涉，即总统国务员及司法行政最高之长官如司法总长者，亦不能干涉之谓也。一受干涉，即失其独立。盖总统国务员之权限，止于行政而已，司法总长之权限，止于司法行政，如设置法庭，任用法官之类而已，苟一问及法官所处法庭之案件，即为干涉司法。而奈何干涉司法之笑柄，提议者为教育总长，实行者为司法总长，以致大学校长辞职，修订法律馆总裁辞职，轩然大波，起于北京，而此等活剧，适演于恢复法统之后，谓其不知之而演此活剧欤？是蹂躏法权也，其祸国之罪

不可逃。¹

从法理上讲，这篇评论对"司法独立"的界定并无多大问题，唯一的疏漏在于未能注意到何为"法官"以及何为"处理法庭案件"。民初国人往往将检察机关和审判机关混称"法庭"，其职员混称"法官"，虽两者均关乎"法"，性质上却存在很大区别。严格地说，法院才是执掌审判的司法机关，检察厅只是司法行政机关，其职员也因此有法检区别。罗案声请再议时，案件仅处于告诉和侦查阶段，尚未到达"审判"阶段，因而不存在对"司法"的干预问题，即便有所"干预"，也只是对侦查阶段存在问题实施司法行政补救，够不上是对"司法独立"原则的破坏。

然则何以国会及张绍曾内阁要不顾触犯众怒，去"破坏"神圣的"司法独立"原则？原因在于罗案检审暴露出"独立司法"存在的诸多问题。

首先是不遵守刑事案件处置中的回避制度。刑事案件立案后，与嫌疑人有亲友及利益关系者应遵制回避，这是各国司法通例。²民国刑事诉讼条例也有相关规定。但罗案审理过程中，却存在明显的应行回避却并未回避的现象。史料显示，负责办案的京师地方检察厅检察官胡宝麟，当初由北京大学保送入司法讲习所学习，时罗文干任该所教授，讲比较刑法，有师生之谊。对此，胡宝麟自己并不讳言。二人的特殊关系，从案件"摆平"后二人同在天

---

1 《常识·常评·司法独立》，《申报》1923年1月29日，第9版。
2 〔美〕杰罗德·H. 以兹瑞、威恩·R. 拉法吾：《形式程序法》（美国精要·影印本），法律出版社，1999，第442-442页。

津执行律师业务,合组法律事务所,可以得到进一步证明。[1]国会议员黄云鹏曾明确指出罗文干与检察官胡宝麟的师生关系,主张将胡列入查办违法司法官名单。[2]然而,尽管国会方面提出了这一问题,在罗案检审过程中,均未见胡主动回避或司法当局要求其回避。京师地检厅最初对罗案做出不起诉的处分决定,很难说同当事检察官与罗文干的特殊关系无关。

其次是违反看守所规定,让罗文干在接受看管时享受特殊待遇。时人揭露说:"地检长熊元襄与罗有旧,乃开从来未有之先例,使罗文干宿于检察长室,而不使之入看守所。"[3]后来不得已送进看守所,亦待遇特殊。罗后来回忆狱中情形,无意中透露,自己系乘地检厅马车到看守所,收押于录事室隔壁之小户室中。"所中囚室,例不得置煤炉,所长亦特许予自带一小炉。所中不得携带笔墨,予因每日写字作文,亦特许携带";"予生平最嗜烟酒,所中皆不准用之。予来时,自总统府带来黄大礼官送予之白兰地酒及吕宋烟,皆经没收。经其请求,同意吸烟"。[4]有报道称,罗"入狱后,每饭必酒,酒必陈绍一斤,醉饱终日"[5]。由此可见,罗在狱中确实享受了其他嫌疑人不曾享受的特殊待遇。

---

[1] 胡宝麟:《罗文干签订奥款展期合同案》,《文史资料存稿选编·晚清北洋(下)》,中国文史出版社,2002,第89页。
[2] 黄云鹏指出:"石志泉为司法次长,署司法部参事胡祥麟与罗文干同为广东人,素有密切之关系,此次承办罗案之主稿检察官即为胡氏之弟(指胡宝麟,杨案),故主张将查办司法当局违法咨请政府查办案中加上二人,一并查办。"《众议院第三期常会会议速记录》第19号(1923年1月17日),李强选编《北洋时期国会会议记录汇编》第13册,国家图书馆出版社,2011,第455-456页。
[3] 拂况:《罗案始末纪》上编,《互助》1923年第1卷第1期,第1-7页。
[4] 罗文干:《身受之司法滋味》,《晨报六周之纪念增刊》,1925年,第14-19页。
[5] 《国内要闻·罗案消息之别报》,《申报》1922年11月23日,第4版。

更为特殊的待遇是任其与来人密谈。据国会议员揭发,"罗居地检厅,探视自由,且总长头衔依然存在,直成为羁押中特别阶级。自前日以至今日,内阁所拟命令,说罗不肯出检厅,即着由检厅审理,此语云何,令人莫名其妙"[1]。众议员查办财政次长凌文渊的议案亦称:罗案发生之后,凌对罗一意廻护,不将该案真相通告国人,其为事前预谋,已无疑义。而前此报纸登载,皆谓其谋代部务,为罗案消灭证据,每至深夜,必密赴看守所与罗、黄等秘密计划,证以近日法院侦查之结果,其所以未能查获证据,谓非由于凌文渊设计弥缝,其谁信之?[2]另有议员揭发说,刑事诉讼被告,虽得接见他人,然像王宠惠、顾维钧等与本案有共同犯罪重大嫌疑的人,即使传案对质,亦当在隔别研讯之列。但京师地检厅长熊元襄对这一行将侦查的重大案件,却听任被告与有共犯嫌疑之王、顾等朝夕晤会,使得商量湮灭证据、弥缝弊窦之法,不加制止。19日该厅门外,停放多辆汽车,车牌号数业经各报逐一登载,此皆众目共睹的徇情违法证据。[3]国会查办王宠惠议案,其理由之一亦为:"查刑事(嫌疑人)在侦查期间,未提起公判以前,应与外界隔离,而王宠惠日必至检厅数次,又是否破坏司

---

1 《北京特约通信·对罗命令问题》,《申报》1922年11月24日,第4版。
2 《众议员提案查办财政次长凌文渊》,《申报》1923年2月11日,第10版。
3 亦是:《罗案消息汇闻·众议员请查办司法官》,《申报》1922年11月25日,第6-7版。另据报道:"罗交庭之初,地方厅纵令其同党之人终日人与密谈,则消灭证据,与运动外人出面承认支票,皆不难办到,此系司法官之失职,不能谓系罗案之虚证也。又据某要人传出消息,谓黄陂以法界人员,多与罗沆瀣一气,恐难免有感情作用,思为罗氏摆脱者,曾于日昨向其亲近为缜密之研究。"《国内要闻·罗案最近之面面观》,《申报》1922年12月6日,第6版。

法独立？"¹可见问题确实客观存在。

事情的严重性在于，司法界暴露的问题与当事人对责任内阁政制规范的破坏相关联，有共案嫌疑的内阁成员不负连带责任辞职，从而为其利用职权干预案件检审提供了可能。²人所共知，罗文干是王宠惠内阁阁员，揆诸国会查办案，此案被列为共犯者尚有国务总理王宠惠及外交总长顾维钧等，按照责任内阁制规则，罗严重损害国家利益，涉嫌触犯刑律，王阁应负连带责任辞职。但在罗案案发、国会已通过查办案的情况下，王阁却拒不辞职，存在以权力干涉案件处理的嫌疑。有报道说，王宠惠曾命院厅，罗案未决以前，诸事不办。³更有甚者，当罗文干被捕之后，大总统令仍有包括罗文干在内的众多总长副署。⁴

在国会实施强力干涉迫使王阁辞职后，取而代之的汪大燮代阁仍存在为确保罗案"安全着陆"做人事安排的嫌疑。曹锟通电称："此案自经国会提起查办，拿交法庭，各省同人，咸怀义愤，迭进忠告，方谓一线曙光，政治有廓清之望。乃王阁讼案未清，而与有嫌疑之汪大燮出而组阁，并援引许世英等为阁员。查汪大燮

1　《罗案急转直下·议员提案并案查办》，《申报》1922年11月27日，第6版。
2　参议员楚纬经曾对此提出质疑。详见《咨大总统抄送议员楚纬经等对于罗文干纳贿渎职质问书文》（1922年11月28日），参议院公报科编《参议院公报》第3期第2册，1922年至1923年，公文，第18-20页。
3　《国内专电·北京电》，《申报》1922年11月22日，第4版。
4　如11月19日大总统指令第3370号，原咨由大总统盖印，副署者为国务总理王宠惠、财政总长罗文干。此外，1922年11月20日颁布的大总统指令第3375号、3376号、3380号命令，11月23日第3418号，均有罗文干副署，而3422号只有国务总理王宠惠及"财政总长"副署，却无财政总长的姓名。25日的大总统令，也仅有"财政总长"的副署而无罗文干的署名。26日的3439号、3441号令又有署财政总长罗文干的副署。《政府公报》1922年11月19-26日各号"大总统令"。

乃具保罗文干出检察厅之人，许世英为与奥债有关之华义银行总裁，即如继任交长之高恩洪，既有力庇罗案之行为，又有抵押京绥之新案，国会正在提案查办，而新阁又复类聚蝉联，阁员如斯，是对于国会提出查办之罗案，有意消灭，昭然若揭。"[1]王阁及继代之汪阁将已被国会提请查办的人继续留在内阁，明显暴露出以行政权力支配罗案的意图，却指控告诉方干涉"司法独立"，这是罗案处理中最诡谲的现象。

罗案暴露的问题表明司法界的状况已不容乐观，改良司法的呼声由是高涨。1923年8月，当罗案宣告无罪后，吴境资在《申报》发表文章讨论如何纠正现存司法弊端，指出：自立法、司法、行政"三权分立"后，司法官之地位日益尊严，其权力亦优异之至，但一般司法官，往往擅作威福，而以勾通当地律师舞文作弊为尤可恶。这些司法官对于诉讼当事人之权利及利益，完全不予保护，一若小民当任其鱼肉。1921年2月，国家公布有《司法官惩戒法适用条例》，其中第二条第三款为"司法官勾通律师作弊应受褫职之惩戒处分"，这一规定，乃是"缘情立法"之表示，但秉政者未能依照施行，致使司法呈空前乱象。鉴此，吴境资希望国人以请愿或诉愿方式，"为秉政者作前导"，"庶此风或可稍杀"[2]。吴

---

[1] 《公电·保定曹锟通电》，《申报》1922年12月4日，第4版。
[2] 《法制·司法官勾通律师作弊之处分》，《申报》1923年8月9日，第1版。司法部训令各检察官切实检举。"闻司法部亦以我国各检察官对于刑事事件往往漫不经心，希图省事，非特被害人或第三者告诉告发不予从事搜查提起诉讼，其侦查结果认为犯罪嫌疑重大者，又每滥予不起诉处分，以致作奸犯科之徒逍遥法外，按之刑事诉讼条例第257条规定趣旨，殊有未合。业已训令总检查长严令所属各级检察衙门厉行检举，用副有罪必罚之意云。"《法界要闻·司法部训令各检察官切实检举》，《法律评论》1924年第33、34期，第9-10页。

氏所言虽系泛指当时法界情形，但用于认识罗案检审中的弊端，亦大致适合。

就性质而言，罗案暴露的问题在于，当案涉司法界重要人士时，应如何避免当事人以维护"司法独立"为借口把持案件处理以保证司法公正。由于这一问题的严重存在，告诉方不得已提出设立特别法庭或将嫌疑人转移审讯的主张。

最早提出组织特别法庭主张的是吴景濂。1922年11月19日，检察厅讯问罗文干，罗要求传吴景濂对质，检厅因此传吴到庭，吴以议长身份不应传讯，称原告是总统，并致电曹锐、边守靖，主张直截了当提出解决之道："其法借口罗为法系，不主张交法庭解决，宜组织一特别法庭，使黎出庭，以原告地位与罗文干对簿。"[1] 曹锟也曾提出类似主张，何丰林在通电中表示，曹锟漾电提出组织特别法庭，或移转审讯，"洵为切要办法"[2]。卢永祥在一份通电中呼应说："京师法界，接近当轴，不免投鼠忌器之嫌。尚望我胞泽同人爱国志士一致主持正义，力请司法当局将此案移转管辖，按律讯办，期成信谳。"[3] 卢氏所言，道明了主张组织特别法庭审判或转移审判的原因，最能反映告诉方对此问题的顾虑。

社会各界鉴于罗案被告的特殊身份，也不乏主张组织特别法庭者。11月25日，"京中各界人士"为罗案在天安门开国民大会，公推代表演说，大会通过议案6条，其中第3条为："罗、王等均系法官出身，应请大总统下令组织特别法庭，将此案移交审讯，

---

1 《国内要闻·北京特约通信》，《申报》1922年11月22日，第6版。
2 《公电·何丰林通电》，《申报》1922年11月29日，第6版。
3 拂况：《罗案始末纪》上编，《互助》1923年第1卷第1期，第19页。

以防司法官徇情。"第 4 条为："京师地方检察厅，对此等要犯竟听其见客，不依法使与外界隔离，应请大总统下令申斥。"[1] 署名"侗生"者说："近日有主张特别法庭之说者，以罗氏与司法界关系之深，诚非组织新法庭，不能成信谳。"[2] 可见原告方主张组织特别法庭审判罗案，实罗与京师法界根深蒂固的关系使然。

但组织特别法庭审理罗案有无法律依据却是问题。11 月 27 日众议院开会讨论"国民大会"递交的组织特别法庭请愿书，相关意见凸显了组织特别法庭主张存在的问题。议员陶保晋发言称，组织特别法庭审理案件系根据《临时约法》第 41 条，对于"特别身份"之大总统所采取的"特别处置"，而罗文干只是普通官吏，国民大会请愿书组织特别法庭审理罗案之请，没有约法依据。褚辅成说请愿代表部分民意，可由众院修正，然后咨达政府施行。骆继汉表示组织特别法庭仅适用于总统，本案若组织特别法庭，显与约法抵触，由本院修改，亦属不当，可商请请愿代表自行修改。众院当日表决，虽多数通过将该请愿书咨达政府，但组织特别法庭没有法律依据的问题已解释得十分清楚。[3] 从府方立场看，黎元洪为维持王阁计，也反对曹锟提出的组织特别法庭主张，认为"此案既交法院，应候依法解决，似不必组织特别法庭，转滋异议"。[4]

由于缺乏法律依据及黎元洪反对等因素，组织特别法庭未能实施；而在军阀割据的现实环境下，转移审判也不现实；至于将

---

1 《鼓动政潮之罗案消息》，《申报》1922 年 11 月 28 日，第 6 版。
2 侗生：《北京通信·天津派谋倒闵与奥款》，《申报》1922 年 11 月 24 日，第 4 版。
3 《众议院通过查办王顾案》，《申报》1922 年 11 月 30 日，第 7 版。
4 《政潮中之罗案消息·黎黄陂复曹锟宥电》，《申报》1922 年 11 月 29 日，第 6 版。

罗案交由平政院处理的主张[1]，因平政院只负责行政诉讼，而罗案涉嫌刑事犯罪，更不合适。受多种因素制约，告诉方试图摆脱京师法界控制罗案检审的努力未能成功。

组织特别法庭或转移审理罗案不成，告诉方只好采取另外的干预手段。就国会而言，提出并通过查办违法官吏案是最便捷的"合法"措施。在众议院11月17日召开的第三期常会上，众议院首先以罕见的绝大多数同意票，通过了查办罗文干案（出席408人，赞成查办罗案者389人）[2]，众议员谷思慎提出的"为法官违法宽纵罗案咨请政府依法查办案"，经在场议员表决，亦以多数可决。[3]与此同时，众议员景耀月提出查办司法次长石志泉及京师地检厅长熊元襄案，指出其徇情违法之事实，提请将石、熊二人及检察主任等明令停职，分别交付惩戒，另派委员接署司法次长、京师及地方检察厅长。[4]数案的提出并获通过，为罗案再议提供了法律依据。正是在国会提出查办案的基础上，国务院召开国务会议通过彭允彝提出的罗案"声请再议"议案，并由司法部敕

---

1 将嫌疑人交平政院处置的主张系由张伯烈提出。详见《国内专电·北京电》，《申报》1923年1月15日，第3版。

2 有报道称：最近三日中，北京为奥款风潮所弥漫，耳闻目睹，无非此事，而消息最热闹者，又莫如国会，因其人多口杂，随处有新闻发生也。议员先生最得意之笔，为二十日众院通过之查办案，及会散后，吴景濂对人言曰：今日到四百零八人，为移京开会以来，未有之盛会，盛极一时。其得意可知矣。随波：《国内要闻·北京通信》，《申报》1922年11月25日，第6版。

3 《众议院第三期常会会议速记录》第19号（1923年1月17日），李强选编《北洋时期国会会议记录汇编》第13册，国家图书馆出版社，2011，第453-454页。另有报道说，表决查办罗文干案时，"其未起立之39议员，多属藏蒙等处之代表，而不解所谓者"。可见国会在此问题上意见趋向一致。《特约路透通电·罗案扩张之外信》，《申报》1922年11月29日，第4版。

4 亦是：《罗案消息汇闻·众议员请查办司法官》，《申报》1922年11月25日，第6-7版。

检厅查照执行。与此同时,国会方面因奥款展期合同丧失权利,尽人皆知,正式议决取消,并经总统明令公布。[1]

问题在于,这种来自国会及国务院的干预真如被告方所言,是对"司法独立"原则的践踏吗?回答这一问题,须对检察机关的性质做必要辨析。

检察机关为国家机关之一部,国家机关的性质与其职能密切相关。一般而言,司法机关的职能为依法审判,其行为具有中立、被动的特性。检察机关的职能包括侦查、公诉与监督三类,都是主动执行法律,并在需要定罪、纠正错误裁判时向法院提起公诉,不具备司法机关被动、中立及须做最终判断的性质,其权力性质符合行政权的特性,而与司法权不合。因此,检察院属行政机关,将检察院归类司法机关,并不恰当。

从民初现行法的立场审视,原告方称检察机关不是司法机关,故应服从上级机关指令亦有依据。清末颁布并为民国沿用的《法院编制法》第 98 条规定,"检察官均应从长官之命令","大理院审判特别权限之诉讼案件时,与该案有关系之各级检察官,应从总检察厅丞之命令,办理一切事务";第 102 条规定,"法部及各省提法司得命初级检察厅所在地之警察官及城镇总董、乡董,办理该厅检察事务"。[2] 民初重刊该编制法,第 98 条一字不易,第

---

1 《国内要闻·罗案尚有小波折》,《申报》1923 年 1 月 15 日,第 6 版。
2 《法院编制法》(宣统元年十二月二十八日),吴宏耀、锺松志主编《中国刑事诉讼法典百年(1906 年 -2012 年)》上册,收入"刑诉法学典存丛书",中国政法大学出版社,2012,第 259 页。该编制法为民国援用,直到 1932 年国民政府颁布新的《法院编制法》才停止。罗案发生时期适用的仍然是清末颁布并于 1915 年民国政府重刊的《法院编制法》。张培田、张华等:《近现代中国审判检察制度的演变》,中国政法大学出版社,2004,第 12 页。

102条改为,"司法部及各省高等检察长得命检察厅所在地之警察官及城镇总董、乡董,办理该厅检察事务"。从所做改动来看,仅名称有变,即将"法部"改为"司法部",将各省"提法司"改为各省"高等检察长",没有任何实质性变化。[1]可见检察机关属于司法行政机关,应接受上级司法行政机关命令指挥,其人员更动属行政事务。因而司法部执行国务会议通过的再议罗案决议,撤换地方检察机关职员,应该不是对"司法独立"原则的破坏。

退一步,即便采纳被告及其辩护人所谓检察机关属"司法机关"的说法,也应意识到,"司法独立"不是绝对意义上的存在。按照民初责任内阁制的政制设计,行政机关内阁须对立法机关国会负责,由于责任内阁理论上应由国会中多数党领袖组阁,阁会事实上已经联体。就政府机关内部构成而言,标榜"独立"的"司法"有一个有权发布司法行政命令的部在政府机关内,这个部当然只能是政府机关。既是政府机关,按理不能干涉司法事务,但它又不是一般的政府机关,而是专管司法的机关,某种意义上已是司法机器的一部分,司法与行政在这里已合二而一。在这种政制结构下,绝对的"司法独立"能否存在,已是问题。从实践上看,绝对的"司法独立"也存在弊端。庞德在向中国建议借鉴英、美制度中"法官的独立性"时,就客观指出了其中的缺陷,认为中国采取司法独立之制虽甚明智,"但此种制度有利亦有弊,其弊在使政府的作用缺乏联系或不一贯"[2]。可见在当时的政制设计下,

---

1 《重刊法院编制法》,上海《法政杂志》1915年第5卷第9号,第95页。
2 〔美〕庞德:《近代司法的问题》,王健编《西法东渐:外国人与中国法的近代变迁》,中国政法大学出版社,2001,第443、472页。

立法（国会）与行政机关（国务院）依法对号称"独立"的司法实施"干预"，有其理据。

正是以国会及国务会议通过的议案作为凭借，司法部才着手重新处置罗案。办法是从司法行政入手，由上级检厅以不起诉处分书中证据不充分为理由，令下级检厅续行侦查。[1] 于是京师地检厅改变最初的不起诉处分，续行侦查，并最终对罗文干、黄体濂等做出提起公诉的决定。[2] 以此为契机，相关的人事调整也着手进行。1923年2月28日，司法部下令撤换直隶、湖北两省"司法"职员。法院判决被告无罪而检厅因不服提起上诉后，司法部复颁众多部令，6月29日至7月14日之间，仅《法学评论》披露的任命，派充的地方审判厅书记官、候补推事、候补检察官等就有10个。[3] 这些司法行政措施，为再议"罗案"铺平了道路。

然而在被告捍卫"司法独立"的背景下，这些被视为干涉司法的举措只能加剧原告方与有强大舆论支持并同被告方有复杂利益关系的法界的矛盾。由于矛盾加剧，作为在法庭内外已处于相对弱势的原告方的诉求，在法院对罗案做出最终判决时，能够得到法官及真正尊重法律的法界人士的认同吗？

五、法院对罗案的程序合法裁断

与近代历史上绝大多数刑事案件不同，围绕罗案的"官司"

---

1 《罗案尚难结束》，《申报》1923年1月17日，第7版。
2 《罗案急转直下·法庭方面态度》，《申报》1922年11月27日，第6版。
3 《司法部部令一束》，《法律评论》1923年第5期，第6页。

不只在通常意义的原告与被告之间展开。在双方的争执中，一些本属"裁判"的京师地方检审职员也卷入其间，使罗案在很大程度上异化成以国会和张阁为一方，与罗文干连同整个"法界"作为另一方的官司，后者既是被告，又是法官，这种局面从一开始就在很大程度上决定了罗案的最终结局。

然而，号称"独立"的司法机关要像原告方指控的那样完全按照自己的独立意志站在被告立场审理案件，也会面临诸多困难，毕竟罗案暴露的问题已无法遮掩。从案件构成上分析，罗案涉及的官司从一开始就被区分为程序与实体两方面。程序偏重技术性质，是非曲直虽不无争议，但相对简单，操纵空间较小；实体问题则错综复杂，适用法条众多，有些甚至关涉国际法，且经欧战前后国际关系的巨大变迁，加之罪与非罪的判断需结合有无主观故意得出，而主观者最难捉摸，见仁见智，操纵空间较大。罗案的主审法官能否从案件呈现的技术与实体区别中，找到处理案件两全其美的办法呢？

1923年6月22日，罗案在京师地方审判厅开庭。地审厅刑事第一庭审判长推事李受益、主任推事吴奉璋及陪审推事三人并罗案原检察官杨绳藻莅庭，刘崇佑以被告辩护律师资格出庭。经法庭调查、公诉方陈述、传证人出庭作证、被告及辩护律师辩护，至29日午刻法庭做出判决，由审判长宣读判决书主文，基本结论为：罗案告诉程序合法；罗文干等被控罪名不成立，判决无罪。[1]

值得注意的是，法庭在做出罗案检审程序合法的判决时，特

---

1 《罗案判决书（续前）》，《法律评论》1923年第4期，第18-19页；《罗文干无罪出狱之经过》，《申报》1923年7月3日，第2张第7版。

意转述了被告方对本案程序的以下诉求：

> 被告辩护人陈称大总统除发布命令外别无行为，不得为本案之告诉人，其面谕尤不得谓之告诉，且未作成笔录，由大总统签字，告诉手续亦不具备。国务院既非告诉人，且未接到不起诉之通知书，声请从何而生，声请既不合法，则高等检察长依刑诉条例第 254 条之规定认声请有理由撤销地检厅处分，实属错误。地检厅检察官虽有服从长官之义务，然官吏服从义务应以合法命令为限，高等检察长撤销原处分之命令既不合法，检察官自亦不应遵奉。本案检察厅之起诉系属违背规定，应请依照刑诉条例第 340 条谕知不受理之判决。[1]

由此诉求可知，被告及辩护人的初意，乃在希望罗案被判程序违法，法院不予受理，故对法庭有"本案检察厅之起诉系属违背规定，应请依照刑诉条例第 340 条谕知不受理之判决"的主张[2]，并未意识到法庭程序合法的判决对己方更为有利。原因很简单，若采纳被告主张不予受理，则本案在京师地检厅做出不起诉处分决定时，便已结束。但不起诉的处分系草率得出，基本只采信被告方的一面之词，已受到广泛质疑；且检察机关不是司法机

---

[1] 《罗案判决书（续前）》，《法律评论》1923 年第 4 期，第 15 页。
[2] 罗文干的辩护律师也说，"本案起诉不合法，依现行刑事诉讼条例第三百四十条之规定，法院应谕知不受理之判决，故关于本案事实点之内容，本无讨论必要"。刘崇佑：《罗文干等被告诈财及伪造文书案调查证据意见书》（辩护人律师刘崇佑呈递法院原文），中国科学院近代史研究所资料室藏档，登录号：312249，分类号 570/299/7222，第 1 页。

关，加之京师地检厅级别不高，处分决定缺乏权威性，因而即便法庭采纳其不予受理主张，案件在不少人看来仍未真正定谳，对被告未必有利。被告如此要求，或许是因未料到在实体问题上，法庭会做出几乎完全无罪的判决，方有"不予受理"之请。这也从侧面透露出，其无罪的心理自恃，并不强大。[1]

从法庭方面观察，研究者固不能轻易采纳其有袒护被告用心的说法，但至少在客观效果上，其对罗案做出的程序合法、实体无罪的判决于被告最为有利。因无罪判决不能以告诉程序不合法为前提，若认定程序不合法，也就不能受理此案，则在法律上真正具有裁判权的法院的判决就不能做出。

不过，也没有理由反过来断言法庭是为了在实体上判被告无罪才判告诉程序合法。对于罗案告诉程序，尽管蔡元培等人以辞职抗议并激起学潮，法界也有不少人以去就相威胁，但其中的法律问题仍十分明确，相对中立的法界人士都有清楚认知。

1923年1月21日，上海律师公会致电北京律师公会，请求调查并告知普遍存疑的罗案程序问题。[2] 北京律师公会于1月25

---

[1] 罗文干本人曾有将案件移交平政院审理的要求，据报载："罗文干现仍在法庭拘留，态度极为懊丧。日昨自请总统将此案移交平政院审理，准其取保出狱，听候传讯。总统以案性质不在平政院范围以内，业已批斥不准。"这很明显是想化刑事犯罪问题为行政违法问题，多少暴露出被告担心以刑事犯罪论处的心理。引文见《国内大事·罗案消息》，《清华周刊》1922年第263期，第22页。

[2] 该律师公会称："罗案声请再议，是否由于告发人之具诉？抑系司法行政长官之指示？又罗之重行入狱，是否由于检察官指挥？抑系司法行政长官之命令？鄙会同人以为声请再议，未必即为干涉司法，重行入狱，亦未必即为蹂躏人权，要当视其自动与非自动之事实，以为违法与非违法之判断。此间仅见报纸，真相莫明，应请贵会确切调查，据实电复。……吾全国律师公会皆当投袂而起，主持公道。"《（上海）律师公会为罗案致北京电》，《申报》1923年1月23日，第13版。

日接上海律师公会函，次日即开常会，议决函请京师检察厅将此次罗案再议及收押入狱情形及法律依据示复，得到检察厅函复。[1]综合各方意见之后，北京律师公会以"职责所在，碍难缄默"，于1923年3月23日召开常任评议员会，议决根据法律发表意见，以"申正义于寰中，共张公道于天下"。北京律师公会意见书开宗明义表示："罗案再议，是否合法，言人人殊，本公会屡接各处函电，或谓政府破坏约法，理所不容，或谓政府根据律条，并无不合。而究之案归于理，言者宜就理以发挥，事属法庭，做者当资法为论断，本公会向无偏党，不宜发言，惟兹事体大，不得不本法律上之正义，为良心上之主张"。意见书主要内容如下：

1. 关于告诉人。意见书认为，奥约成立，被害主体为国家，国家系公法人，不能自为活动，而代表公法人之自然人为国家元首，罗案由大总统谕交京师警察厅传送地方检察厅侦查，是罗案造端，本由大总统以被害人资格告诉，迨地方检察厅不起诉处分后，执行政府事务之国务院，秉承大总统意旨，开国务会议，全体议决，仍以原告诉人资格，声请再议，司法总长执行国务会议议案，令行检厅再议，于法并无不合。而乃非难纷起，以为命令再议，有行政干涉司法之嫌，甚且有以去就力争者。殊不知检察事务，纯属国家司法行政，依上下联有一体之原则，自应立于司法部监督之下。

2. 关于声请再议。意见书指出，查《法院编制法》第98条规定，凡检察官均应服从长官命令，同法第102条又规定，司法部得命

---

[1] 《调查罗案再议之函复·北京律师公会复上海律师公会》，《申报》1923年2月20日，第14版。

令检察官办理事务。细绎该两条法意，司法部及上级检察厅对于检察官职务上之行为，实有无上命令权及监督权。况再议为发现真实起见，系现行手续法上之一种救济方法，应否起诉，尚有上级检察厅自由裁决，而再议之是否成立，又当视其有无理由，并非一经再议，即有起诉之必要，纵使起诉，是否有罪，尚有法庭独立审判，断非政府及检察官意思所能拘束。核与约法第51条规定，法院独立审判，不受上级官厅干涉，绝不相蒙。详绎约法所指审判之文意，明系对于有独立审判权之推事而言，检察官并不包含在内，若误认检察官亦在其内，则法院编制与现行法之统系，完全推到无余。

3. 关于罗、黄重新羁押。意见书指出，此举系根据刑诉条例第255条但书规定，在再议期限内及声请再议中，遇有必要情形，均得再命羁押。此案既经国务会议秉承大总统意旨再议，而《黄报》又载有黄体濂逃走之说，并奉司法总长面谕，此案反对者甚多，闻外间传说有对罗文干等加以身体上不利之行动，果真演成事实，将来办理更形棘手。为罗文干等安全起见，宜暂行收所羁押。意见书据此指出，案件再议，罗、黄重行入狱，本系地检厅依法办理，完全出于职权上之行动，不能指为司法当局蹂躏人权，事实昭彰，绝无吹求之余地。[1]

北京律师公会的意见书，与京师地方审判厅的判决意见大体一致，分别从法理及司法实践立场，对有关罗案告诉及声请再议的程序争议做了合法性论证和裁判。自法庭做出判决之后，围绕

---

1 《罗案已于二日起诉》，《申报》1923年4月6日，第7版。

罗案程序问题的争论很快销声匿迹。

需要强调的是,罗案最终判程序合法,等同宣判蔡元培等人抗议行动法律依据的缺失。然而败亦斯成亦斯,罗案告诉及声请再议虽判程序合法,但宣判之前由蔡元培等人以极端方式表示的对罗案程序"不合法"抗议造成的社会舆论一边倒的局面,以及该案被告与京师司法界根深蒂固的利益关系决定的司法取向,已难逆转。在罗案最为关键的实体问题审判中,被告几乎毫无意外地全盘胜出。这一胜一败之间究竟有无因果关系,发人深思。

第二章
罪抑非罪：罗文干案的审断与案情原委

罗文干案是在国会酝酿查办的背景下，由众议院正、副议长提请总统紧急处置而引发。案发之后，因直系保、洛两派出于不同目的的干预，罗文干等曾两度出入囹圄，其间国会正式通过了对于罗文干、黄体濂的查办案。1923年1月14日，京师地方检察厅对罗文干等做出不起诉处分，这一处分在各界引起巨大反响。1月18日，国务会议通过教育总长彭允彝提出的罗案声请再议案，并由司法部饬京师地方检察厅续行侦查，依法办理。国会查办案及国务会议通过的罗案声请再议案均指控罗文干等人涉嫌收受贿赂、伪造公文书、渎职及损害国家利益三项犯罪。鉴于罗文干等人在奥款以旧换新过程中致使国家蒙受数千万元的巨大损失，查办案指出："此次财政总长罗文干之私签德奥借款合同，其丧权祸国纳贿渎职,在法律上万无幸免之理。"¹但京师地检厅在续行侦查后认为受贿指控证据不足,仅以刑律第240条之明知虚伪事据以制作所掌文书罪及第386条之诈财图害国家罪,并行起诉。²

1923年6月22日罗案开庭。京师地方审判厅经法庭调查、公诉方陈述、证人出庭作证、被告陈述及辩护律师辩护等程序,于29日做出判决,称公诉人控告的伪造公文书及诈财图害国家罪均不成立,判罗文干等无罪。³对于法庭判决,公诉人表示不服,并在法定上诉期内提出上诉,详陈不服判决的七项理由,声称对伪造公文书与诈财图害国家罪的指控,被告"毫无狡卸之余地",而原判均宣告无罪,实属错误,碍难认服,提请二审法院"撤销原判,依法公判"⁴。从理由书的内容上看,公诉机关不服判决有其理据,抗辩亦颇强势。然而,出乎所有当事人的意料,未待二审法院审理,地检厅检察长蒋棻突然于7月31日主动向京师高等审判厅撤销上诉。"高等厅即日通知被告罗文干、黄体濂二人,地方检察厅既丧失其上诉权,是此案即于昨日确定无罪"⁵。于是,由"一审法院"京师地方法院做出的宣判也就成为罗案的"终审"

---

1 《众议院议长吴景濂等宣布议员余绍琴等提出查办罗文干案并议员李文熙等动议罗文干所订合同声明无效均经大多数可决电》(1922年11月23日),参议院公报科编《参议院公报》第3期第2册,1922年至1923年,公文,第51-53页。
2 刘崇佑:《罗文干等被告诈财及伪造文书案调查证据意见书》(辩护人律师刘崇佑呈递法院原文),中国社会科学院近代史研究所资料室藏,登录号:312249,分类号570/299/7222,第1页。
3 《罗案判决书(续前)》,《法律评论》1923年第4期,第18-19页。
4 《罗案上诉理由书》(中华民国十二年七月十二日),《法律评论》1923年第5期,第21-24页。
5 《法界消息·罗案已撤销上诉》,《法律评论》1924年第33、34期,第9-10页;《国内法律及法院新闻·罗案撤销上诉》,《法律周刊》1924年第31期,第13页。

判决。

从法律上看，罗案虽经法庭审判"一锤定音"，却留下了诸多悬疑。毕竟京师地检厅上诉书提出的不服判决的"七项理由"及相关质疑没有得到答复，以致连提起上诉时曾异常理直气壮的检察机关何以突然偃旗息鼓、主动撤回上诉也成悬疑。笔者倾向于认为，由于被告方凭借"法律系"领袖身份与京师地方司法机关结成的根深蒂固的关系，由于被告及其支持者在捍卫"司法独立"的旗帜下对"独立司法"实施的逆向干扰，更由于事实证据与主观认识的局限，京师地方审判厅对罗案的判决在事实认证与法律适用方面均存在很大问题。以下拟结合检举人陈述、地检厅最初的不起诉书及续行侦查后提出的起诉书、国会通过的查办议案、被告律师的辩护、法院的判决书、检察机关的上诉理由书，以及民国相关刑律、刑事诉讼律等，参以中外相关史料和研究成果，就国会及国务会议对本案被告提出的三项犯罪指控，逐一展开研究，期成定谳。

一、被告"受贿"指控的事实辩证

罗案发生不久，胡适在文章中说，王宠惠内阁里有三位阁员曾在《我们的政治主张》上签名，因此，王阁成立以来，很有些人爱拿那篇宣言里"好人政府"的话来挖苦他们。其实在那篇宣言里，本不曾给"好人"下定义。但理想中的"好人"至少有两个方面：一是人格上的可靠，一是才具上可以有为。在普通人的心里，"好人"至少要有可靠的人格。罗案发生，正是实验"好人政府"的最低条件的机会。好人政治的含义是，进可以有益于国，退可以无愧于人。"我们对于王、罗诸君政治上的才具,确是不很满意,但我们至今还承认他们人格上的清白可靠。我们希望这一案能有一个水落石出,叫大家知道'好人政府'最低限度的成效是'人格是禁得起政敌的攻击'"。[1] 罗文干的辩护律师刘崇佑也说:"罗文干为有相当知识之人,其素行人所共见,谓其出此白昼攫金直类见金不见人之举动,似亦不伦。"[2]

某种意义上,检察机关在续行侦查之后未就罗文干"受贿"提起公诉,已从法律角度"验证"了胡适等人所说的罗文干"人格上的清白可靠"及人所共见的"素行"。因而关于"受贿"一层,似已无须再费笔墨,徒做讨论。

然而,罗文干涉嫌的三项犯罪指控是有关联性的。受贿指控若能成立,则另外两项指控都有了合理解释;反过来说,若受贿指控被证子虚,则被告除非是判断失误、不知后果,否则绝不会冒天下之大不韪,在历任财政总长均不敢或不愿签订此项合同的情况下,与华义银行签署展期合同。罗案辩护律师刘崇佑曾注意到三项指控的关联性,认为此案系由受贿嫌疑而发,检察机关既已证明并非受贿而不予起诉,则本案根本已无成立之根据。[3] 刘崇佑显然是将检察机关的判断等同于事实,其实两者可能一致,也

---

[1] 胡适:《这一周》第47、48(1922年6月至1923年4月),欧阳哲生编《胡适文集》第3集,北京大学出版社,1998,第444-445页。
[2] 刘崇佑:《罗文干等被告诈财及伪造文书案调查证据意见书》(辩护人律师刘崇佑呈递法院原文),中国社会科学院近代史研究所资料室藏档,登录号:312249,分类号570/299/7222,第6页。
[3] 刘崇佑:《罗文干等被告诈财及伪造文书案调查证据意见书》(辩护人律师刘崇佑呈递法院原文),中国社会科学院近代史研究所资料室藏,登录号:312249,分类号570/299/7222,第27-28页。

可能不同。基于案情关联性的考虑，本文讨论仍从被告是否受贿开始。

众议院查办案指出，在罗文干签署展期合同过程中，曾由华义银行开出支票三张：其中第1563号支票面额八万镑，付财政部；第1564号支票面额三万镑与第1565号支票面额五千镑"付来人"；三张支票均"汇沪转京"。查办案指出：现行新刑律第140条规定，"官员公断人于其职务要求贿赂或期约或收受者处三等至五等有期徒刑"。罗文干身为财政总长，竟听信司员，私自签订合同，并以所得支票三张，先后向华义银行支取。其中八万镑一票由罗文干签字交由懋业银行支取，经华义银行声拒，称该支票系付财政部，仅由罗文干个人签字，手续不合。仅隔一时，懋业银行即改由财政部盖印该总长签字，照数汇支。三万镑与五千镑两票皆载明"付来人之手"，究竟来人为谁？取作何用？均无交代。以被告行为所露蛛丝马迹证之，要说没有期约收受、饱入私囊，绝难服人。"此就刑法上责任言，罗文干之纳贿渎职不能不查办者"。[1]

对于国会的受贿指控，检厅不予采纳，两次均未起诉，理由是三张支票均有出处，非罗文干个人所得。据称检厅曾"调到三方全案"，得知八万镑已拨给交通部五十万元，用作还广九路债，交通部已出具收到此项拨款的证明，剩余十六万付麦加利，"八万镑可谓完全归公"，三万镑支票乃安利洋行净得，五千镑支票为

1　《众议院议长吴景濂等宣布议员余绍琴等提出查办罗文干案并议员李文熙等动议罗文干所订合同声明无效均经大多数可决电》（1922年11月23日），参议院公报科编《参议院公报》第3期第2册，1922年至1923年，公文，第51-53页。

华义净得。对此，英、意两国公使也表示将出具证明。[1]不仅如此，还有证人出庭证明支票出处。如安利洋行英人白尔克曾应传到厅，证明三万镑支票系旧债权人转移于新债权人之手续费，五千镑为华义银行收取的手续费，银行方面亦向法庭声明，与政府方面无干，愿开庭时作证。[2]应该承认，检厅方面对罗案的调查，确实下了一番功夫。

不过检厅提供的证据，在关键问题上仍未真正落到实处。意大利公使开具的"证明"最能说明此点。档案显示，1922年11月19日，即案发之后两天，检察厅曾致函外交部，称查原案告发情节，有华义银行支付手续费支票两纸，汇沪转京，以掩耳目等情，究竟该银行曾否发出此项支票，是何用途，交付何人，事关重要，亟待侦查。故请外交部知会意国公使转敕该银行管理人，就上述各节据实呈复，以凭核办。[3]但意国公使回复说，可以提供相关人员的口供抄件，对中方检厅将华义银行之簿记文件自行直接究查的要求，则"万难照准"。[4]既然不允查看作为直接凭证的账簿，则相关人员的"口供"或经转手的相关文件之"抄件"，

---

1 《国内专电·北京电》，《申报》1922年11月23日，第3版。检察厅且于华义方面，抄得支票号数三万镑者为1564号，五千镑者为1565号，八万镑之款，又有财政部盖印，罗亲笔签字之收据。《国内要闻·北京特约通信》，《申报》1922年11月22日，第6版。
2 《国内专电·北京电》，《申报》1922年11月22日，第3版。
3 《财政总长罗文干等办理德奥债款合同未被约法一案究竟华义银行曾否发出此项支票适合用途交付何人请迅速转行义使从速复由》（1922年11月19日），台湾"中研院"近代史研究所藏档，全宗：北洋政府外交部，系列：借款，册：奥款案，版本：原档，馆藏号：03-20-22-01-005。
4 《检察厅复查罗文干等一案本公使可将各等口供以及银行录写之件代为抄示……由》（1923年3月18日），台湾"中研院"近代史研究所藏档，全宗：北洋政府外交部，系列：借款，册：奥款案，版本：原档，馆藏号：03-20-22-01-009。

只是间接证据，因而所谓意国公使的"证明"，难以采信。

不仅如此，问题还涉及刑事诉讼案件中证人的法律资格。按照诉讼法规定，证人不能与案件当事人有同一或对立之利益关系，在刑事案件中，行贿方的"证人"资格尤其不能成立。华义银行与罗文干共同签订展期合同，是案件当事方，如果合同签订过程中确有行贿受贿行为发生，则该银行应属行贿者，其代表能否作为证人出庭作证，法律上明显欠缺考虑。对此，国务院在声请再议罗案时曾明确指出，检厅对于受贿部分，决定不起诉之理由，不过是根据奥债团代表等行贿人之供词，谓交付来人手续费支票二纸共三万五千镑，系给予安利洋行经理及买办之手续费，与罗文干无干。由罗文干亲自签收之八万镑支票一张，亦以财政部名义签收，实为奥债团代表应给还我国结算利率期限所生之差额，确非收受贿款。"不知奥债权代表罗森达、柯索利暨巴克等，皆债权者一方行贿之人，均有共犯嫌疑，其言不足采为证据。罗、黄等身为被告，更不待言。何得仅据此种供证，认为即非受贿？"[1] 国务院指陈的证人资格问题乃客观存在，无可辩驳。

此外，出面证明收到五十万元拨款并已用于广九铁路还款的王宠惠内阁交通部，其作为证人的资格及证言的可信度，也成问题。据《益世报》分析，八万镑支票虽有由财部转入交部之说，但此事是否可靠尚存疑问，盖该案牵涉范围甚广，"财、交两部，为消灭证据起见，却难保不为事后之弥缝"，故国民方面，对此亦颇滋虑。已有若干团体代表，互相接洽，对于该案一切证据，

---

[1] 《国务院请求再议罗案之理由》，《申报》1923年2月5日，第6版。

将发表公正主张,以唤起法界之注意。[1] 人所共知,交、财两部以洛阳作为背景,已结成共同利益关系。在罗案处理过程中,国会曾将交通总长高恩洪一并提出查办,因而从法律上讲,交通部的证人资格是否合法,已成疑问。由于证人资格有问题,其证言也不足采信。王宠惠在回答顾维钧何以要急于签订展期合同的提问时,称原因在于"急于开辟财源度过中秋节,这个节日对于政府特别是对于负责提供经费的财政部一直是道难关"[2],与五十万元已拨付交通部用于广九铁路还款这一交通部证言明显相忤,可为不足采信的凭证。值得注意的是,该部账簿曾受到人为毁损。在检察机关侦查期间,"交部会计出纳簿,为人撕去7张,至今成为问题。柏森濒行,未注明被何人撕去,现在正谋补账办法。闻系高任被裁之员泄愤撕去,携赴天津者"。[3] 出纳簿被撕的原因一日不明,则交通部的"证明"就一日存在疑问。

原告方敏锐地发现了其中的问题,其不服一审法院判决的上诉理由书专门就八万镑支票提出质疑,认为该款虽因交通部出面证明看似有了着落,其中疑窦依然存在。理由书指出:若谓交通部无款偿还广九铁路借款而须财政拨款,交通部收入甚多,岂有区区五十万元不能自筹之理?又岂有迫不及待不能稍延数日留待国务会议通过之暇?退一步讲,即便五十万款可以找到说辞,则

---

[1] 《奥债之续讯·审查中之奥债案》,《益世报》1922年11月22日,收入季啸风、沈友益主编《中华民国史史料外编》(前日本末次研究所情报资料,以下略作《史料外编》)第10册,广西师范大学出版社,1997,第422页。

[2] 《顾维钧回忆录》第一册,中国社会科学院近代史研究所译,中华书局,1983,第244-254页。

[3] 《国内专电·北京电》,《申报》1923年2月1日,第4版。

八万镑中存于中国银行之十六万元并未证明用途，又当如何解释？被告于此，始以增加关税为匆促签字之理由，继以还广九借款为辞，并有应付中秋节财政急需之说，矛盾支离，莫此为甚。如此行为，究竟是出于整理财政维持国信增加关税所需抑图害国家，不待智者而可知。[1]《益世报》也分析说，八万镑支票一节，交通部答复检察厅之原函，谓于17日确已收到财部拨交五十万元现款，"其实此等款项是否即系前款，仍属疑问"[2]。可见支票出处问题并未真正解决。

而华义银行办理奥款有行贿前科，让人怀疑此案是否包含收受贿赂的"潜规则"[3]，也增加了被告受贿的嫌疑。1922年11月20日《京报》载文为罗文干辩护，称此次奥款合同以旧换新，外人无利可图，故不应存在行贿的问题。[4]但该报口风不紧，于无意中透露，奥款债权方曾有试图行贿的历史事实存在。据该报称，当初高凌霨执掌财部时，华义银行曾试图通过行贿以继续合同。"据确实报告，此项奥国借款起于宣统三年，订定合同为造船及购军用品。此后军械曾交一部分，船只未交，奥国方面称对于造船材料已用去五分之四，尚余五分之一为借款。若承认五分之一为借

---

1 《罗案上诉理由书》（中华民国十二年七月十二日），《法律评论》1923年第5期，第21-24页。
2 《奥债案之扩大·武人关心奥债案》，《益世报》1922年11月23日，《史料外编》第10册，广西师范大学出版社，1997，第424页。
3 据报载："昨法庭在罗文干宅，检出与英美银行接洽某项借款英文密电多起，罗去电不要回扣，英美银行复，回扣例所应付，执事不要可收入国库。"查出的电文虽证明罗曾表示不要回扣，但也说明当时外国银行给办事中方官员回扣已成惯例。其中的问题是，如果回扣是应该要的，为何曾经表示不要？而如果要了，后来罗签收的八万镑支票是否即按"惯例"要的回扣，是否是在交给"国库"之后转拨给交通部？这些均成悬疑。《国内专电·北京电》，《申报》1922年11月30日，第2版。
4 《国务院请求再议罗案之理由》，《申报》1923年2月5日，第6版。

款,且不废止购械合同,则彼愿用贿一百二十万,因其中有大利可图,故对于前财长皆曾试其行贿之手段,此罗文干被疑之极大原因。"[1]高氏自己对此也不讳言,曾于大庭广众之中表示:"此案我做财政总长时,即有人以巨款运动者,我不肯办。"[2]按照《京报》作者的辩护逻辑,这是否已反过来证明债权方"有利可图",故有行贿之举呢?值得注意的是,揭发罗文干"受贿"者为华义银行副行长徐世一,其特殊身份及出面揭发将面对饭碗丢失的可能性(揭发罗案之后徐已被迫辞职)[3],增加了所揭事实的可信度。

不仅如此,三张支票的汇款收款地址,也暴露出明显疑点。明明汇款及收款人均在北京,却先将钱汇到上海再转汇北京,有无洗钱嫌疑?对此,当时就有不少人表示怀疑。据报载,展期合同签字后,华义银行"按例支付"回扣,拟直接交与罗签收,"惟罗文干为闭耳目计,特将回扣款项电汇上海某银行,再由上海直接汇京与罗氏"[4]。国会方面对于支票辗转汇寄,怀疑"此中颇有黑幕,现已分派多人赴沪调查"[5]。不仅如此,财政部签署展期合同近乎"暗箱操作",也致人生疑。据财部人言,部中一般人只知有此一宗借款,而交涉情形及合同大概,即主管之科室,事前亦未能知晓,其隐秘可见一斑。[6]对于如此蹊跷的情节,任何人都会心

---

1 《罗文干被捕案发生之索引》,《京报》1922年11月20日,《史料外编》第10册,广西师范大学出版社,1997,第412-413页。
2 蟪公:《辞职声中之王内阁》,《申报》1922年11月28日,第6版。
3 《国内专电·北京电》,《申报》1922年11月22日,第3版。
4 《因倒阁而发生之阁员被捕案》(报告之三)未注明原载报刊,《史料外编》第10册,广西师范大学出版社,1997,第462-463页。
5 《奥债案之扩大·武人关心奥债案》,《益世报》1922年11月23日,《史料外编》第10册,广西师范大学出版社,1997,第424页。
6 《国内要闻·北京特约通信》,《申报》1922年11月22日,第6版。

存怀疑,检察机关不加解释就给出免予起诉的处分,能使人信服吗?

然而所有这些均非罗案的要害处,本案最大疑点是违背常理地出现了拐杖倒杵、债权人给债务人送钱的现象。国务院声请罗案再议的理由书特别对这一离奇现象提出质疑,指出:

> 奥债团为债权人,我国为债务人,我方无款偿债,要求展期,债权人不惟不索偿现金,反以现金给我,是必取得合同之大利,不惜少数之报酬,不然双方订立合同,于约定总额外,给付小数现金,情节奇离,殊不可解。况查三万五千镑支票,仅云交付来人,究竟何人收受?不得仅据行贿人之供词以为认定之基础,八万镑现金之交付,展期合同并未订有明文,亦未声明交付差额,是此项支票,是否受贿,应查其收款存账,及转付交通部中国银行各日期,有无发觉以后改易账目,湮灭罪证各情形,始能断定其是否犯罪。地检厅何得仅采被告及共犯人等之供述,遽行认为无罪。此关于受贿部分失当,不能不声请再议者一。[1]

---

[1] 《国务院请求再议罗案之理由》,《申报》1923年2月5日,第6版。1923年1月9日,众议院常会开会通过的议案亦指出:查罗文干阴受外国人运动费,有华义银行所付支票三纸为证。一为三万镑,一为五千镑,一为八万镑。其八万一张,由罗文干亲自签字,地方检察厅行使侦查,乃据罗、黄等供词,委为不知,……至谓八万镑支票,系债权者付中国政府之计算所得税及复利之差额,尤属支离,不近情理。盖我国欠人债务,方要求展期偿还,与人修订合同,焉有债权者反先偿我八万镑之理?诚如是,何不减少债额,扣除利息,而必以如此重金给我政府乎?其为罗等于本案发觉后,串通外商狡供伪证,湮灭罪迹,显然无疑。检厅徒采被告者及行贿者一面不可为证之供词,以为无罪之认定,不特未尽侦察之能事,且不免有扶同隐匿之嫌疑。此其第一不起诉理由,实属违法。《昨日众院之常会》,《益世报》1923年1月18日,《史料外编》第10册,广西师范大学出版社,1997,第481-482页。

国务院的质疑包含一个重要推断，即鉴于类似今日所谓债权人"黄世仁"给债务人"杨白劳"送钱不合情理，推定前者是为"取得合同之大利，不惜少数之报酬"，认为若非如此，案情就解释不通。虽然这只是一个推断，不足据以定罪，但案件存在不符合逻辑的现象却有理由让人对整个案件表示怀疑。

对被告更为不利的是，东窗事发后，国会方面又揭发出罗文干曾有大量购买奥款债票的重要情节。众议院1922年12月5日通过的查办案称：奥款债票因奥国战败影响于经济市场之故，其价值至多不过一折而已。该债票票面虽有三百六十二万镑（未计购船存款）之多，而实价亦仅值三十六万镑左右。罗文干系欧洲留学出身，熟悉欧洲市场情形，当其就任财政总长之际，曾"暗中纠合部内外人员，及外国商人十余人，共凑集资本三十余万镑，电嘱中外商人，先向奥国市场收买是项债票，盖欲以三十余万镑之资金，而收六百余万镑之利益"。国会方面认为，此种行为，"显系结党营私，图利个人，又复暗受外人贿赂，借财政当局之地位，以整理外债为名，订立此种违法卖国合同，以饱该部内外人员之私囊"。[1]

这一指控的法律含义在于，它可以解释罗文干等被控不惜损害国家利益而与华义银行签订展期合同的个人利益动机。盖若被告购买奥款债票之事属实，则合同以旧换新救活已严重贬值几乎成为废纸的奥国债票，也就可使罗等所持以低价购买的债票大大

---

[1] 《奥债之扩大·罗文干已出检察厅》，《益世报》1922年11月23日，《史料外编》第10册，广西师范大学出版社，1997，第424页。

升值,从而获取巨大的个人或集团利益。[1] 当然,国会揭发的情况也可能并不确切,甚至可能只是来自传闻,在未找到确切证据予以证实之前,尚难作为法律证据采信。如果出现后一种情况,即所言不实,对于一直强调对犯罪指控"虚则反坐"[2]的被告方来说,正是绝地反击的大好机会,岂能轻易错失?然而对于此项指控,被告方与检审机关均三缄其口,这就更增加了被告的受贿嫌疑。

退一步言,即便罗本人未受贿,也不排除其签订展期合同有图利他人,使第三人从中获利的嫌疑。《兴华》刊登的一篇报道,可供参考:

> 罗文干案,据法界人云,受贿实冤,但可比附到"为图自己或他人利益损害国库"之一条。闻黄体濂实构成此条款。罗有罪否,尚须俟侦查结果。高恩洪案,亦同样解释。一面速责令交部还付二十二万镑,取消此购料合同,一面由法庭提起公诉。高曾云,如此办理,凡历任财、交两长除在职不久未办内外借款合同者外,其余

---

[1] 颜惠庆曾见证战争之后德奥货币的严重贬值,他说,巴黎和会期间,自己因事前往柏林,发现德国马克暴跌。"本人亲历过一事,足以证实当时通货膨胀使德国马克跌倒到离谱的地步。大约1921年,我在北京收到一封从柏林的银行寄来的信,信封面上所贴邮票的面值为100万马克。邮资竟将我在此银行账户的存款全部耗光。其实,我在银行数额当初也算是很可观的。……当地的高楼大厦售价低廉,我斗胆向外交部建议,给使馆购买一栋新楼,尤其是当时中国银元兑换马克极为有利,但是令我惊讶的是,该建议被否定了。"货币贬值,债票同样贬值;拯救债票,即可保值或升值。引文见颜惠庆《颜惠庆自传:一位民国元老的历史记忆》,吴建雍等译,商务印书馆,2003,第138—139页。

[2] 《罗案消息汇闻·阁员方面消息》,《申报》1922年11月26日,第4版。

均须入狱,以示法律平等,不能以不咎既往一语抹煞。[1]

民国刑法对受贿罪的定义包括"使他人不当得利",检察机关对罗案判决表示不服,提起上诉,理由书中亦提到"图利第三人"的问题。[2]因而,即便罗文干真如胡适所言"人格"靠得住,不会出现因道德缺陷而触犯刑律的问题,但案件众多当事人受贿的可能性,仍未完全排除。

综上可知,罗案原告方提出的受贿指控虽未被检察机关接受,其中未能解释清楚的悬疑问题却很多。某种意义上,检厅对罗文干受贿的指控,是做了"疑罪从无"的处置。这样的处置,因其符合现代司法原则,是可以从法律上予以接受的。但不予起诉,只是因为证据不足,不能证明根本无罪。由于上列可以作为"无罪"反证的事实存在,可以认为,尽管检厅未就"受贿"提起公诉,罪与非罪,仍是悬疑。而因本案三项指控的关联性,受贿嫌疑未能排除,也就为伪造公文书罪和图害国家罪的重新研判预留了空间。

二、被告"伪造公文"指控的事实辩证

罗案被告的另一犯罪嫌疑为伪造公文书,其直接证据是:奥款新展期合同第三条写明,"前项借款合同之条款,财政总长已

---

[1] 《中外大事撮要·侦查罗案》,《兴华》1922年第19卷第48期,第29-30页。
[2] 《罗案上诉理由书》(中华民国十二年七月十二日),《法律评论》1923年第5期,第22页。

奉大总统命令核准，即声明本合同为前项合同之附件，并为解决前项借款合同所发生之各问题而立，自应仍认为系遵照大总统前次命令及所核准之各条款而办理者"；第四条写明，"财政总长应请外交部正式通知驻华法国公使及意国公使，声明本合同系照第三条所言，已经内阁同意，并由大总统颁令准许后始行订立"。[1] 然而展期合同所做声明却引来一些重要当事人的矢口否认。

首先，总统及部分内阁总长就明确否认合同经批准及国务会议议决。1922年11月24日的《申报》就此做了报道：

> 奥款合同问题，此为本案之要点。未经阁议，已由张绍曾证明；未经批准，则黄陂逢人便说，昨对参议院8人言之，今又对众议员30人言之。昨午王宠惠将奥款展期新合同一纸，面呈黄陂，在黄陂为第一次寓目，其三、四两条，有大总统命令、大总统批准字样。黄陂亲用墨笔圈出，既面示阁员，及议员入府，又遍示议员，且说我无命令、我未批准，而各阁员竟要求其以命令批准，当然亦被拒绝。[2]

四天之后，《申报》再次提到这个问题，谓高凌霨、张绍曾向与孙丹林、高恩洪不洽，此次罗案，阁员大多为罗辩护，高、张却持反对论调。当各阁员声称将以辞职抗议时，高氏却说各人

---

[1]《昨日众院之常会》，《益世报》1923年1月18日，《史料外编》第10册，广西师范大学出版社，1997，第481-482页。
[2]《北京特约通信·奥款合同问题》，《申报》1922年11月24日，第4版。

可以自主，不必牵扯他人，张氏则一口咬定此案始终未提出阁议，更谈不上已经通过。¹当王阁通电为罗鸣冤之时，张绍曾、高凌蔚拒绝联名，并独自通电，公开宣称奥款案未经阁议。²

《申报》在报道高、张否认展期合同曾经阁议通过时，特别提到二人与孙、高关系不洽。如果这一提示包含所言不足凭信的潜台词，且看因罗案被国会一并列入查办名单的王阁外交总长顾维钧³，在辩解何以不对罗等不按合法程序签订展期合同的做法产生怀疑时，是如何陈述相关事实的。顾说，财政部于10月30日咨送合同草稿到部，声称其中第四条所载各节，财部于签订正式合同之前，自当按规定手续办理。自己"无从逆知该部将来之必不履行，而于事前加以疑问；事后亦未准该部将签订之合同咨送到部，则疑问更无自而生。至该合同于何时签订，外部事前并无所闻，维钧亦无自承阁议准许之通电。查办案所称扶同犯罪各语，恐不无误会之处。"⁴话说得十分明白，所谓"无从逆知该部将来之必不履行"，是说未曾想到合同草案中写明的"经由总统批准和国务会议议决"的法定程序后来没有执行。顾氏或许没意识到，当其极力辩解自己并未"扶同犯罪"时，已明确无误地以重要当事人身份指出了所谓合同曾经国务会议议决的说法，不能成立。

顾维钧并非情急之下，慌不择言。若干年后，顾氏撰写回忆录谈及此事，仍说关于奥款展期合同签订内幕，自己事前一无所

---

1 蠖公：《辞职声中之王内阁》，《申报》1922年11月28日，第6版。
2 《中外大事撮要·内阁分裂》，《兴华》1922年第19卷第46期，第29页。
3 原查办案称：据私签合同第四条，本合同由财部先请外部咨明驻京意法两使，声明已经国务会议议决，并经大总统颁令批准等语。顾外长事前事后，并无丝毫疑问云。
4 《顾维钧对奥款案之声辩》，《申报》1923年3月7日，第7版。

知。他明确指出：

> 我曾问过王宠惠博士，他是否了解任何内情。王回答说，罗博士签订贷款协定前只报告了他，而未经内阁会议批准。我对罗为什么要这样做感到有些惊诧。王解释说，罗这样做是为了急于开辟财源度过中秋节，这个节日对于政府特别是对于负责提供经费的财政部一直是道难关。我问道，为什么罗要在他家里签订这个贷款协定？王说，罗当时正患着重感冒，听了库藏司长黄先生的劝告才这样做的，黄是罗的广东同乡。王接着说，黄司长向罗介绍了一家叫"阿诺德·卡尔伯格"的著名外国进出口商行，这家商行的买办也是广东人，他和罗总长、黄司长都是朋友。我说，确实，这种办事程序不够正规，但问题的实质在于该卷协定内容是否有任何违法之处。我还说，这是个实质性问题，王博士应该进行调查。[1]

顾维钧这段回忆透露了几个对认知罗案程序非常重要的情节：一是国务总理王宠惠虽表示展期合同签订前罗曾向他"报告"过，但承认并未经过国务会议议决；二是合同系在罗文干家里签订；三是促成此事的商行买办、公债司司长黄体濂以及罗文干本人都是广东老乡和朋友。顾维钧获知这些重要情节，"惊诧"之余，曾向王宠惠指出这种办事程序确实"不够正规"。连被国会列为

---

[1]《顾维钧回忆录》第一册，中国社会科学院近代史研究所译，中华书局，1983，第244-254页。案：本文下一段中所引述的顾维钧语录出自同书同页。

查办对象的王宠惠、顾维钧也承认展期合同未经国务会议议决，可见国会及公诉人的指控是有事实依据的。

遭到当事之总统及高、张、顾三位总长否定之后，被告方改变说辞，辩称展期合同一事曾于阁员与总统会晤时"报告总统及大众，而总统且有办事应如此之语，吾人果能准情酌理以判断者，应不能不予以十分之谅解。原诉状责其不合程序与不合法，须知程序与法，以有明文之规定者为准。试问检厅据何法令以律之，展期合同，从来不经阁议，不待批准，先例具在，非程序乎？"[1]这样的辩解明显无力。盖国务会议议决与阁员会晤时的口头通报系不同概念，而总统批准则未见批文，所谓报告时总统的口头表态，与前引黎元洪亲自用笔将合同三、四两条圈出，既面谕阁僚，复遍示议员，表示自己无命令、未批准的记载相左，断难作为总统业已批准的凭证。至于说展期合同无须阁议、不待批准的先例，更难服人。盖既无须阁议，何以合同要煞有介事地写明已经阁议？而不待批准的先例，因此次展期涉及合同实质性的变化，显然不能援引仿行。

罗文干签订奥款合同暴露出的程序违法问题，受到国会严重质疑。先是众议院议员余绍琴等提出查办案，称罗文干身为财政总长、备位阁员，遇此等合同新旧修换问题，宜先提交国务会议议决，呈请大总统批准后，方能生效。今国务会议并未召开，大总统又回答从无批准此项合同之事，事情系由罗文干一手包办，

---

[1] 刘崇佑：《罗文干等被告诈财及伪造文书案调查证据意见书》（辩护人律师刘崇佑呈递法院原文），中国社会科学院近代史研究所资料室藏档，登录号：312249，分类号570/299/7222，第25-26页。

明眼人一望可知。因而至少就行政法责任而言，罗文干丧权祸国，已不能不查办。[1] 随后议员楚纬经等42人咨文总统，就罗文干"纳贿渎职"提出质问书，称罗文干诈称签订展期合同经大总统批准及国务会议议决，王宠惠明知有诈却通电辩称经其批准，其"庇护罗犯与罗犯串通舞弊，情节显然"，要求将王宠惠与罗文干一并交法庭讯办。[2]

展期合同未报经国会批准，是国会提出查办的直接原因。盖公债之募集及国库有负担之契约，须交国会议决，《临时约法》第19条第4款及《国会组织法》第14条早有明文。国会缘此指出，罗文干身为财政总长，竟避开国会，以已成废纸之奥国借款债票与外人私相授受，悍然订立合同，承认连本带利换发新债票，致国库遭受巨大损失，就法律责任而言，罗文干丧权祸国，已不能不予查办。[3]

经国会及新发表的张绍曾内阁极力主张，罗案于重新侦查后被正式起诉，负责起诉者为京师地检厅检察官杨绳藻、杨士毅、程文焕三人。起诉书明确指出，罗文干等此次订立奥款展期合同，未经内阁同意及大总统批准，即于1922年11月14日签字。起诉书在复述该合同第三、四两条之后指出：细绎条文，一似旧合

---

[1] 《众议院议长吴景濂等宣布议员余绍琴等提出查办罗文干案并议员李文熙等动议罗文干所订合同声明无效均经大多数可决电》（1922年11月23日），参议院公报科编《参议院公报》第3期第2册，1922年至1923年，公文，第51-53页。
[2] 《咨大总统抄送议员楚纬经等对于罗文干纳贿渎职质问书文》（1922年11月28日），参议院公报科编《参议院公报》第3期第2册，1922年至1923年，公文，第18-20页。
[3] 《众议院议长吴景濂等宣布议员余绍琴等提出查办罗文干案并议员李文熙等动议罗文干所订合同声明无效均经大多数可决电》（1922年11月23日），参议院公报科编《参议院公报》第3期第2册，1922年至1923年，公文，第51-53页。

同业经履行内阁同意并大总统批准之程序。然据钱懋勋供称,民国以后四款及展期一款合同,均未经阁议通过总统批准等语(1922年11月31日笔录),是旧合同所载,均系虚伪。[1]

面对质疑,被告方做出新的解释,称展期合同虽未经阁议,却由财政部两次书面咨呈国务院。1922年11月23日,京中各报均曾报道此事,"并登载财部咨呈国务院之原文两通,以证明此事之确经阁议通过,并非秘密签订者"[2]。罗文干的辩护律师刘崇佑在为"伪造文书"指控做无罪辩护时,也有"况经咨呈国务总理批准"[3]之语。如果财政部确曾在签订合同之前两次向国务院发出咨文,即便未经阁议,也排除了暗箱操作嫌疑,则刘崇佑"吾人果能准情酌理以判断者,应不能不予以十分之谅解"的说辞,亦可接受。然而出乎所有人意料,被告方的辩解非但未能得到"谅解",反而引出各方对财政部两篇咨呈及国务院回函存在作伪的严重怀疑。

据公诉机关称,一审法院在陈述判决理由时曾提到,11月

---

[1] 《京师地方厅罗案起诉原文》,《申报》1923年4月22日,第6版。被告方最初可能没有意识到,起诉书引述的钱懋勋供词,称民初几项合同均未经阁议通过及总统批准,与事实并不完全相符。以奥国第三次借款合同(1914年4月27日)为例,该合同第2条明确规定,"本合同须经财政总长奉大总统命令认可",第四条"得总统之认可,中政府须由外交部通牒奥公使知照办理"。文中涉及总统批准的表述均非"完成时",可见仅凭当初的合同尚难判断是否已经总统批准,但这并不意味着合同签订后未经批准及议决。《奥国第三次借款合同》(1914年4月27日),北京民国政府财政部档案,1027<2>,1064,收入民国档案史料丛书《民国外债档案史料》第5册,档案出版社,1990,第105-106页。

[2] 《国内要闻·北京特约通信》,《申报》1922年11月23日,第4版。

[3] 刘崇佑:《罗文干等被告诈财及伪造文书案调查证据意见书》(辩护人律师刘崇佑呈递法院原文),中国社会科学院近代史研究所资料室藏档,登录号:312249,分类号570/299/7222,第25页。

10日财政部因奥款事有呈报国务总理咨呈两件，11月13日国务院有致财政部密函两件，令其速办，可证奥款合同并非暗箱操办或包藏不可告人之秘密。但经公诉机关侦查，发现其中存在诸多疑窦：咨呈公函一事，公债司发文簿所载与被告人等所供情形不同，发文簿载系总长带被告人等与黄体濂"带院"。国务院公函到部，被告所供情形又不相符，黄体濂供系12日自己带来交总长看的，罗文干供公函是12日钱懋勋交他看的，13日并未见着。而调查这一时段财政部及国务院收发文簿，并无此项公文之出入记载，即公债司收文簿亦系19日补登。本案案发在18日，参稽情形，本有可疑。即便国务院用印簿有13日用印记载，写明致财政部函两件用印字样，但究竟簿上记载是否事后补记，原审并未注意，已嫌疏漏。况奥款商议已经数载，此项文件本无秘密可言，何以送文收文均由黄体濂经手，一若事机一泄将不可收拾？对此，被告方并未给出合理解释。[1]

社会各界的怀疑更加直截了当。有时论甚至认为，财政部在向国务院发出咨文时，用了"倒填月日之法"。据在罗案问题上相对中立的《申报》11月23日报道：此次罗氏被捕之以后，王阁揆、顾维钧闻之失色，除前夜往慰罗氏外，相关要人在朝阳门大街王氏宅中会议一夜。今日报端所登财部咨呈之文，即出于此，"并倒填日月，以泯痕迹"。昨早秘长梁氏，匆忙赴院，制作院复财部公函，以为弥缝之计，俾为之辩护者有所借口。至其签字之合同，闻确系经国务院秘密盖印，"用印之时，系由王阁揆亲信

---

1 《罗案上诉理由书》（中华民国十二年七月十二日），《法律评论》1923年第5期，第21-24页。

第二章　罪抑非罪：罗文干案的审断与案情原委

之某秘书托言有紧要文件，向保管印信纸之第一科，将印信持入盖用，并不使该科人员随往窥探，其秘密如此。不料吴景濂于华义银行买办徐世一处，得此证据，并连受贿支票，一齐得着，和盘托出"[1]。《申报》所载当然只是诸多说法中的一种，信否尚须佐证，但这种说法的存在，对被告无疑十分不利。

有意思的是，罗案辩护律师刘崇佑对罗案的辩护，有些内容恰恰印证了各界的怀疑。财政部咨呈与国务院批文日期之疑产生后，刘崇佑解释称：

> 查财政部咨呈两件，系11年11月10日所发，该部总发文簿亦系同日挂号，一挂财字172号，一挂财字173号，则是财政部发出之件，毫无疑义可知。国务院收发薄虽无收到财政部咨呈及发出批准公函之挂号，然调案之原咨呈两件，皆有前总理王宠惠亲笔批语，下皆注11月11日，则知该咨呈当然为10日到院，故总理于11日亲批。又院之批准公函，即照总理亲批之语拟具，该公函在财政部方面，虽当时未挂号于收文簿，而调案之函稿，则有前院秘书长梁宬亲书照缮发，下注11月

---

[1] 《国内要闻·北京特约通信》，《申报》1922年11月23日，第4版。次日的《申报》报道再次印证了这一说法。称此项合同系案发之后第三日呈府，而财部致国务院两咨呈，国务院答财部两公函，则案发之次日始行互换。该评论爆料说，据"某粤籍要人言"，为咨呈及公函两事，当事于罗被捕后，"竭数人之力，自半夜以致天明，甫克脱稿，实大忙碌。若所言属实，则恐即王宠惠所谓十日由院批准者，亦疑案也。然而今日，总算手续完备，并有意国之经手人，出头证明，八万镑三万五千镑，并非行贿，料罗氏此场官司，绝不会输。不过黄陂不肯补批准，总觉讨厌"。《北京特约通信·奥款合同问题》，《申报》1922年11月24日，第4版。

13日等字,可知该公函当然为是日自院送部。若疑院之批准,系在合同签字之后,倒填日期,补具公函以为弥缝,则王宠惠梁崟皆有亲笔在上,非传案证明办事之真相,不能作此认定。……至于该函未列号,亦未列发文簿,此不过手续问题,且属国务院之事,与财部无涉,与被告人尤无涉,从来各官厅密件不列号者多矣,即如大总统指令,至不公布者即皆不列号,似未足执为疑问。[1]

如此重要的两篇咨呈及所谓批复,在国务院收发文簿里均不见登记或不曾列号,无论刘崇佑如何辩解,均系枉然。所谓总理批准并不能说明问题,此时的总理王宠惠已被国会列为共案犯,存在通同作伪的可能。因而如果不能对咨呈何以没有登录收发文簿做出合理解释,所有其他辩护,包括两篇咨呈并回复,以及辩护人所谓国务院用印的物证,都有可能如时人揣测的那样,是事后的弥缝,越描越黑,无法证明财政部的奥款新展期合同已报经国务会议议决。

此亦不是,彼亦不是,被告方后来索性改变说法,称此次所订乃奥款展期新合同,原合同民五(民国五年)就已展期一次,当时展期,因系以旧换新,原合同既系经总统批准及国务会议议决,故展期合同被认为已经批准。此次既仍属原合同展期,有民五先例,自不必再经国务会议议决和总统批准,合同声明业经议决批准,实属援例。罗案辩护律师及法院均同此看法,并声称新

---

1 《罗案又开调查庭一次》,《申报》1923年6月20日,第7版。

展期合同只是以民五合同的"附件"形式存在,援例写明经国务会议批准大总统同意,应无问题。[1]

法院最终采纳了被告方的辩护意见,认为展期合同签署程序虽不规范,但不构成伪造文书罪[2],其判决书称:

> 本厅查合同第三条既有"自应仍认为系遵照大总统前次命令及所核准而办理",第四条又有"系照第三条所言各记载,自应以旧合同是否经大总统批准及阁议通过为被告等伪造文书罪是否成立之标准"。查海军部、陆军部、财政部相关文件,可知"民二以后奥国四次借款均系大总统批准及国务会议通过",证据极为明确,既经大总统批准阁议通过,民五展期合同第三条既又有仍认为系遵照大总统前次命令所核准之条款而办理者之规定,其非虚伪可知。旧合同既非虚伪,则此次展期合

---

[1] 刘崇佑驳斥起诉书关于不能援例称展期合同得国务会议议决总统批准,有云:"按此点原诉状紧要之语,在于此次合同非前项合同之附件,与未经批准而罗文干认为批准两语。夫已经批准,前项已举命令以证明之(按指民五展期合同未经总统批准而援例称奉令批准),兹可不赘,此次合同是否前之附件,固在于人之解释,然试问此次合同,是否由于前合同不能履行而生,抑为新立直借款合同,似无待辩。既由前合同之结果而生,则认为其附件,应不能指驳其不当。且内容虽有不同之处,而皆为结束前合同当然之结果,按照前述之计算,只有减轻国家负担,并无贻累国家损失,即使从权独断,亦无犯罪可言。"刘崇佑:《罗文干等被告诈财及伪造文书案调查证据意见书》,(辩护人律师刘崇佑呈递法院原文),中国社会科学院近代史研究所资料室藏,登录号:312249,分类号570/299/7222,第25-26页。
[2] 为罗文干辩护者,也总是强调清理奥债合同系"旧案重理,本用不着大总统批准,其效当然等于大总统批准"。亦是:《北京通信·罗案发生后之各方面情势》,《申报》1922年11月25日,第6-7版。

同第三第四条所规载沿用旧文自无伪造文书之可言。至于该合同未经阁议，不过程序上问题，于犯罪成立殊无关系。[1]

法院判伪造文书罪不能成立时陈述的理由，与当初地方检察院不起诉时所陈述者基本相同。而其理由，早在国务院声请罗案再议时，就曾予以驳斥，国务院明确指出：民五展期合同纯是借款到期应还本利之合同，与原合同大致相同，故无须复求议决批准。罗文干此次所订合同，于前次所订展期合同确定债额外，包括六种新合同内容，有修改前订合同及取消购货合同之事实，债额加至570余万镑，并将债权主体由安利银行易为华义银行，将前各合同6厘利息一律改为8厘，又认到期利息之复利，皆前合同所无。且抛弃购货定金60余万镑，使国家遭受重大损害，明系改定合同，却伪称系合同之附件，竟不经国务院同意及大总统批准，私与外人订立，其为虚构事实，伪造所掌文书，无可辩驳。[2] 国务院的驳论，强调民五未改合同内容的"先例"不能为近乎另订新约的罗氏展期合同援引，可谓有理有据，点到了问题的实质和要害所在。

国会方面的意见与国务院略同，唯特别强调此次展期合同，因"奥国债权转移奥商"，无异签订新合同，非旧合同延期可比，

---

[1]《罗案判决书（续前）》，《法律评论》1923年第4期，第16-17页。
[2]《国务院请求再议罗案之理由》，《申报》1923年2月5日，第6版。

故须经国会同意、内阁议决及总统批准，无此手续，就是违法。[1]

国会强调的"债权转移"对判断新展期合同能否援引旧例异常重要。从合同法立场看，握有无记名债票而享有的债权当然可以转移，但转移须有条件有约定，因债权转移有可能导致合同内容的实质性变化。[2]国会方面强调新展期合同不能援引旧例，是有法律依据的。这并非多么深奥的法律问题，当时很多人都明白这个道理。察哈尔都统张锡元通电要求严办罗文干，称此案债权既属转移，内容复有更动，未经国务会议议决、总统批准及国会同意遂行签字，其为不合法定手续，损害国家利益，已百喙莫辞。[3]张的通电曾被视为军人干涉司法的事例，但反过来思考，一个连普通军人都能明白的浅显道理，被告方却要强辩，法院也不采纳，能够服人吗？

罗文干等签订展期合同不合法定程序已确定无疑。不过要判断罗文干等是否犯"伪造公文书罪"，或实施了王承斌指控的"舞

---

[1] 《公电·保定曹锟通电》《申报》1922年11月25日，第6版。刘崇佑说，"债务之期限，在于履行，展期则为一种新契约，债务人不能有执旧约以挟制债权人之权"。虽意在强调债务人不能不受制于债权人，却也承认了展期合同与旧合同有别的事实。刘崇佑：《罗文干等被告诈财及伪造文书案调查证据意见书》（辩护人律师刘崇佑呈递法院原文），中国社会科学院近代史研究所资料室藏档，登录号：312249，分类号570/299/7222，第2页。

[2] 时人曾对合同中的债权转移做过论证，指出：债权人得以契约将债权让与他人，此我国法律之所规定者也。然其让与亦有一定之限制。就现行法律言之，计有三种：第一，债权人与债务人约定不许让与他人之债权，债权人不得以契约让与他人；第二，依执行律规定，不得扣押之债权，债权人不得以契约让与他人；第三，债权性质之不能让与者，债权人亦不得以契约让与他人。盖此三种债权，皆仅为债权人所有之债权，万不能任意让与他人故耳。金熙：《债权让与之限制》，《申报》1923年2月20日，第1版。

[3] 《罗案纪载（九）》，《晨报》1922年11月28日，第2版。

文弄法诈欺"[1]，还须判断其有无"伪造"的主观故意,因民国刑律第 240 条对伪造公文书罪有明知故犯的限制条件。

国会方面就此所做判断是肯定性的。1923 年 1 月 9 日众议院通过的罗案咨请续行侦查案在引述展期合同相关条款之后指出,罗等明知此合同须经大总统核准及国务会议同意后始能有效,又明知此合同未经大总统核准及国务会议同意,却诈称合同系经内阁同意并由大总统核准后始行订立,其为虚构事实,了无疑义。按刑律第 240 条,官员明知事实虚伪,据以制作所掌文书图样,或行使此种文书图样,或意图行使,而交付于人者,处二等至四等有期徒刑。罗文干身膺国务,明知此种事实出于虚伪,而据以制作合同,且伪以合同为前合同之附件,欺罔政府,愚弄国民,此种行为不仅违反行政法规,其伪造文书之罪,也已成立。[2]

严格地说,国会指控罗文干伪造公文书,推理有欠严密。比如,很可能是考虑到罗并非亲自"伪造文书",故在"罗文干明知而竟诈称,即系明知虚伪据以制作"的表述之后,加上"不限于自己虚构",作为伪造公文书罪指控的补充,显得旁逸斜出,有乖正题。不过总体而言,国会的指控仍属有所理据,抓住了合同并未经过总统批准及国务会议议决的基本事实。但被告方的辩解及法院判决似乎也有凭借。罗文干在检察厅接受审讯时辩称：合同所载经国务会议及总统批准者,系沿旧文,并非故意伪造。情节为伪造之背信罪成立的最大要素为"犯意",若非有故意图不正

---

[1] 拂况：《罗案始末纪》上编,《互助》1923 年第 1 卷第 1 期,第 17 页。
[2] 《昨日众院之常会》,《益世报》1923 年 1 月 18 日,《史料外编》第 10 册,广西师范大学出版社,1997,第 481-482 页。

之利益与第三人，因而致有不正之损害有负信托者，不得谓为犯罪。[1] 罗氏不愧曾任大理院院长，所做辩解，亦甚有力。

出现这种看似两造均各在其理的状况，系因刑事案件中嫌疑人有无"犯意"及何为"犯意"，最难判断。刘崇佑在为罗文干辩护时说："检厅起诉之两罪，皆完全不能成立，其反证已举如前。既已非罪，又何从犯，从而更无所谓故意矣。"[2] 刘的思路是从罗是否确有两项犯罪，反证其有无伪造公文书的"犯意"。刘的结论是否定性的，当然不会为原告方接受，却提供了解决"犯意"判断难题的思路，即从三项指控的关联性上去寻找结论。由于上文在辩证罗是否受贿时仅得出或然性的结论，尚不足据以断谳，因而在奥款展期合同签订过程中，罗的行为是否损害国家利益，也就成为判断其不按法定程序制作公文书有无主观故意的最后依据。

三、被告"损害国家利益"指控的事实辩证

检察机关提出的罗案起诉书称，罗文干订立奥款展期合同，总债额增至577.7万镑，其对国家利益造成之损害约分三点：1. 增

---

[1] 《京师地方厅罗案起诉原文》，《申报》1923年4月22日，第6版。
[2] 刘崇佑论证说：经检厅侦查，支票俱已有了着落，本案系由受贿嫌疑而发，既已证明并非受贿，则本案根本已无成立之根据，则所谓图利自己或他人的主观故意，将何所指？在原诉状之推想，当然亦认为以意图损害国家财产之目的所为之一种手段。然而作为目的（受贿得利）之犯罪既无，手段之犯罪，又何所附丽？盖犯罪虽不必究其原因，而以如何原因生此犯意，检厅或法院认定事实时，则不能不加推求。刘崇佑：《罗文干等被告诈财及伪造文书案调查证据意见书》（辩护人律师刘崇佑呈递法院原文），中国社会科学院近代史研究所资料室藏，登录号：312249，分类号570/299/7222，第27页。

加利率，国家每年损失5.74万镑；2.原债票无回扣，新债票九折发行，以总债额577.7万镑计，损失57.7万镑；3.抛弃购货定金，致国家损失62万余镑。[1] 此三项损失，涉及借款本金数量的确定、中方借款利率增为8厘及中方购货存款利率仍为6厘的依据、复利及所得税的计算方法、取消购货合同的违约责任，以及原合同相关条款的有效性等问题。

对于围绕奥债合同展开的这场官司，因所涉问题十分复杂，时人除就执法程序是否涉嫌破坏"司法独立"发表意见之外，对国会提出的三项实体性犯罪指控，尤其是损害国家利益一项，多不愿置喙。其实，罗案涉及损害国家利益的内容情节既复杂也简单。说其复杂，若陷入本金、折扣、利息、复利及所得税等繁复细密的计算中，确实需要很专业的经济学知识和计算技能，方可胜任。说其简单，是就争议的核心问题而言。盖围绕奥款合同争议虽多，最要者却只是债权债务关系确立后合同应如何履行及当购货合同无法履行时应如何取消合同两大问题。这两个问题均涉及借款本金的确定。从技术上讲，本金是基础，由于购货合同继续履行或取消均会直接导致本金变化，而本金的确定又与展期合同订立后如何确定欠款总额有关，故奥国借款在根本上又可化约为购货合同一个问题。其他问题虽也存在争议，但基本属于合同签订及执行中的技术问题，较易达成共识。

研究购货合同问题须先弄清该合同订立之缘由。民国建立之初，因国库空虚，财政困难，北京政府向奥国银行团借款，该银

---

[1] 《京师地方厅罗案起诉原文》，《申报》1923年4月22日，第6版。

行团通过在欧洲债券市场发行债券方式，先后六次，共募集英金计475万镑，贷与中国。后三项贷款金额231万镑，指定中方购买奥国军舰及武器装备，其中169万镑存于奥国银行，备付货款，62万镑作为购货定金。合同执行后，因截至1915年12月尚有到期借款应还本金123.3万镑未还，财政部于1916年6月与奥银团商订年息8厘的借款展期合同，连同前六项未偿还部分，共借款七项。[1] 从奥款成立过程可知，所谓购货合同，实际上是中国向奥国银行团借款过程中应奥方所提出条件而单独成立的合同。[2]

在合同审定程序上，奥方情况不得而知，至少中方曾呈报大总统批准和国务院议决，是较为规范的（民五展期合同情况略有区别）。如海军部1914年初的一份呈文表明，该部与瑞记洋行签订的合同系缮具议案，提送国务院，于同年1月23日获院函复，称经国务会议议决，此项借款应交财政部编入预算。旋按审计处暂行规则，函送财政部转交审计处检查。至2月23日获该处函称"已经审查，自应照准"，合同方告成立。[3] 而1914年5月4日奥款第三期借款合同正式成立时，中政府曾与奥国银行商订"签证书"[4]，可见手续十分严格。

---

[1]《财政部华义银行前奥款展期借款》引言，财政科学研究所、中国第二历史档案馆编《民国外债档案史料》第8册，档案出版社，1990，第442-443页。

[2]《海军门·军需类五号》，《订购奥商瑞记洋行船只枪炮》；《海军部呈·为抄录合同密呈》（1913年9月3日），《国家图书馆藏民国军事档案文献初编》第3册，国家图书馆出版社，2009，第595-600、607-608页。

[3]《海军部呈》（1914年3月7日），《国家图书馆藏民国军事档案文献初编》第3册，国家图书馆出版社，2009，第637-638页。

[4]《奥国第三次借款签证书》（1914年5月4日），北京民国政府财政部档案，1027<2>，1463，收入财政科学研究所、中国第二历史档案馆编《民国外债档案史料》第5册，档案出版社，1990，第108-110页。

值得注意的是，因购货合同系专为购买军舰及军械而订，合同对军舰船式和武器装备规格做了详细规定。如海军总长刘冠雄与瑞记洋行签订的购货合同第二条规定：所购护甲舰均须照最新式样造成，长约430尺，宽约48尺，入水16尺，速率28海里，重量4800吨，马力约2600匹，煤仓能装650吨，并对配置的武器做了详细规定。[1]刘冠雄与瑞记洋行签订的订购三艘巡洋舰合同第二款对船式也做了类似规定。[2]不仅如此，对合同执行中船只可能发生的改建，双方在合同中也有约定。如合同第九款规定：若本合同执行有效时期内中政府欲将此项舰艘改建，按原价或增或减，应由双方各派代表议定改建各船只价，如双方代表彼此不能定夺，则由双方代表请出一位第三者议价，此价一定，双方必须服从。[3]这一规定，对判定后来奥方改变船式是否合法提供了合同依据。

合同签订不久，第一次世界大战爆发。奥方在并未声明原因的情况下推迟交货，中方亦因财政困难等，暂未还款。截至1915年12月31日，中方第三次借款仅付到期利息及所得税，所欠当年到期应还本金16.65万镑，因无力偿还，与第一、第二两次奥国借款合并，共欠付本金123.3万镑。[4]1916年6月9日，双方

---

[1] 《海军总长刘冠雄与北京瑞记洋行订定之合同》（1913年10月23日），《国家图书馆藏民国军事档案文献初编》第3册，国家图书馆出版社，2009，第625-631页。

[2] 《照录奥厂华文合同》，《国家图书馆藏民国军事档案文献初编》第3册，国家图书馆出版社，2009，第613-614页。

[3] 《国务院公函·抄录购舰合同》（1913年4月10日），《国家图书馆藏民国军事档案文献初编》第3册，国家图书馆出版社，2009，第599-600页。

[4] 《奥国第三次借款》（1914年4月27日），北京民国政府财政部档案，1027<2>，1464，收入财政科学研究所、中国第二历史档案馆编《民国外债档案史料》第5册，档案出版社，1990，第103-104页，引言。

经谈判，签订第一次奥款展期合同，将中方借款还款时间展期5年，利率改为年息8厘，并将本次借款应归还之第一期本金交清。该合同第16款规定，对于购货各合同，不得以交货迟缓有何要求或议处罚，如有交货日期未能按照原订合同办理，应俟欧战终结，从速交货。1916年底，为解决到期本金偿还问题，中方曾派员赴奥洽商展期，因欧战激烈，所派之员中途折回，故未商定办法。[1] 1917年8月14日，中国对德、奥宣战，奥款本息停付，直到战后奥方也没交货，中方也未还款。其间双方为履行合同曾经多次接触，均未谈妥，遂有1922年11月14日罗文干签订奥款新展期合同之事发生。

新展期合同涉及购货条款的内容包括：1.立即取消上项军械各合同；2.中国政府放弃因购货而支付的定银；3.债权方为履行与该合同同时订立之条件，并查照奥款合同，将前项奥国借款发行之在外债券，由公司设法收回，交还中国政府，中国财政总长允即正式委托奥国各银行根据军械合同，将中国政府所有之购货存款计英金169.2277万镑，连同截至1921年12月31日之利息、复利拨交公司。[2] 这意味着，中方在放弃定金62万镑并将所贷用作购货备付存款的169万镑及利息、复利全部拨付当事外国公司

---

1 《财政部拟取消奥款原订货合同咨呈》（1922年11月10日），北京民国政府财政部档案，1207<2>，1208，收入财政科学研究所、中国第二历史档案馆编《民国外债档案史料》第8册，档案出版社，1990，第447-449页。
2 《取消奥款原订购货合同》（1922年11月14日），北京民国政府财政部档案，1027<2>，1215，收入财政科学研究所、中国第二历史档案馆编《民国外债档案史料》，档案出版社，1990，第456-457页。

的前提下，了结了这项本金高达231万镑的购货合同纠纷。

罗文干以放弃62万英镑定金及交付所有货款利息、复利等为代价取消合同的做法遭到各方严重质疑，其中国会方面的质疑尤为强烈。1923年1月9日众议院常会开会，由议员余绍琴等26人提出、黄云鹏等108人联署的罗案咨请续行侦查案及咨请查办法官案通过。关于取消购货合同，国会指出：

> 此次展期偿还，合计利息，新增债额多至519万余镑。核算债款总数，除123万余镑外，而以购货合同之债额为最多。查购货合同，内包数款，皆系向奥商订购军舰军械子弹前后订立。名曰奥债，实则我国向奥购货，不能即付现金，约定分期偿还代价，并认交货后之利息。故此项债款，以奥商定期交货为条件，一方负提供货物之义务，一方负偿还代价之义务。此项合同在债权法则上，为互有对待给付义务之契约，如一方不如期交货，一方即不应履行给付义务。我国向奥购货，订有交货期限，嗣因欧战发生，奥商逾期不交，违约之责，应由奥商负担。我国对于奥商，尽可解除契约，或请求交货，或并要求赔偿不能如期交货之损失，皆属正当之权利，焉有奥商既未交货，而我反负偿还代价之理？罗文干清理此项债务，不向奥商严重交涉，据理力争，乃改头换面，转向华义银行续订借款，将此不应偿还法当无效之债务，完全承认继续有效，并将年利6厘改为8厘，且承认复

利己所得税，并抛弃购货定金62万余镑。[1]

国会之外，各界类似质疑尚多。其中马联甲通电质疑，理由最简约，也最为有力。他说，罗文干所签展期合同，"就中如废弃定银一条，其弊尤显而易见。定货不交，其曲在奥，彼不赔偿损失，我转甘弃定银，虽三尺之童，无此愚駃。该总长利令智昏，悍然订此，营私媚外，可概其余"[2]。

对于各方质疑，被告方做了强力辩解，其中罗文干的辩护律师刘崇佑的辩解最为详尽。在长达万言的辩护词中，刘氏从经济和法律两个维度分析了取消购货合同的理由和利益所在：从经济立场看，中方所谓存款及定金并非现金，而为借之于奥方的债务，此债逾期不还，则我名为有存款及定金在彼，实则我负债于彼，而所谓存款与定金，不过一架空之名词，奥方无时不可从容选择其有利之办法以处分我。从法律立场上看，此前合同均载明厂商不负延期交货之责，虽民五展期合同有"应俟欧战终结，从速交货"的声明，但并无明确期限，且前项条款又已明定虽迟缓而不得有所要求或处罚，因而中方根本已失对其制裁之可能。[3] 刘崇佑据此认为，无论在经济上还是在法律上，中方欲取消购货合同都必须以抛弃定金作为代价。但取消定金，并非原告所说的那样只有损

---

1 《昨日众院之常会》，《益世报》1923年1月18日，《史料外编》第10册，广西师范大学出版社，1997，第481-482页。
2 《公电·马联甲通电》，《申报》1922年11月28日，第4版。
3 刘崇佑：《罗文干等被告诈财及伪造文书案调查证据意见书》（辩护人律师刘崇佑呈递法院原文），中国社会科学院近代史研究所资料室藏，登录号：312249，分类号570/299/7222，第20-21页。

失,而是利益交换,对方为建造中国军舰已付出120万镑的代价,中国抛弃的只有62万镑定金,相比之下,中国可谓得大于失。[1] 财政部对取消购货合同也做了类似解释,强调当初订购军舰炮弹等本属借款附带条件,并非中国急需,各货既未交到,又受旧合同束缚,不能索偿迟交损失,而欧战后废弃军用品甚多,价值亦廉,与其顾全60余万镑定金,承受贱价之货,不如抛弃定金,犹可收回169万余镑存款,以抵偿债款。[2]

法院判决基本采纳了被告方的辩解。其基本主张为,中国制裁奥方无法律依据,且奥方损失远大于中方,故取消购货合同利多弊少。[3]

但这样的判决是存在很大问题的。首先是对合同延期交货不负责任条款的理解存在偏差。奥款订货合同中文本关于交货的规定虽不甚明确,但也不是延期完全免责。从文本上看,原合同对于奥方承造军舰及军械的交货时间均有明确规定。如1913年4月10日海军部与瑞记洋行签订购船合同对于所购鱼雷快艇的交付办法为:1914年年内交两艘,1915年年内交五艘,1916年年内交五艘。关于违约责任的规定为:"设遇意外事工程不能如期

---

[1] 刘崇佑:《罗文干等办理奥款展期之经过情形及订定合同之事实引言》,见刘崇佑:《罗文干等被告诈财及伪造文书案调查证据意见书》(辩护人律师刘崇佑呈递法院原文),中国社会科学院近代史研究所资料室藏,登录号:312249,分类号570/299/7222,第39-40页。

[2] 《财政部说明前奥国借款展期要点通电》(1922年11月23日),北洋政府陆军部档案(一〇一一)324,中国科学院历史研究所第三所南京史料整理处选辑《中国现代政治史资料汇编》(未刊稿,藏近代史研究所),第一辑第9册,无编辑时间,无页码。

[3] 《罗案判决书》,《法律评论》1923年第4期,第16-17页。

告竣，士塔卑尔文道（造船厂）不负责任。"[1] 同一天向该行借款120万英镑订购的六艘鱼雷快艇，规定合同生效之后18个月交付第一艘，以后每两个月交付一艘，无延期"不负责任"的条款。[2] 该合同签订后，因英国银行团干涉，不允德国工厂承办，议决取消该合同，宣告此前的十二艘鱼雷快艇合同作废，改归奥厂办理，由该厂代表呈送改制三艘巡洋舰合同，经协商于8月26日定议签字。10月23日，又与瑞记洋行签订了借款200万镑，订购价值88万镑的巡洋舰一艘，规定合同执行后32个月交货。有关违约责任的规定为："倘有意外之事以致延缓，该厂不负其责任。"[3] 值得注意的是，对于违约责任一句，王铁崖根据英文本翻译为："承造者如因罢工或其他不可抗力，不负延迟责任。"[4] 斯时中外合同大多明确规定，若合同内容双方存在理解分歧，以英文本为准。

被罗文干当作先例援引的民五展期合同固然有延期不负责任的条款，但该合同既系此前合同的展期，按照罗文干等人的逻辑，展期可以援引先例，未经总统批准及国务会议议决而报称业经批准议决，则民五展期合同违约责任的规定就应按照被展期原合同

---

[1] 《海军门·军需类五号》，《订购奥商瑞记洋行船只枪炮》，收入《国家图书馆藏民国军事档案文献初编》第3册，国家图书馆出版社，2009，第595-600页。

[2] 《海军门·军需类五号》，《订购奥商瑞记洋行船只枪炮》，收入《国家图书馆藏民国军事档案文献初编》第3册，国家图书馆出版社，2009，第601-605页。

[3] 《海军部呈·为抄录合同密呈》（1913年9月3日），《国家图书馆藏民国军事档案文献初编》第3册，国家图书馆出版社，2009，第607-608页。

[4] 《（中奥）一百二十万英镑订购军舰合同》（1913年4月10日）、《（中奥）二百万英镑订购军舰合同》（1913年4月10日），王铁崖编《中外旧约章汇编》第二册，生活·读书·新知三联书店，1959，第863-866页。第一次世界大战前，中国曾经向奥国借款7次，共计598.3万镑，但王铁崖称借款合同均未找到。这两笔购货合同是上述借款合同中的两个，是指定用途的专项借款，即用借款购买军舰等。

之规定,唯有遭遇"不可抗力",延期交货方能免负责任,绝非无条件免责。[1]当是之时,欧战的突然爆发固然可视为"不可抗力",但是否免责则须酌情对待。如果中国是与协约国签订购货协定,承造商因战争影响未能交货,自可免责,因战争对于协约国承造商来说确属意外的"不可抗力"。但人所共知,欧战是由德、奥军事同盟发动,作为发动战争一方的奥国,其造船厂与军工厂在战争期间已纳入国家控制体系,属于国家战争机器的组成部分,岂能将自己参与发动的侵略战争说成是导致厂家不能按时交货的"不可抗力"?罗文干所签展期合同称"兹因欧战关系,该公司不能按照军械合同如期交货","自可免其负责"[2],明显将战争发动者与受害者混淆了。

至于辩护人所谓奥方为制造中国所订军舰已付出超过 120 万镑的巨大代价,其数倍于中方抛弃的定金,取消购货合同对中国利多弊少的说法,则完全是听信奥方一面之词。事实上,奥方一直延期不交货的真正原因,是根本就没有为中国建造合同规定建造的军舰。这一事实,可将有关购货合同未能履行原因的既有说法根本颠覆。

一些重要的外文资料和基于这些资料所做的研究表明,中国订购的巡洋舰在设计伊始,便遭到奥国军方觊觎。1915 年 3 月巡洋舰开始建造,至同年 5 月 23 日意大利向奥匈宣战时,据说

---

[1] 《国务院请求再议罗案之理由》,《申报》1923 年 2 月 5 日,第 6 版。
[2] 《取消奥款原订购货合同》(1922 年 11 月 14 日),北京民国政府财政部档案,1027<2>,1215,收入财政科学研究所、中国第二历史档案馆编《民国外债档案史料》第 8 册,档案出版社,1990,第 456-457 页。

已有部分龙骨和框架被竖立起来。[1] 然而几乎还在设计初始阶段，制造商就按照奥国海军的要求，对四艘巡洋舰此前的设计做了修改，显示出从注重狙击到重视较好装备的战列巡洋舰（the better armed fleet cruiser）的明显转变。在建造中，制造商工厂经历了被意大利人占领，又在原封未动的情况下为奥国军队重新控制的过程。[2] 鉴于意大利已以敌国身份进入战争，奥海军司令命令改变既有设计，力图吸取第一年战争中的教训，以便为奥国参与的亚得里亚海战提供快速而较好装备的巡洋舰。比较明显的改动包括装备 15～19 厘米口径的主炮、火力强大的 AA 机关炮以及超过原设计厚度三倍的环绕装甲。只是因为船厂的熟练工人大多应召入伍，仅留下正在建造船坞的为数不多的熟练修船工人，加上战争形势变化，致使所有这些战时设计失去了最终完成的可能性。[3]

所幸中国与奥方签订合同时拟建造的原巡洋舰的船式与造船厂按照奥国军方所需改建的"中国"巡洋舰的图式已被学者找到并复制出来，通过比较，可以直观看出两者存在明显区别。[4]

1　Gardiner, Robert,*Conway's All the World's Fighting Ships 1906-1921*,London Conway Maritime Press.1985，pp.336-337.
2　Gardiner, Robert, *Conway's All the World's Fighting Ships 1906-1921*,London Conway Maritime Press.1985，p.397. 案：武备规格原文为 8-150，4-450，数据明显有误，已参照同书相关内容做了修正。
3　Gardiner, Robert, *Conway's All the World's Fighting Ships* 1906-1921,London Conway Maritime Press.1985，p.337. 战争爆发后建造工作停顿，后来 Monfalcone 被意大利军队占领。当 Monfalcone 1917 年 10 月被奥军重新夺回时，奥匈海军急迫地希望完成建造，并对武备做了修改（1918 年 4 月），其中包括 80-150mm/50,9-90mm/50 AA,40-450mm TT(2×2) 的武备。但这一工程在战后事实上已废弃，没能完成。Ibid.,p.397.
4　Gardiner, Robert, *Conway's All the World's Fighting Ships 1906-1921*,London Conway Maritime Press.1985，pp.336-337.

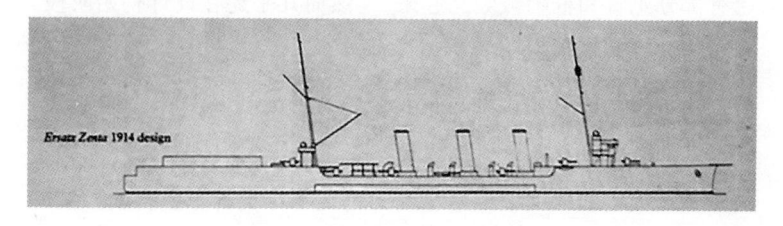

图 1 1914 年该厂原设计的船式

图 2 1917 年改造设计后的船式

如前所述,当初中奥签订借款及购货合同时,曾在合同文本中对船式做了明确约定,对建造过程中可能出现的设计改动,也有须中方同意的明文。[1] 奥方未经知照中方即对船式做出重大修改,且并非为中方制造,其违约责任,无可推脱。

中国从事海军舰船史研究的学者陈悦曾注意到国外学者的这项研究,指出欧战爆发后,奥匈帝国海军急于扩充实力,以应付来自海上的挑战,此时任何可能在短时间内造成的舰艇,都成为其想要获得的目标。四艘"中国巡洋舰"于 1915 年初在 CNT 船厂开工时,其造成后是否会交付给中国,已难预计。现代一些西

---

[1] 《国务院公函·抄录购舰合同》(1913 年 4 月 10 日),《国家图书馆藏民国军事档案文献初编》第 3 册,国家图书馆出版社,2009,第 599-600 页。

文资料在谈及这四艘巡洋舰的武备情况时,大都记录了一组和中奥所签购货合同差异较大的配置,推测这四舰开工时,已被奥匈帝国海军视作志在必得想要接收之物,而根据舰船技术的发展形势以及奥国海军的装备使用习惯,对其武备配置进行了调整。其中最主要的改动是针对原中国装甲巡洋舰的武备配置做出。"后世一些学者失查,误将奥匈海军修改后的武备配置当成了民国海军订造时的配置"。[1]

在已将中国订购的军舰窃为奥国海军的囊中之物以备发动战争之需的情况下,民五展期合同不顾被展期之原合同唯有遭遇"不可抗力"延期交货才可免责的规定,明订"对于购货合同,不得以应交之货缓交付之故,有所要求或处罚",仅加上应于战后"从速交货"一句作为补充,让人怀疑此乃奥方明知不能交货而强加给中国的一个"霸王条款",其中包含险恶的阴谋和明显的欺诈。这一霸道条款的成立甚至可以进一步引发当初中国向奥借款时,奥国银行团何以会提出中国必须用一半借款购买奥国军舰这一借款条件本身的质疑,让人有理由怀疑很可能是即将发动侵略战争的奥国军方需要军舰,故与奥国银行团及制造商勾结,要求中国

---

[1] 新的计划中,中国装甲巡洋舰上包括8英寸口径主炮在内的武备方案完全被放弃,全部推倒重来,改用8门150毫米口径50倍径炮充当首尾主炮和舷侧炮。鱼类兵器的数量比原先扩充了一倍,改成4具两两并联的450毫米口径鱼类发射管,分装于军舰左右舷边。……。受制于战时紧张的物资供应,在综合了装备供货能力等因素之后,4艘巡洋舰若要重新开工建造必须先积攒足够的材料,如此最早也得等到1918年才能恢复建造。然而就在1918年,奥匈帝国在第一次世界大战中战败,被肢解为七零八落的许多民族国家,自此不复存在。在奥匈帝国崩塌的背影里,还在船厂中等待继续建造的4艘原中国订造的巡洋舰消失了踪迹,推测造了不到一半的舰体因为无力继续建造而完全拆毁。《五色旗下的海军梦:未成的奥匈帝国造军舰》,陈悦:《民国海军舰船志(1912-1937)》,山东画报出版社,2013,第20-24页。

借款必须购舰，以便在中国借款之后将中方订购的军舰据为己有，以后又在民五展期合同中将延期免责条款强加给中国，以此躲避违约责任。如果这样的怀疑能够成立，则罗文干案出现的一些不可思议的现象（包括上文提到的为何债权人给债务人支付8万镑巨款，以及奥方声称购货合同已被执行，厂方为此付出120万镑高昂费用，超过定金一倍，却又主张放弃定金即可取消合同，示人以情愿吃亏等），均有了合理的解释。一言蔽之，购货合同本身就是一场骗局，军舰根本没有为中国制造，因而奥方也没有为制造中国军舰而造成任何损失。[1]

这一重要事实的发现是否意味着责任全在奥方，不知其中包含阴谋的罗文干就可不负法律责任呢？不是。因为展期合同是在驻意公使唐在复已发现疑问并指出奥方所谓造船损失高达120万镑的说法不实的情况下，由罗文干执意签订的。

《罗案起诉书》指出，外交部曾要求驻意公使唐在复调查奥国厂方造船实在情形，唐使经查明复电，称船厂并无工程损失，奥银行团代表谓亏耗120万镑，实无根据。[2]《罗案上诉理由书》也指出，取消购货合同，就普通情形言，抛弃定金，似属不能避免，然亦只能以彼方确有损失且无过失为限。民五展期合同既有欧战后从速交货之规定，纵拘于合同，不能向彼方要求赔偿，然

---

[1] 现在可以明确的是，负责为中国订制军舰及其他军械的工厂为"史高达工厂及海军造船厂"，其中军舰肯定是"海军造船厂"制造的，而军舰购置占了全部订货合同项目的大多数。《译罗松达伟取消合同债权人将强制执行权力复财政总长函》（1923年12月22日），北京民国政府财政部档案，1027<2>，1211，收入财政科学研究所、中国第二历史档案馆编《民国外债档案史料》第8册，档案出版社，1990，第464页。
[2] 《京师地方厅罗案起诉原文》，《申报》1923年4月22日，第6版。

欧战结束已历四年，彼方既不交货，又将造成一半之船拆卸变卖，业经唐使两电查明，交涉时正可严词峻拒。罗文干明知办理不当，却以"将来唐使查明确与奥方所言不符仍可与之交涉"为辞，不知既经唐使两次明确回复，已无须"将来"再去"查明"。此外，被抛弃的 62 万镑定金中有 17 万镑属军械定金，系与另一公司缔结，彼方并无受有损失之主张，何以一并抛弃？而原始合同系陆军部及海军部签署，何以事先既不与之接洽事后又不通知？[1] 所有这些，罗文干均全然不顾，却偏偏采信奥方说法，认定其损失超过中国定金一倍，好像中国从中赚了钱似的，匆忙签订展期合同，显然应当承担法律责任。

至于中国方面的损失，因阴谋揭穿，事实厘清，算法也就根本改变。由于对方已不是一般意义上的违约而是典型的合同欺诈，照理中方完全可以不放弃定金就取消购货合同，并将奥款本金从 1914 年借款开始，就扣除作为订购军舰及武器装备的 230 余万镑。这样，中国向奥国借款的本金就会大大低于合同订立时核定的数量，其间损失，甚是巨大（详后）。导致如此巨大的损失，能说罗文干等尚未构成"损害国家利益罪"吗？

四、奥国战争赔款与中方债务冲抵

如前所述，中国向奥国借款被要求以一半的借款金额购买奥方军舰及军械，并以此形成购货合同，很可能是奥国银行团参与

---

[1] 《罗案上诉理由书》（中华民国十二年七月十二日），《法律评论》1923 年第 5 期，第 21-24 页。

设计的一场骗局,且行骗者一骗到底,在战后居然还要求中国以付出62万镑定金的巨大代价来了结此事。这场骗局虽迟至今日才被彻底揭穿,但在当时就已部分暴露。因而,在奥款善后问题上,中国完全应该据理力争,并有充分理由查办当事渎职官员。然而,在奥债问题上,被告及其辩护人一方,俨然一副道德家模样,以维护中国的"国际信用"为由,指责提出查办罗文干的国会是试图"赖债",有损中国的"国际信用"。

值得注意的是,一向以道德家身份发声的胡适这次又成了道德家的代表,他在罗案发生后发表文章,直称国会查办罗文干是为了"赖债",不守信用。他写道:

> 我们看国会议员前日提出请惩办王宠惠的质问书里说:"各国自与德奥宣战后,凡战前所订债务契约,经瓦赛会议议决,在联合国与德奥所负债务责任,应皆为战事赔偿之用。吾国亦为参战国之一,此种合同应在废除之列。"照这种论调,竟是根本上否认奥国借款了。又看近日报上登的自称某公民团的上总统书,内称:"我国积欠各国至期应付之外债,未付本息者甚多,尚不能以新约强我承诺。况此项债票,既无抵押之品,虽有意人出名交涉,亦无急迫偿还之必要。"这竟是以赖债自豪的心理了。怪不得23日《京报》的《经济新刊》的记者要说:"既不能赖债,则不能不还债。不能任人之垄断还债,则不能不自动的整理诸内外债。今当财政共管高唱入云之时,值特别会议将次开会之日,列国莫不竞事稽查侦察我国财政现状,蹈隙抵瑕,以求一逞。而

我国人犹懵焉无知，甚或以赖债为自得，以为人莫可如何，而指忧国者为卖国。是真所谓狂者以不狂为狂也，悲夫！"这种论调，我们认为很公平的。赖债决不是政策。这一次展期合同的手续上是否完备，虽可以讨论，但那种不负责任的赖债论，在这种国势之下是决不能成立的。[1]

胡适这番谈话引出了一个涉及国际法的重大话题。罗案如果仅从道德的立场看，借债还钱，天经地义，中国作为债务人，当然不能爽约。但事情并非如此简单，即便将上文提到的阴谋质疑存而不论，作为一个跨国的契约法律文件，其执行过程中需要考虑的因素还很多。由于奥国系发动战争的侵略国家，因而罗案审理首先需要考虑的一个重大问题，即中国参战之后与战败国之间的战争赔偿及相关的债务冲抵问题。"赖债"固然有违道德，但战争给中国造成的巨大损失却应得到补偿。中国既然参战，就有付出，哪怕只是劳工劳务费及薪酬医疗丧葬等费，也有理由要求战败国偿付，不能由中国自己的财政支出解决。[2] 因而整个奥债问题都应结合战争赔款，一并清理。而这个问题又与因战争发生的

---

[1] 胡适：《这一周》第49（1922年6月至1923年4月），欧阳哲生编《胡适文集》第3集，北京大学出版社，1998，第445-446页。
[2] 西方历史学者对于中国劳工参加世界大战一事近乎缄默。当这件事被他们提到时，通常只是一两句话提到，即中国在一战中作为一个中立国，派到欧洲的只是非战斗的劳工部队。这样的声明对于中国劳工研究而言包括重要的概念错误，它武断地断言中国劳工贡献微不足道。然而真实的历史是劳工的故事有大量的文献记录，有丰富的证据证明中国对于赢得战争的巨大贡献与付出。参见 Xu Guoqi, *China and the Great War: China's Pursuit of a New National Identity and Internationalization*, Cambridge: Cambridge University Press, 2005, pp.99。

债权关系转移密切相关，内涵极为复杂，绝非胡适辈所理解的那样属单纯"道德"问题。

毋庸讳言，原告及其支持者在这个问题上犯了一个表述上的错误，称巴黎和会已议决奥国借款无须中国偿还。[1]事实上，正如被告及其辩护人所指出的那样，巴黎和会通过的相关协议并无将德、奥债款概做对华赔偿的条文。这使原告方从一开始就陷于被动地位。

然而，如果中国因参战缘故，将"敌国"的财产或债票等暂时充没以待战后追索赔款时冲抵，则是有依据的。按照国际法或国际惯例，协约国于欧洲大战时期，曾普遍严厉实施暂时停止交付敌国公债本息的措施，凡私纳款项与敌国者，均受重罚。私人交付款项既经严禁，政府当然停止付款。中国当时亦曾采取类似措施，暂停交付奥款本息。后依据协约国与敌国之先例，中国政府决议"充没"敌国人民在中国之私产，于1919年1月25日颁行条例施行。当时中国政府本可将逾期未付之奥款本息充没，只是碍于所充没之款项，须全数交予敌产管理处保管，以备媾和之日解决，中国政府不知解决办法为何，亦不愿遽交巨款与敌产管理处，故只充没敌国人民在中国之动产与不动产，对奥款本息，则暂时停付而未充没。同年9月10日中奥签订和约，其中第248

---

1 《众议院议长吴景濂等宣布议员余绍琴等提出查办罗文干案并议员李文熙等动议罗文干所订合同声明无效均经大多数可决电》（1922年11月23日），参议院公报科编《参议院公报》第3期第2册，1922年至1923年，公文，第51-53页；《公电·卢永祥通电》，《申报》1922年11月28日，第4版。

条规定彼此债务抵销后,余欠须付现金,[1]很显然已承认了债务冲抵的原则。而根据条约第249条,中国政府亦步其他协约国之后尘,保留了对于"奥国人民"在中国之产业权利及利益实施充没之权。[2]

从国内法的立场观察,中国寻求以奥债冲抵奥国战争赔款也有凭借。1917年8月14日,中国对德、奥宣战,北京政府发表的《宣战布告》特别强调:"与德国取同一政策之奥国,亦始终未改其态度。既背公法,复伤害吾人民,我政府责善之深心至是实已绝望。爰自中华民国六年八月十四日上午十时起,对德、奥宣告立于战争地位,所有以前我国与德奥两国订立之条约,及其他国际条款、国际协议属于中德、中奥之关系者,悉依据国际公法及惯例,一律废止。"[3]北京政府强调要依据"国际公法及惯例",似亦意识到处理国家之间的债务纠纷,并不能以国内法作为依据,因奥国借款涉及国际关系,适用的法律应该是国际法或相关国际协议。然而,在中国未签字因而实际并未加入巴黎和会相关战后协议的情况下,这样的国内法,也未尝不可作为处理债务的依据。

值得注意的是,以赔款冲抵债务并不只是原告方的主张,财政部在此之前就有借款与赔款冲抵的表示。据该部一份公文称,中国因对德奥宣战,遂将欠付奥款本息及所得税一律停付。后因驻英使馆来电,以"敌国以外之各国票户"纷来索款,无法应付,请求汇款到英,以便核发。财政部遂于1917年11月及次年先后筹汇6万镑,交由驻英使馆,作为核发"敌国以外之各国票户应

---

1 《财政部说明前奥国借款展期要点通电》(1922年11月23日),北洋政府陆军部档案(一○一一)324,中国科学院历史研究所第三所南京史料整理处选辑《中国现代政治史资料汇编》(未刊稿,藏近代史研究所),第一辑第9册,无编辑时间,无页码。
2 《奥债问题法律上的意见》,《东方杂志》1923年第20卷第1号,第136—139页。
3 《宣战布告》(1914年8月14日),《政府公报》第567号。

得款项之用"。然汇款太少，不敷应付，各票户遂纷纷向各驻外使馆要索，"本部遂借口俟中国参战损失抵算完竣方能照付等语，分别答复"[1]。所谓"借口俟中国参战损失抵算完竣方能照付"，说的就是战争赔偿与债务之间的冲抵。罗案发生后，财政部通电驳斥原告方主张时，再次提到奥债存与战争赔款的冲抵问题。[2] 可见债务与赔款冲抵是整理奥款的一条可供选择的思路。

至于奥国有无中国债务作为冲抵凭借，则须考虑中国在战争中付出的代价与损失。第一次世界大战，中国付出甚多，十几万人组成的"劳工军团"远赴欧洲，所产生的劳务费、医疗费、丧葬费、交通费等，为数不菲。就是在战争发生之初，中国为加入协约国而秘密从香港转运至英国的3万支来复枪，也是一笔巨大的开销。[3] 至于德、奥结盟，实施无限制潜艇战，击沉载有中国劳工的商船，造成的生命财产损失，更是无法计量，能够不要求赔偿吗？一旦议定赔偿，两国就会结成债权债务关系，中国也就有了借以冲抵借款的债权基础。正因为如此，当时一些政治家都十分注重战后

---

[1] 《奥国借款节略》（1922年），北京民国政府财政部档案，1027<2>，1215，收入财政科学研究所、中国第二历史档案馆编《民国外债档案史料》第5册，档案出版社，1990，第110-111页。
[2] 拂况：《罗案始末纪》上编，《互助》1923年第1卷第1期，第22-24页。
[3] 研究表明，至少有两次，中国总统袁世凯曾向英国外交部长约翰·乔丹（John Jordan）表示提供战斗部队参与作战。至迟1914年，袁世凯提议派5万战斗部队在英国指挥下参与战斗。一年后1915年5月至6月，袁提议将派往欧洲作战的军队数量增加为30万。袁担心德国报复他违反中立立场，所有派军队的提议包括要求防止报复。进而，他还主动违反中立，从香港秘密转运了30万（应为3万，引者）来复枪到英国。很明显，中国试图加入协约国集团，而且毫无疑问，中国将愿意放弃中立立场，如果英国能够接受其派遣战斗部队的建议。但是，两次提议均被英国拒绝了。Xu Guoqi, *China and the Great War: China's Pursuit of a New National Identity and Internationalization*, Cambridge: Cambridge University Press, 2005, p.99.

赔款与整理奥债的关联性。如曹锟在罗案发生后的通电中就指出："我国旧欠外债，亟待整理，为数甚巨，奥于战后应有赔款，虽于和会会议议定从缓，在我国终应有抵扣之品，此项奥债，本非急需，罗文干以整理旧债为名，先自奥始，急其所缓，受此损失，其何以对友邦，更何以对国民？"[1] 罗文干的辩护人说协约国对于战败国的赔偿问题已经推迟，这是巴黎和会时期的情形，且推迟不等于免赔，1922年伦敦会议以及后来的会议，已经进一步讨论了赔款问题。既有赔款，就可与借款冲抵，从这个角度观察，原告方的诉求并非如胡适所说的那样不守国际信用，是在"赖债"。

从国际关系实践上看，战胜国在战后要求发动侵略战争的战败国支付巨额赔款乃国际惯例。欧战后西方国家对于战败国赔款的态度极为复杂，有待具体研究，仅就当时中国报刊报道的消息而言，讨价还价十分激烈，绝无战胜国轻易放弃应该享有之权利的情形。[2] 以法国为例。《申报》所载美国学者西蒙（Frank Simonds）的文章指出，战后法国为索取赔款及维护自身利益，不顾"军国主义"骂名，悍然出兵占领鲁尔地区，致使欧洲舆论哗然。但西蒙认为，法国此举，系因各种促使德国交付赔款的方法均告失败，不得已为之。盖法国所遭战时损失不下80亿金（法郎），德国所赔不足2.5亿，法国尚须用巨资再造其苍夷满目之战

---

1 拂况：《罗案始末纪》上编，1923年《互助》第1卷第1期，第15-16页。
2 参见《协约总揆会议与德国赔款·十日伦敦电》，《申报》1922年12月12日，第3版。《申报》相关报道还有：《特约路透电·克虏伯厂经理定罪》，《申报》1923年5月10日，第4版。《特约路透电·德人之赔偿主张》，《申报》1922年12月13日，第3版。《特约路透电二·英国上院之赔款主张》，《申报》1922年12月15日，第6版。

区，使离乡背井之法民回归故居，此乃法国政府的当务之急。西蒙认为，对于法人出兵鲁尔的批评意见并不公允。原因在于，英、美乃至德国自身，对于德国应赔法国之款，从未给出一种相当之保证与具体之提议。英、美既不助法，法人唯有出于单独行动之一途。至于英国，其在战争期间极力拾取德国商船及殖民地以为己有，实惠既沾，遂倡言减少赔款额数。[1]

由西蒙所言可知，法国以非常手段向德国索要战争赔偿，是不得已而为之。至于英国，之所以在赔款问题上倡言减缓，是因为"实惠既沾"，早已得到较多利益。中国于参战之后一无所得，在奥款问题上，岂能与英、美持同样立场？

为国内各界普遍认同的中国在战后德国赔款问题上的立场，可以佐证中国在奥款问题上立场的偏至。如众所知，中国对德、奥宣战后，即将德侨在中国的财产作为敌产充没。战后中德在谈判中涉及归还德侨私产办法，中方坚持德国支付部分现金赎回，德方不肯，双方反复交涉，至1921年2月28日颜惠庆以谈判破裂为威胁，德方才稍稍让步，但是仍辩论不休。4月7日，双方终于达成协议，德国同意付中国400万元，另以德发中国铁路债票做抵押赎回德产，中方乃同意在收到现金后将尚未清理者归还原主，遂将最棘手的侨产问题解决。[2] 虽然奥国不像德国那样在中国有侨产可以在战时抄没，作为战后中国索要赔款的砝码，但奥

---

[1] Frank Simonds：《法军占据鲁尔问题之解剖》，《申报》1923年3月18日，星期增刊第179期。法国人杜布瓦（Dubois）甚至认为，德国队在法国造成巨大破坏，应赔偿2000亿。《颜惠庆日记》第1卷，1919年8月22日，第904页。

[2] 唐启华：《被废除不平等条约遮蔽的北洋修约史（1912-1928）》，社会科学文献出版社，2010，第100-101页。

债最初系由奥国银行团居间发行,且奥国银行团持有该债票中的绝大部分,不以之作为债务冲抵赔款,宁非失策?[1]

被告方说,奥国借款因债权人系分散的自由持票人,且其多为意大利或英国国籍,因而以战争赔款冲抵奥债不能成立。对此,罗文干的辩护律师刘崇佑表述得最为清楚,他指出:

> 此项债款之性质,政府为债务人,无记名之持票者为债权人,奥银行团不过为居中之经理人。债票辗转流通,入于谁手,即谁居债权人之地位,本无一定之国籍,何从为国别之异同。奥款云者,特因经理人为奥银团,而姑以此名加之耳,岂能以辞害意。且发行在英京,所得税照英例,金额为英镑,尤可证明之。债权人既不能谓为奥人,则与奥约有何关系?况即为奥人之款,在法亦无可以不还之理耶。[2]

---

[1]《中德赔款秘密解决说》,《晨报》1924年2月11日,《史料外编》第4册,广西师范大学出版社,1997,第443-444页。

[2] 刘崇佑进而指出:"又攻者每藉奥款有挂号限制办法为口实,以为既有挂号之事,则凡不经挂号者,即可推定其为奥籍之持票人(即票户)而可以不还。不知此种挂号办法,系在中国对奥宣战以前,当民国四年六月间,驻英使馆,因票户到馆索债者甚多而迫,乃将来索之持票人姓名,予以登记,以备政府汇款到时,按其先后之序照给,绝无有限制之作用。其时并未宣战,亦本无所谓是敌人非敌人之区别,此与我国对于德发部分债票之限制办法,须凭持票人声明非从敌国人手中购得及与敌国人无利益关系以为核认标准者,情形迥不相同。英馆此种办法,本属该馆自己办事之手续,非遵奉部令而为者,民国六年七月间,部始电英馆追认,凡于民国四年六月曾在英馆挂号之票,应为有效,但亦空言而已,并未曾付过款项。……攻者不明真相,轻发议论,不足辩也。"刘崇佑:《罗文干等被告诈财及伪造文书案调查证据意见书》(辩护人律师刘崇佑呈递法院原文),中国社会科学院近代史研究所资料室藏,登录号:312249,分类号570/299/7222,第2页。

刘崇佑的辩护涉及奥款性质及债权人为谁的问题。京师地方检察厅最初在做出不起诉处分时也声称,奥款是否部分失效及应否抵偿赔款,须看持票人为谁。奥款债票系由奥债团代中国政府在欧洲发行,当时购买者并不限定为奥国人民,故他国人民持有此项债票者亦甚多。退一步言,即便奥债可以抵偿赔款,亦必以奥国人民所持债票为断。然此项债票,虽大部分为奥国人民购买,而在英、法等国人民手中者亦复不少。嗣以和约关系,领土变更,奥国人民改隶意大利与萨哥士挪霍国籍者甚多。按照《中奥和约》第249条之规定,此类人民不得视作奥国人民,而其所持债票又占债额75%,其余25%尚有属于英、法两国人民者,故现在奥国人民持有此项债票者实为极少数,中国纵欲主张抵偿,按之情势,实亦有所不能。[1]

京师地检厅的声明引出了奥债债权关系转移这一重要问题。该厅在声明中曾引述审计院外国顾问宝道的说帖,阅宝道为奥款问题向政府所递说帖,可以发现不少事实材料并不支持被告方的辩解。宝道明确指出:按照中方与瑞记洋行所订各种借款合同,中国政府核准奥国银团发行6厘及8厘债票。前项债票在伦敦市场销售,"其大部分虽由该银团购买,而余剩部分则由各国人民私人购买。现在持有前项债票者,不分私人、银团,皆得视为中国政府之实在债主"。宝道强调,合同所委托保管还本付息基金之银团,系经理人或中国政府与债主间之中间人,故其职务只在

---

[1] 《京师地方检察厅侦察罗文干等办理奥款展期合同取消购货合同一案不起诉处分书》,《政府公报》处分书,1923年1月14日第2459号,第196册,第177页起。

向中国政府收集到期应付利息及应还本金,同时按照债票上所刊条件,将前项收集款项发交持票人。而银团可享之利益,仅手续费而已。就1912年至1916年所订合同字义上看,其中存在两种"互负之经济责任":一为中政府对于银行团之责任,一为银行团对于持票人之责任。两种责任不甚相同,中政府之责任在以应付款项数目如数交由银行团。[1]

根据宝道说帖可知:第一,奥国债票(至少是6厘债票)的主要持票人初非奥国"人民"而是"银行团"。第二,按照合同规定,银行团只是合同委托保管还本付息基金的经理人或债主与借款人之间的中间人。第三,银行团的职务,只是向中国政府收集到期应付利息及应还本金并将其发交持票人。第四,银行团的利益,只是居间收取手续费而已。对于罗案研究来说,宝道的这份说帖实在太重要了,可以启发很多与罗案相关的重大问题的思考。

首先,它会让研究者思考,既然债权人"大部分"不是辩护人所说的分散自由的持票人而是奥国银行团,而银行又是持票之债权人与债务人之间的代理人,何以作为"代理人"的奥国银行团能同时成为最大的债票持有者?换言之,奥国银行团既是中间人,又是主要债权人,从合同法的立场审视,这样的身份是否合法?兼有双重身份的"中间人"能够不偏不倚,真正居于"中间"地位,为债权人和债务人服务吗?其次,既然奥国银行团为奥款主要债权人,还能以经纪人身份,收取为两边服务的手续费吗?

---

[1]《译宝道顾问拟奥国借款说帖》附件"宝道说贴"(1924年10月18日),北京民国政府财政部档案,1207<2>,1211<3>,收入财政科学研究所、中国第二历史档案馆编《民国外债档案史料》第8册,档案出版社,1990,第465-470页。

在其作为主要持票人的情况下，收取手续费或服务费的依据何在？这样的经纪人是在为被"经纪"的人服务还是在为自己服务？最后，如果奥款债权人真如被告所言是自由分散的持票人而非银行团，这种民间"散客"般的债权人怎么会要求中国以借款中的一半购买奥国军舰？这些分散的持票人与造船厂及军械厂是何关系，居然会提出这样的要求？反过来说，既然要求中国以一半借款购买军舰军械，是否印证了奥款主要债权人就是奥国国家银行团的判断？如果债权人主要是奥国的国家银行团，为什么中国向该国的借款不能暂时充没，以待日后作战争理赔时互抵之用？

不仅如此，在奥国银行团已被确定为最大债权人的情况下，被告方所说的债权关系转移究竟是否属实，也成为问题。[1] 应当承认，受战争失败影响，战后确有因持票人国籍改变而发生债权关系转移的情况，[2] 但可以肯定的是，加入他国国籍的自由分散持票

---

[1] 据称战后持有此项债票的奥国人，已大多改为意大利与捷克斯洛伐克人，其仍执此项债票之奥人，为数不多。意大利与捷克斯洛伐克两国之执此项债票者占债票总额75%，皆委托华义银行代查该项事务。债票总额所余之25%，英、法两国人民持者甚多，奥国所占极少。《奥债问题法律上的意见》，《东方杂志》1923年第20卷第1号，第136-139页。

[2] 首先，战后从前的奥匈帝国被分割成十二个国家，奥国人口从战前的五千万减少为六百万。其次，一些原本属于奥国的领土被战胜国占领，如其中承担制造购货合同所订军舰的工厂所在区域就被意大利占领。最后，奥国经济因战争而极度破败，奥国克郎现在国外，几已全无价值。国内购买力，亦将降至零点。在这种情况下，一些从前的奥国人也自愿加入他国国籍，以寻求自救。这样的变化，按照中奥条约第249条规定，是要承认其国籍变化的合法性的。该条约规定："凡条约实行六个月之内，奥国人民能依据法律得别国国籍者，或有相当权力依据本条约第72及76两条之规定，准予别国国籍者，或依据本条约第74及77两条之规定，因而有别国国籍而仍能继续享受者，不能按照本条之解释，认为奥国人民。"转引自《奥债问题法律上的意见》，《东方杂志》1923年第20卷第1号，第136-139页。

人数量不会多。国会方面提出查办案时,曾注意到中国政府在战争期间为避免挤兑并防范"债权转移"欺诈,规定寻求兑现债票的持票人须到中国驻英使馆注册,而实际注册的债票金额只有70万镑这一情况。[1]虽然一些国会议员对注册存在理解差池,以为对未注册者中国就可不负偿还债务的责任,但登记数量如此之少,亦印证了宝道所说的奥国银行团持有大部分债票的情况。因而奥债债权关系究竟是否因战争而发生总体上债权人已不属于奥国人民的转移,本身就成疑问。至少,原本为奥国国家银行团所持有的占债票总数绝大部分的债权是如何转移到普通人民手里的,缺乏交代。而作为经纪人兼债权人的奥国银行团,其代理权如何为华义银行取代,也是问题。由当事之华义银行出具的持票人的委托函件,对此不能产生任何证明作用。

这些不可思议的现象的存在,加上前面提到的李代桃僵的"造船"、虚拟造报之120万镑造船"损失"及民五展期合同"延期交货不负责任"的霸王条款,使研究者有越来越多的理由怀疑,奥款借债存在巨大的国际合同欺诈。

而宝道说帖中特别指出的奥国银行团通过签订借债合同,以"经纪人"身份两头吃钱,享受一般持票人不能享受之"特种利益",使债票信用严重受损的情况,又进一步增加了人们的怀疑。他举了两个具体事例:其一,合同除载明借款利率外,还规定中国政府应以与英国所得税相等之款项交付银行团。合同签订最初几年,英金1镑应付所得税为6先令,占当时应付利息的30%。照前项

---

[1] 参议院公报科编《参议院公报》第3期第2册,1922年至1923年,公文,第53-55页。

条件，债票利息不应重征所得税，而中政府既已拨付利息，持票人自无须重复缴纳。但实际上，持票人仍须纳其应付之所得税，于是中政府所付之所得税，完全变为银团的利益。其二，因债票票面载明英金数目，故中政府交付银团之利息基金亦用英金。但银团在巴黎用法金付息，其兑换率英金1镑折合法金25法郎20生丁，而当时之市价却为法金80法郎。银团以值法金80法郎之英镑，抵作法金25法郎20生丁，二者差距悬殊，利益可观。"由斯观之，银行之利息甚为巨大，持票私人所获者，只有损失而已"[1]。在合同执行中如此恣意妄为的奥国银行团，其身份究竟是什么，显然存在疑问，而所谓债权转移，其依据又究竟何在呢？

总之，罗案疑窦甚多，奥款展期合同的签订，使国家遭受巨大损失，已是铁定事实。原告方提出的主张，虽最初被表述成依据巴黎和会决议可不必偿还借款，与事实不符，但基本用意是主张不放弃战争索赔，并以此冲抵借款本息，是有其理据的。至于被告方反复强调的国际公法，近代中国既已加入国际社会，当然需要遵守，但被界定为"国际公法"的某些国际协议具有特定含义，是为维护特定国家利益服务的。以巴黎和会决议而论，按照颜惠庆的说法，这次会议的结局"对我国来说是悲剧性的"[2]。其实在奥款问题上，又何尝没有体现这种悲剧性？协约各国在战后将奥国肢解瓜分，占尽了好处，现在又基于维护被划分到自己国家

---

[1] 《译宝道顾问拟奥国借款说帖》附件"宝道说贴"（1924年10月18日），北京民国政府财政部档案,1207<2>,1211<3>,收入财政科学研究所、中国第二历史档案馆编《民国外债档案史料》第8册，档案出版社，1990，第465-470页。
[2] 颜惠庆：《颜惠庆自传：一位民国元老的历史记忆》，吴建雍等译，商务印书馆，2003，第138页。

的国民及国土利益的立场,不顾中国在奥款问题上的损失,不让奥国及分割出来的"新国家"对中国做战争赔款,通过促签展期合同,将因战争严重贬值、几乎成为废纸的奥国债票盘活,让中国做出巨大的利益牺牲。[1] 在民族主义勃然兴起的 20 世纪 20 年代初,对于奥国借款这一包含阴谋和欺骗的国际协议,中国政府无论是通过谈判修改,还是强硬地拒绝偿付,均有理据。罗文干等作为国家政务官员,不设法维护国家利益,却主动将列强设的套挂在脖子上,致使国家利益严重受损,国会提出查办,乃其职责所在,不存在所谓"赖债"的问题。

五、中国在奥债新旧合同转换中的损失估算

综上可知,国会对被告的查办理由及检察机关提出的犯罪指

---

[1] 当时国外就有人对奥国因战后领土改变而形成的赔款方式有看法。他们指出由于奥匈帝国的崩溃,战后赔款的负担几乎全部落在范围大大缩小的奥国,而战后新兴各邦则无与焉。……新邦之人,或仍为旧国民之自由选择权,故奥民因之即已不啻加入协约国矣。可憾者颇有因条约规定割让其在边境之财产,而甘心弃旧入新,一变而为战胜国人者矣。又有甚者,战时军官,其父母本系散处各地,而不在今新邦境内生者,亦得随意改入新国为民,而保持其固有之财产。战事结束,战败军官,纷纷骤变为胜国人民,可怜亦可笑也。或有因奥国取消种种职衔,改入波兰或罗马尼亚籍,以图保存之者。有一家之人因各人自身利害之不同,晰为数国之民者。有别地商人,变为捷克人,而其名尚未改正者。又有捷克人经商于维也纳,只因店业所在,不愿舍去遂不愿其名义民族志不雅,而甘改为奥民者,由此知奥匈全境,原系血脉联络,合成一体,非可任意宰割。最难解决者,有数千大贾,设总店于维也纳,分店遍布各省,欲求一适当国籍而不可得,捷克政府近令店主厂主值不住捷克境内者,一律没收。此令即法国商人之设库于各埠者,亦蒙影响。而其目的则专注于维也纳,俾将来其剩余之工商业可以夺则夺,不可夺则一网打尽。迨大厂倒而奥国无能为矣。Alice Schalck:《奥国之窘况》,同生译,《申报》1923 年 3 月 11 日,星期增刊第 178 期。

控并非向壁虚构,而是有相当的事实和法律依据的。

就检审结果而言,受贿一项,因三张支票已有着落,均非罗文干私吞,检察机关未就此提起公诉,是可以从司法立场予以接受的。不过,检察机关未就受贿嫌疑提起公诉,只是基于"疑罪从无"司法原则做出的处分,并不意味着事实结论已经铁定。从本文相关分析可知,被告受贿的嫌疑并未完全排除,胡适要证明罗文干这位"好人"的道德操守,尚须将这些嫌疑一一排除,方能服人。伪造公文书一项指控,应能坐实。盖总统及国务会议,均未批准,而展期合同具有债权主体变更、取消购货合同及债额增加数百万镑等实质性改变,无异签订新约,岂能援例诈称已经批准?至于有无伪造的主观故意,原告称系明知而为,从合同行文可知并非厚诬罗氏。法庭称无主观故意,判属行政过失,明显是刻意以难以琢磨的"主观故意"做文章,大事化小。诈财图害国家利益一项指控,事实俱在,无可置疑。罗文干及其辩护人说,展期合同虽抛弃62万定金,却避免了更大的利益损失。[1] 其具体解释看似甚辩,却未能触及问题的要害。本案的要害在于,购货合同一开始就涉嫌欺诈,驻意公使唐在复的两份电报已指出所谓奥方造船损失120万镑与实情不符,奥方并无损失,这是当事人已知的事实。知其如此却执意签约,要说没有损害国家利益的主观故意,谁其信之?

---

[1] 罗文干解释新合同所争得之利益:1.债权团方面要求原额为688万镑,经改正后,只有525万镑(交现8万镑在内);2.所得税原按英金5先令计算,后改为4先令计算;3.原定月利9厘,改为年利8厘,4.利息半年一结,改为一年一结;5.五年清还期改为10年;6.展期债票发行价格为9折,较前增加2厘;7.原约缔结百分之四十的赔偿费,完全抛弃。《罗案之各方消息·罗文干与某记者谈话》,《申报》1922年11月24日,第6-7版。

至于中国因合同展期遭受的损失，考虑到奥方涉嫌合同诈骗的因素，计算方法也须改变。最低限度，中国的损失应从民初奥款合同签订时算起，即一开始就将 231 万镑购货借款从全部借款合同中扣除。这样一来，所谓奥款借债本金就少了一半。鉴于民五展期合同签订时，中国已偿还大部分借款，未还本金只剩 123 万镑[1]，在借款本金总额扣除 231 万镑的情况下，重新计算，则民五展期时欠还原始本金已接近归零，而只剩由最初一半本金的利息复利产生的新的"本金"。衍生至 1922 年 11 月签订新展期合同时，数量绝对远低于被告所说的因对方让步、中国似乎还占了便宜的 577 万镑。这样，中国的损失就不只是被告方所说的不得不抛弃的 62 万镑定金，而应加上 231 万镑之历年利息复利所得税中未被展期合同在扣除 169 万镑购货存款及利息等后冲抵的差数（这里仅提出计算原则，具体数据当请专家计算）。

这一算法并非凭空产生。事实上，南京国民政府时期就有人意识到奥款展期合同有关中国所欠奥国借款本金的算法存在问题，提出了与本文类似的计算方法。只是当时尚未发现或证实奥方可能存在合同欺诈，考虑的问题与本文的考虑有所不同而已。提出新计算方法的是南京国民政府公债司债务专家。1933 年 7 月，中国政府与意大利方面谈判，双方决定采用新的计算方法处理奥债。其要旨是"只承认本金，展长付还年限，抛弃欠息，不生新息。而承认整理之本金，更应从最初所欠之本金为根据，其由利息展期而成之本金概不计入"。计算结果，较之罗文干展期合同确定

---

[1] 《陈则民告诉状》，拂况；《罗案始末纪》上编，《互助》1923 年第 1 卷第 1 期，第 28-30 页。

的本金数，少了 200.5253 万镑。[1] 两种计算方法之间的巨大本金差数，加上两者的利息复利差，可视为双方认定的中方因签订展期合同所蒙受的损失。如果再加上崇文门商业税被用作合同展期担保对中国经济造成的伤害，中国遭受的损失，更加巨大。[2]

另一种算法是以奥方涉嫌合同欺诈为理由，根本否定奥款合同，要求奥方支付合同欺诈罚款，同时以战胜国名义，要求奥国战争赔款，并以最终确定的赔款来冲抵上一算法得出的中国信守合同规矩应偿还的那部分债务。[3] 如果奥国赔款数额等于或高于中国的借款，则中国几乎可以不再偿还奥债。换言之，罗文干签订的展期新合同承诺偿还的 577.719 万镑借款本息，连同今后十年还款期生成的利息复利等，因为未考虑与战争赔款的冲抵，都成了中国在这次合同订立中蒙受的损失。这样一来，看似耸人听闻的国会在提出查办罗文干案时所谓"民国国库损失五千万（华币）

---

[1] 《奥款新展期合同》（1922 年 11 月 14 日），北京民国政府财政部档案，1027<2>，1215，收入财政科学研究所、中国第二历史档案馆编《民国外债档案史料》第 8 册，档案出版社，1990，第 451-454 页。

[2] 对于新展期合同规定债务以崇文门商业税收作为借款展期担保，国人反对激烈。北京市民成立了"市民思痛会"，表示"此项合同，市民有切肤之痛，不达废止之目的，誓不甘休，且王阁任内，种种病民之事，不一而足"，特定于 11 月 29 日午后一时在中央公园开市民思痛会，讨论善后办法。京畿卫戍总司令部档案（一〇二四）45，中国科学院历史研究所第三所南京史料整理处选辑：《中国现代政治史资料汇编》第 1 辑第 9 册（未刊稿，藏中国社会科学院近代史研究所，无编辑时间，无页码）。

[3] 关于近代外人实施合同欺诈，时人是有认知的。据颜惠庆回忆，"关税会议上，中国向会议宣布了整理债务提纲，准备就此和外国债主争个水落石出。我国代表坚持内外债一律平等对待，指出必须承认其中某些外债是恶意欺诈"。颜惠庆：《颜惠庆自传：一位民国元老的历史记忆》，第 198 页。

之巨"¹的说法，也就并不显得夸张。

  总之，奥款合同展期，中国损失巨大。展期合同给国家造成如此巨大的损失，能够说原告方对罗文干指控的罪名是莫须有的吗？因而，即便罗文干辩护律师极力辩解的"诈财"罪因告发人表述不妥未必能成立，罗案起诉书依据《暂行新刑律》第 386 条正式控告的"处理公务，图害国家，背其职务，损害国家之财产"²，即渎职与损害国家利益罪，也是证据确凿、足以让辩护人理屈词穷的。

---

1 《众议院议长吴景濂等宣布议员余绍琴等提出查办罗文干案并议员李文熙等动议罗文干所订合同声明无效均经大多数可决电》（1922 年 11 月 23 日），参议院公报科编《参议院公报》第 3 期第 2 册，1922 年至 1923 年，公文，第 51-53 页。
2 《京师地方厅罗案起诉原文》，《申报》1923 年 4 月 22 日，第 6 版。

第三章

了犹未了：法政纠结下罗文干案的结局

罗文干案是北洋时期举国关注、牵动国家政治全局的大案。经过7个多月的曲折反复，京师地方审判厅于1923年6月29日宣判被告罗文干、黄体濂无罪并当庭开释。作为将罗案提起公诉的机关，京师地检厅对判决强烈不满，于7月11日向二审法院京师地方高等审判厅提起上诉，《上诉理由书》详列不服判决的七项理由，据法抗争。[1]但上诉延宕经年，未见受理。次年8月31日，地检厅检察长蒋棻未宣布任何理由，突向高等审判厅撤销上诉，高审厅即日通知罗、黄二人。京师地检厅既放弃其上诉权，轰动一时的罗文干案遂于该厅撤销上诉之日，确定被告无罪并宣告了结。[2]

---

[1] 《法界消息·罗案决定上诉》，《法律评论》1923年第4期，第7页。
[2] 《法界消息·罗案已撤销上诉》，《法律评论》1924年第33、34期，第9-10页；《国内法律及法院新闻·罗案撤销上诉》，《法律周刊》1924年第31期，第13页。

第三章 了犹未了：法政纠结下罗文干案的结局

法庭宣判被告无罪后，检厅毅然提起上诉，让人感觉罗案还有法律大戏尚未上演。后不宣布任何理由，突然撤销上诉，不免让人转从政治立场，就个中原因做种种猜想。[1] 而一旦考虑政治因素的作用，研究者就会陷入"剪不断理还乱"的法政纠结。中国素有"小案讲法律，大案讲政治"的说法。就案件大小而言，罗案被告是时任财政总长，检举人是国会正、副议长，告发人是总统，证人是华义银行副经理，声请再议者及告诉人是国务院，公诉人是检察机关，涉案金额达数千万华币，牵涉到中外关系，同时引发政潮、学潮与法潮，并致使王宠惠内阁倒台，无疑属近代史上罕见的大案要案。案发之后，当事各方都声称应严格按照法律程序审理，不能将法律问题政治化。但客观存在的政治因素参与却使当事人倍感困惑。《努力周报》1923年1月21日刊文指出：

> 罗案的问题内容本很复杂，所以讨论罗案的人，多把他看做政治的问题，不把他看做法律的问题。故罗案不起诉处分书一经发表，政界上又发生出来一种极大的波澜。不过我个人的意见，以为政治问题尽可在政治的轨道内解决，法律问题也尽可在法律范围内解决，都不必走出政治轨道和法律范围以外，用那非政治非法律的方法来解决他。[2]

1　在目前所能见到的众多有关罗案不了了之原因的分析中，负责罗案刑侦的检察官胡宝麟的分析最为到位。详见胡宝麟《罗文干签订奥款展期合同案》，《文史资料存稿选编·晚清北洋（下）》，中国文史出版社，2002，第94-95页。
2　I. H.：《关于罗案的批评》，《努力周报》1923年第38期。

该文作者意识到政治在罗案处置中的地位作用及其与法律的分别，主张将两者适当区分，不无道理。对不尽同质的政、法两事，若都用政治眼光审视，法律还有何存在价值？但对确实掺杂了众多政治因素的法律案件，离开作为其重要语境（context）的政治，也不可能说清道明。从法、政关系理论上讲，权力分工的目的是防止权力之间相互僭越，但对客观存在的法、政权力交叉，研究者也应予以正视。恩格斯曾以陪审团为例，提出"一切法律设施本来都具有政治性质"的命题。[1] 从研究立场审视，罗文干案体现了法律与政治的严重纠葛，两者交叉衔接，无法分开。

鉴于罗案性质特殊，研究须兼顾法律与政治。在内容设计上，考虑到笔者已在前几章从法律角度对罗案展开研究，本章将着重讨论罗案检审过程中政治因素的参与及其对案件的影响。不过，与时人大多将眼光聚焦在罗案宣判之后的上诉程序这一个问题层面不同，本文侧重从政治与外交（国际政治）等宏观视角，全程讨论罗案检审中的政治参与，希望对该案呈现的曲折反复以及诸多让当事人感觉疑惑、让研究者以为不可思议的现象，做出单纯法律或单纯政治研究均不可能得出的平实的历史结论。

---

[1] 恩格斯《英国状况英国宪法》一文在分析陪审法庭的政治性质时曾明确指出："陪审法庭就其实质来说是一个政治机关，而不是法律机关；但是，既然一切法律设施本来都具有政治性质，那么陪审法庭也就体现了司法制度的真正本质。"由此可见政治与法律确实是你中有我，我中有你，难以完全区分开的。恩格斯：《英国状况英国宪法》（1844年），《马克思恩格斯全集》第1卷，人民出版社，1956，第697页。

一、"保洛之争"与罗案的曲折反复

北洋时期"军阀专政",军人对政治的干预乃斯时的政治常态。1924年10月4日,参议院宴请吴佩孚,吴在演说中表示愿国会为其记名入武庙,示以不争政权之意。[1] 实则只是一种口头表示,其政治高参白坚武就曾指出:"乱世师长以下可以不通政治,专〔以军事为务〕;师长以上则应具政治之常识及其方略,不然则自立之道〔失却〕,有时以善因而得恶果,更无从言报国之一途矣。"[2]

从取代王宠惠内阁及汪代阁之张绍曾内阁的构成,可以清楚看出其军人背景。张阁只有8名阁员,而武人占其5,除程克、高凌霨、彭允彝3人外,皆为现任海、陆军中将。"合民国以来二十七个内阁观之,纠纠英风,无此之盛,虽靳、段以军阀组阁,对此亦有愧色,宜乎滑稽者称现内阁为'中将汤'也"[3]。1926年1月12日,法权会议在北京召开。由外国人所作《调查法权委员会报告书》从四个方面分析中国政治与司法的关系,其中第一条就是"政权操于军人之手,而军人因处于有力之地位,得任意综揽行政立法与司法事务,几致行政立法司法三权有失其界限之倾

---

[1] 中国社会科学院近代史研究所编,杜春和等整理:《白坚武日记(1)》,江苏古籍出版社,1992,第494页。
[2] 中国社会科学院近代史研究所编,杜春和等整理:《白坚武日记(1)》,江苏古籍出版社,1992,第443页。案:引文包括两个括号,其一原文此处空白五字,根据上下文意补录;其二行文疑有误,亦根据文意重新标点补正。
[3] 随波:《北京通信·张阁前途未容乐观》,《申报》1923年2月21日,第10版。

向"[1]。中国参加法权会议的目的是要收回治外法权,具有讽刺意味的是,法权的收回居然被认为应先从国内做起。曾任司法总长的林长民回忆说,在国务会议讨论收回领事裁判权问题时,他曾对在座的军事当局人士表示"吾且欲向君辈先收法权",认为直到1924年,军人干涉司法的状况没有丝毫改变,"以吾之所闻见,独立之精神,益不堪问矣"[2]。

因此,当罗案发生,时人均对案件做政治性质的解读。《申报》首篇涉及罗案的"时评"(1922年11月20日)称罗文干被拘系突发事变,其所以至此,"要亦不过暗昧与隐秘或倾陷所造成。今虽孰虚孰实尚未大白,而其大概,已可概矣"[3]。语虽隐晦,所指却甚明。数日之后,该报意旨就毫无隐晦了。24日,该报一则"通信"指出,财政总长罗文干于18日傍晚被军警捕送检察厅,次日《黄报》首揭其事,昨、今两日各报纪载此案,几占篇幅之全部,此案正负两方之说可谓发挥无遗,"记者谓此案完全是政治问题"[4]。同日该报发表"时评"指出,"罗案之大纲"就是议员攻击阁员,称阁员与议员皆各有依附,而为人尽忠。罗案之是非虚实,原当深究,然世之欲探其原因,不当仅以罗案定之,"悉其变幻,知过半矣"[5]。

---

1 报告书指出的其他几方面的情况分别为:1.中国国库空虚,以致政府有时对于司法与警察官吏之薪俸不能发给。2.法律与司法制度之系统渐受破坏,缘各地之不承认中央政府者,自立法律及自设法院也。3.新法律与司法制度之扩充及发达因之滞碍。《调查法权委员会报告书》第二编"中国之法律及司法制度",《法律评论》1926年第182期增刊,第164页。
2 林长民为《法律评论》发刊之题词,《法律评论》1924年第1期。
3 《时评·罗文干被拘》,《申报》1922年11月20日,第3版。
4 《北京通信·天津派谋倒阁与奥款》,《申报》1922年11月24日,第4版。
5 《时评·变幻之变幻》,《申报》1922年11月24日,第2版。

第三章 了犹未了：法政纠结下罗文干案的结局

曾担任《申报》主笔的杨荫杭对罗案的分析最具有代表性，他在案发之后表示：

> 罗案为纯粹司法案件，记者尚未下断言。但有一言，设此类案件出现，即有军人出头辩护，吾必疑其未必无罪；反是，若有军人出头攻击，吾必疑其未必有罪；若军人率众通电，以向日兵谏之形式讨罗，则吾侪断为未必无罪，虽不中亦不远。因军人通电之信用，已扫地无余，而军人对于法律司法问题，轻于启口，更无一顾之价值。而记者测军人之法，恒以反面测之：凡自言拥护法统，即破坏法统之魁首；自言解甲归田，即盘踞不去之别名。因此知军人所谓无罪，即吾辈所谓有罪，军人所谓有罪，即吾辈所谓无罪。此不独罗之受贿问题如是，即吴张之诬告问题亦如是，推而至于近日之惩治盗匪法问题亦如是。[1]

杨氏完全站在与军人对立的立场，以军人言说之"反面"作为"测军人之法"，并以此作为判断罗文干是否受贿及是否渎职损害国家利益的依据。

不过应当承认，杨氏的这一判断包括了合理的认识观察，一定程度上也与近代法政纠结的事实相符。在涉及罗案的政治因素中，保、洛之争乃最重要的政争。皖、奉军阀先后倒下后，直系

---

[1] 杨荫杭：《罗案之是非》，杨绛整理《老圃遗文辑》，长江文艺出版社，1993，第690页；《申报》1922年11月28日，第3版。

内部各子系间的矛盾斗争逐渐凸显。正如时评指出的那样:"自直皖之后谈势力者,曰奉直,自奉直之后曰保洛,自保洛之后,今又曰津保矣。"[1] 在罗案问题上,直系内部之争的因素十分明显。董作宾认为,罗案的"主谋"为吴佩孚,认为王阁系由吴氏"电报产出",并主不交国会同意,孙丹林、高恩洪尤系吴氏私人。一切行为,皆代表吴氏,国务会议恒以洛阳电报为表决标准,事实昭然,天下共见,"洛阳内阁"已成全国熟悉之名词,从未闻吴氏一言辩证。为此,董作宾呼吁"海内同志,一致主张,彻底查办罗案,严究卖国主谋,及共同实行之要犯,将罗文干拿交法庭,按律讯办,以彰法纪,而伸公道"[2]。颜惠庆也认为,王宠惠内阁的主要成员"大都是接近或被认为是靠拢吴佩孚将军的人,其中包括新任财政总长罗文干博士"[3]。吴对王阁的护持,从其亲家张绍曾试图推翻并取代王阁时吴的表态可以清楚看出,据说吴曾致电张,有"朝行组阁则夕即通电断绝关系"[4]之语,力挺王阁。

围绕罗案的保、洛之争很大程度上是利益分配不均所致。被国会视为罗案共犯的高恩洪就任交通总长后,供给保、洛两方的军饷存在巨大差别。在其任上,洛方所获为509.9万元,包括京绥借款140万,而保方所获仅242.4万元。[5] 在王宠惠内阁操纵下,

---

1 冷(陈景韩):《时评·津保》,《申报》1923年1月1日,第6版。
2 《董作宾通电请彻究罗案》,《申报》1922年12月9日,第14版。
3 颜惠庆:《颜惠庆自传:一位民国元老的历史记忆》,吴建雍等译,商务印书馆,2003,第178页。
4 中国社会科学院近代史研究所编,杜春和等整理:《白坚武日记(1)》,江苏古籍出版社,1992,第371、376页。
5 《高恩洪查办案已咨达政府》,《申报》1922年12月9日,第10版。

保、洛在国家财政拨款上明显呈现"分赃"不匀的状况。另据分析，王阁仗洛吴助力，本为保方不喜，现津方极力拥保曹为总统，需款孔亟，故思本派人把持内阁，以便取资于德奥借款。王阁知其阴谋，先举奥款而空之，此津方所以力主倒阁，而保方亦表示同意之原因。[1]一定程度上，王阁财政部和交通部已成为洛阳的筹款衙门，这不能不使津、保产生推倒王阁的想法。在此背景下，交、财两部有逾"法度"的行为，自然成为津、保借罗案倒阁的理由。[2]

利益如何分配与内阁为谁操纵直接相关。反直派国会议员刘楚湘曾对王阁与吴佩孚的关系以及保曹谋倒王阁的原因做了独到分析，称黎元洪复位后，府方与保、洛竞争的焦点及后来酿成政变的最大原因，厥为内阁问题。说王宠惠代理总理期间倾心与吴佩孚结纳，枢府政务，皆由内务总长孙丹林、交通总长高恩洪主持，而孙、高二人均系吴佩孚心腹，于是导致推倒王阁的反动。[3]《申报》在罗案发生之初刊载的一份"特约通信"，对罗文干案与津、保倒阁的关系，言之綦详，文曰：

> 倒阁之暗潮，蕴蓄于罗案未发生之日，罗案不过适逢其会，为一导火线耳。……顾津、保之注意，尚不在

---

[1] 《中外大事撮要·内幕暗昧》，《兴华》1922年第19卷第46期，第29页。
[2] 时论指出：高之长交通，为津保所嫉视，记者固屡言矣。近因京绥路借款问题发现，益为各方所不容，津保饮恨尤深。故保曹冬电，指谪甚至。高氏亦知地位之不稳固，当新阁发表之日，已将送往印铸局的就职通告撤回，近数日来，已不复到部。蠖公：《北京通讯·汪张递嬗中之政像》，《申报》1922年12月8日，第4版。
[3] 刘楚湘：《癸亥政变纪略》，沈云龙主编《近代中国史料丛刊》正编第2辑，台北：文海出版社有限公司，出版时间不详，第31-32页。

王、罗,而实在孙、高二人。再分析观之,则对高之不满,较孙尤甚。高长交通,将凡可筹措之款,悉取以供洛阳军费,其详数除高外,他人不能知之,此为保派呷醋之大原因。近来津、保方面,有一与交通算账之主张,颇占势力,表面上谓高任交通,收支中大有黑幕,实则欲问其究竟私济洛阳若干也。而罗案内之8万镑,交高为之出头承认,谓已由交部收到,尤中保方之忌,以为此丧权卖国之展期借款,果又为洛阳所得,交高更不能辞其咎也。故现在表面上为罗案,而暗中潜伏之恶潮,仍在交高。……而吴佩孚氏坐拥重兵,需款浩繁,亦视交通为禁脔,不肯恝然舍去,以自蹈于穷困。顷据接近吴氏者所传述,吴决于日内赴保,面见曹氏,解释误会,为号电请罪,并说明外间排斥构陷之情形,其唯一方针,则在新内阁之组织,仍维持交通方面之势力,不致失去,以为养命之源。故今之问题,乃为"保洛分赃"四字,即洛方于内阁中可以筹款之地位,仍不肯舍。[1]

对罗案发生后王宠惠内阁与吴佩孚的接洽,时任吴佩孚政务处长兼机要秘书的白坚武做了明确记载,说事发翌日,孙内长、高交长即向吴佩孚做了汇报,并称吴致电黎元洪及曹锟,主张依法解决罗案,不可违法自扰,有伤风气。[2] 可见王阁与洛吴对罗案

---

1 《国内要闻·北京特约通信》,《申报》1922年11月29日,第6版。
2 中国社会科学院近代史研究所编,杜春和等整理:《白坚武日记(1)》,江苏古籍出版社,1992,第393-394页。

的关切。

洛吴与王阁关系密切，势必对总统选举造成影响。保派称大选为"最高问题"，凸显其"最高利益"之所在。然而在曹锟谋当总统问题上，洛吴明显态度消极，公开以退出两湖巡阅使相威胁。[1]津派支持保曹竞选总统，不仅因为两派领袖的手足关系，更因获胜后可能的连带利益。但大选需政府操持，故内阁由谁控制至关重要，不去掉吴支持的王阁，大选难以顺利进行，因而在罗案问题上，津派治罪罗文干的态度最为坚决。时论所谓"天津派以最高问题为目的，以倒阁为入手之方"[2]，可谓一针见血。推倒王阁已成为津、保两派实现设定政治目标的手段，而罗案则成为理想的政治切入点。

阁、会之间的紧张关系，则为津、保两派利用罗案倒阁提供了契机。按照《临时约法》对民初责任内阁的制度设计，国会具有对于国务员任命的同意权。[3]张绍曾内阁发表后，国会即要求张代表内阁发表政见，以为是否批准同意的依据。[4]与此前王宠惠、汪大燮组阁均未提交国会同意形成对照，张绍曾组阁，名单甫定，

---

1 在曹锟谋当总统问题上，吴佩孚亦持消极态度，1922年12月14日洛吴听取南京齐督代表刘芸生陈统一及选举各项问题，"吴使宣大局未收束，而谈选举总统，余必退出两湖巡阅使，不负长江治安责任云云"。芸生复访余询究竟，余就吴使意略引申说明，语曰"螳螂捕蝉，而不知黄雀之在其后"，今之谓乎？中国社会科学院近代史研究所编，杜春和等整理：《白坚武日记（1）》，江苏古籍出版社，1992，第396-397页。
2 侗生：《北京通信·天津派谋倒阁与奥款》，《申报》1922年11月24日，第6版。
3 《中华民国临时约法》（民国元年三月十一日公布），郭卫编《中华民国宪法史料》，沈云龙主编《中国近代史资料丛刊》正编第88辑第879册，台北：文海出版社有限公司，出版时间不详，第13-17页。
4 《国内要闻·北京通信》，《申报》1922年12月13日，第6版。

便提交两院请求同意。[1] 虽然所谓国会同意背后也有实力派操控的因素，但形式上国会作为国家最高立法机关，按照约法规定提此要求，也无可非议。但王宠惠等却反其道而行，试图凭借与洛阳的关系，撇开国会同意，自行组阁，从而导致阁会关系紧张与罗案的发生。[2]

顾维钧曾对此做过细致分析，认为在王宠惠内阁问题上，吴景濂曾放出风声，当国会表决内阁名单时，孙丹林和高恩洪将遭到否决。此事虽尚未证实，但政界人士都知道有这样一个谅解：在徐世昌下台后，将暂时恢复黎元洪的总统职位，以便为曹锟竞选总统铺平道路，待曹锟当选总统后，吴景濂就出任总理组阁。于是，以内阁为一方，以总统为另一方，以国会为第三方，再加上所谓实力派，形成一种"四角安排"。王宠惠听说吴景濂宣称国会将否决孙、高两位总长的任命，便通过二人的渠道征得吴佩孚同意，决定不把内阁阁员名单提交国会审批，使国会得不到推翻内阁的机会。顾维钧认为，这便是王宠惠内阁遭遇困难的根本原因，这些困难导致内阁和国会之间公开争吵。这种争吵反过来又促使财政总长罗文干拒绝支付国会的必要经费，最后激成罗文干因受贿嫌疑而被逮捕、拘留的案件。[3]

罗案既然是在保、洛激烈政争及阁会矛盾尖锐的背景下发生，当事各方的解决之道就只能是各寻其主，自找靠山，奔走洛阳或

---

1 《国内专电·北京电》，《申报》1922年12月7日，第2版。
2 《国内专电·北京电》，《申报》1922年11月25日，第3版。
3 《顾维钧回忆录》第一册，中国社会科学院近代史研究所，中华书局，1983，第244-254页。

第三章　了犹未了：法政纠结下罗文干案的结局

保定，争取奥援。[1]当是之时，"双方各有鏖师出马，行见成为武人之电〔报〕战"[2]。《益世报》记者对双方争取外援的情况做了观察分析，称阁员与议员围绕罗案闹得不可开交，总统黎元洪左右为难，毫无办法。"似此各方已不能不由京外入手。前日外传张伯烈赴保之说尚未证实，而高恩洪赴洛之说又复腾起。其实无论张、高二人已否亲身出京，而对于保、洛之分途接洽，却早在吾人意料中"[3]。

在争取奥援方面，王宠惠内阁表现尤为主动，罗案发生后，"王阁以休戚与共之故，出全力以营救"[4]。由于罗文干被视为王宠惠内阁的灵魂，罗氏遭难，王宠惠极度不安，继进府责备总统之后，又递上辞呈，以为威胁。但当内阁研究去留时，阁员大多认为辞职对罗不利，主张不辞，以待罗案解决。[5]其解决办法，就是发电寻求吴佩孚支持。吴接到国务院电报后，立即发电指责拘捕罗文干"不成事体"，要求依法解决罗案，"实惩虚坐，法律不能独宽于议员"[6]，口气极为强硬。由于吴强势表态，缺乏政治主见的黎元洪迅速改变立场，亲至检厅迎罗文干入府，并表道歉。内阁方面，

1　中国社会科学院近代史研究所编，杜春和等整理：《白坚武日记（1）》，江苏古籍出版社，1992，第427页。
2　《北京特约通信·武人渐出头干涉矣》，《申报》1922年11月26日，第4版。
3　《奥债案之扩大·武人关心奥债案》，《益世报》1922年11月23日，收入季啸风、沈友益主编《中华民国史史料外编》（前日本末次研究所情报资料，以下略作《史料外编》）第10册，广西师范大学出版社，1997，第424页。
4　《国内要闻·北京特约通信》，《申报》1922年11月23日，第4版。
5　《奥债案之昨闻·所谓王阁者》（未注明原刊载报刊），《史料外编》第10册，广西师范大学出版社，1997，第421页。
6　《奥债案之扩大·武人关心奥债案》，《益世报》1922年11月23日，《史料外编》第10册，广西师范大学出版社，1997，第424页。

更因洛阳的表态而欢欣鼓舞。罗文干出狱后，内阁一面以公府名义退回国会的查办案，一面酝酿"罗案结束手续"。阁员以罗案既由法庭免予起诉，原告即涉嫌诬告，主张按照吴佩孚提出的办法，"反坐告发人"，有阁员特为此入府谒见黄陂，要求速将吴景濂依法办理。[1]

不过原告方也没闲着。当被告奔走洛阳之时，原告方则纷纷前往保定和天津，寻求支持，"京、津、保之间，人员往来，颇为频繁"。津、保集议之结果，决定由曹锟先请查办，同系之军、民长官继之。故曹锟首发漾电，直指罗氏"误国五大罪"，力主严究。[2] 继曹之后，王怀庆、王承斌、齐燮元、张锡元、马联甲、田中玉、熊炳琦、马福祥、萧耀南、蔡成勋、杜锡珪等，亦先后电请彻查，从严究办。浙督卢永祥之感电，更"锄奸发隐，指责所以使罗案发生之人"[3]。1922年11月25日，齐燮元拟订尊重国会的电文，对国会提出查办罗案表示支持。同日王毓芝接到曹府电话，即刻赶往保定，当晚公府便收到曹锟攻内阁而助国会的电报。曹锟、王承斌还联名致电公府，声明严办罗案的立场。[4] 而吴景濂则以天津为奥援，津派要员曹锐、王承斌、边守靖等均竭力助吴。[5] 鉴于保曹对张绍曾不捧场，吴景濂曾专程到保，与曹锐、

---

1 《罗案消息汇闻·阁员方面消息》，《申报》1922年11月26日，第4版。
2 通一：《一周间国内大事纪略·北京政潮》，《申报》1922年11月26日，星期增刊第1版。
3 拂况：《罗案始末纪》上编，《互助》1923年第1卷第1期，第13页。
4 《北京特约通信·武人渐出头干涉矣》，《申报》1922年11月26日，第4版。
5 《曹锟就职后的政潮》，《东方杂志》1925年第22卷第22号，第2页；管美蓉：《吴景濂与民初国会》，"民国人物传记丛书"2，台湾"国史馆"，1995，第233页。

第三章 了犹未了：法政纠结下罗文干案的结局

边守靖接洽，促其表态。[1]

曹锟及属下各实力派的相继表态，使罗案面临的局势大为改观。[2] 数天前还口气强硬主张反坐"诬告"者的吴佩孚被迫改变口吻，他在"世电"中称：

> 罗案发生，物议沸腾，曹帅以爱国之热忱，为丧权之挽救，佩孚谨遵曹帅主旨，主张依法解决。迩者有谓佩孚对于罗案意存袒护，且有目王阁为私人内阁者，是非混淆，碍难缄默。窃思佩孚与王、罗两君，素昧平生，入觐之日，因在元首宴次，始与王君一晤，罗则且未识面。王揆组阁，荐罗长财，事先并未与闻。内阁，国家之内阁，财长，中央之财长，元首任命国人公认，其失职也，国会有弹劾之权，人民有监督之责。案关受贿渎职辱国丧权，非独罗个人应取刑事裁判，即内阁亦有连带关系，理当依法负责，非仅辞职所能了事。[3]

吴氏复曹锟之"宥电"，措辞亦复相同。大意谓国家非法不立，法须依程序而行。前此以当局未经法定程序逮捕财长罗文干，有损约法保障之人民权，故"稍滋疑义"。现"捧读曹帅漾电，疑

---

1 《中外大事撮要·阁务停顿》，《兴华》1922年第19卷第48期，第29页。
2 "黄陂迎罗文干入府，罗尚一味作态，务求水落石出，方肯应允。适于是时，洛阳拍来号电，大为被捕者张目。乃欢欣不久，而与洛阳同样大声，其词意且较为烈害之保定电报到矣。"《罗案将惹起大波澜》，《益世报》1922年11月25日，《史料外编》第10册，广西师范大学出版社，1997，第410页。
3 拂况：《罗案始末纪》上编，《互助》1923年第1卷第1期，第20-21页。

义豁然"。称曹锟"摘奸发伏",自己"钦佩万瞻"。盖国债丝毫之增加,均关系人民的经济负担。罗文干若只顾私利,不惜牺牲国家而悍然出此,罪有主名,不容含混。至其是否因赃举弊,应请依法办理,无稍宽纵,庶伸国法,而儆官邪。对所订奥款展期合同,应一并提交国会,如有不尽不实,损害国权之处,应请议决取消。[1]

洛吴态度变化原因极其复杂。早在罗案案发之初,就有时论注意到了罗案对保、洛关系的潜在影响,称"王阁实洛系有力之机关,洛系今日断不能任其被攻而去,此事能否不扩大为保、洛问题,实不可预料"[2]。保、洛问题的极端发展必然导致直系分裂。对此,白坚武做了精到分析,认为曹、吴之间的主要问题是"主体不明",以致时人欲以吴"当政治之冲"。[3] 颜惠庆也认为,"吴佩孚当总统的野心十分明显"。[4] 保方岂能容忍尾大不掉的局面出现?问题若不解决,直系必然分裂。事实上,鉴于罗案发生后保、洛一度尖锐对立的态势,已有人猜想:"保洛分家,此其为朕兆

---

1 《吴佩孚始终主张法律解决》,《晨报》1922年11月28日,第2版。
2 侗生:《北京通信·天津派谋倒阁与奥款》,《申报》1922年11月24日,第4版。
3 白坚武写道:"自十一年胜奉之后,直系之权力可以揽持中央政局,曹之总统欲望突生,短期欲其实现。而吴以时局之顾忌,不欲其遽行,于是迎合意旨者又从而为排挤之倾轧,分裂之机乃启矣。豫为吴坐镇之地,其实不容再有第二异己者与之相逼,乃第一步以冯玉祥督豫,隐寓监视之意。殆势水火矣,吴意令冯援闽,而曹竟令入拱京师,检阅使令下,一师三混成旅之编制匆卒即为之成立。……曹、吴之间,为主体者既不明,所以成功,又无良相为之调和。……故当法统甫行恢复之时,时人奉欲以吴当政治之冲,冀达所谓澄清之望。实则吴固非其人,即令负其才,展其志,主帅之不能容,侪列之忌视,敢断其溃裂之结局尤速也。"中国社会科学院近代史研究所编,杜春和等整理:《白坚武日记(1)》,江苏古籍出版社,1992,第496-497页。
4 《颜惠庆日记》第2卷,1924年4月23日,中国档案出版社,1996,第136页。

第三章　了犹未了：法政纠结下罗文干案的结局

乎？"[1]

保、洛矛盾很大程度上表现为津、洛矛盾。天津方面的曹锐、边守靖等人在"最高问题"上支持曹锟，为压服主张"缓进"的洛系，"已渐有加入三角同盟之趋势"，计划于提出最高问题之前，予洛系以致命打击，并提出种种推翻洛系势力的具体办法。津、洛之间关系紧张始于直奉战争即将进行之时。在对待奉张问题上，曹锐、边守靖主和，且赴奉提出妥协之议，吴佩孚则由洛驰赴保定，力持非战不可，曹锟虽倾向主和，却不敢明白主张，开战之局遂定。议决开战后，吴于保定举行的阅兵式上，历举曹、边"通敌之证据"以激愤军心，曹、边几难自保。战事终结，吴以凯旋将军之声势反施天津，津人之不满曹、边者，围绕军前，吁请惩办。迨王宠惠内阁成立，洛吴势力达到全盛。曹、边欲倒吴，第一步必先离间保、洛，促其分家，倒吴政策始不致为保曹牵制。第二步必先推倒王阁，使吴所用之人，尽失世人同情，并借此减杀吴之声势。罗案发生，予曹、边以推倒王阁之绝好机会。[2] 正是由于津派极力推动，保曹才发出措辞强硬的漾电，促成洛阳态度软化。12月2日，吴派秘书孔诚东赴鄂谒萧耀南，孔对萧说，"吴使对罗案及内阁，绝对服从仲帅"，希望萧能居间解释前此"误会"[3]，最能说明洛阳态度的转变。

---

[1] 通一：《一周间国内大事纪略·北京政潮》，《申报》1922年11月26日，星期增刊第1版。
[2] 《国内要闻·最高问题与保洛离合》，《申报》1922年12月28日，第6版。
[3] 《国内专电·北京电》，《申报》1922年12月4日，第4版。

洛阳态度转变直接影响到王宠惠内阁的命运，"识者莫不知王阁之末日已至"。孙丹林、高恩洪最初尚仰仗有吴作后盾，使尽手腕，与各方宣战，欲继续现阁生命。至曹锟、王承斌漾敬两电到后，形势愈迫愈紧，王阁命运已有朝不保夕之象。[1]孙、高见风头不好，不知所措，及王承斌、齐燮元等电如雪片飞来，一致主张严惩罗案被告，益发畏惧。乃改变立场，欲乞灵洛阳，保全一己位置；同时设法联络津、保，表示愿为出力，冀减轻反对；甚至一反前此之倨傲态度，在交通博物馆大宴议员，试图通过联络国会中的反对派，与吴景濂为难，以为釜底抽薪之计。但众院多数议员，非但欲推倒孙、高，就连整个王阁也已不为所容。[2]于是导致曾全力拯救罗文干的王阁的倒台，以及试图协调与主张严办罗案之国会之间关系的张绍曾出任阁揆。这一政治局面的出现，对于罗文干等在一度获释之后再度成为阶下囚的原因，提供了合理解释。

然而，随着"6·13"驱黎政变发生，情况再度变化。保曹驱黎是为解决"最高问题"开路，却未料到这一举措的严重政治后果。在当时政治形势下，任何人宣布竞选总统，都会成为政治上的众矢之的。老于政治经验的王士珍就曾说，若仇恨一个人，最好的复仇办法就是劝他当总统。[3]由于曹锟被认为是以"非法"手段逐走现任总统，当其着手准备大选，直系与奉张、浙卢及西

---

1 蝶公：《辞职声中之王内阁》，《申报》1922年11月28日，第6版。
2 《北京通信·汪阁产出前之面面观》，《申报》1922年12月1日，第6版。
3 有人晤王士珍，询对总统问题之见解。王曰："凡与人有仇，可以不必骂他打他，只要劝他当总统，则仇自复矣。"《国内专电·北京电》，《申报》1923年8月7日，第4版。

第三章　了犹未了：法政纠结下罗文干案的结局

南军阀的关系也就迅速恶化，并直接影响到罗案的后续处理。

本来，由于津派与洛派对立并倾向联奉，奉张对查办罗文干一度持支持态度，曾明确表示："罗文干卖国案发生，凡有血气，莫不痛恨，余自然为极端反对之一人。"[1]卢永祥亦曾支持严查罗案嫌疑人。[2]然而，随着"最高问题"提上日程，曹锟谋当总统企图公开，所有对直系的怨恨集于曹氏一身，致使保方不得不改变"和平统一"主张，而与洛阳持同一立场。保方既放弃"和平统一"初衷，一直处于酝酿状态而未能实际成立的反直三角同盟乃正式成立。[3]1923年1月26日，孙中山在上海发表裁兵救国宣言，南北响应。[4]几乎同时，张作霖派代表到天津向段祺瑞贺岁，称"雨帅深信半年后，段内阁势必实现"[5]，可见形势之严峻。反直三角同盟的成立及直系面临与三方作战的可能性，促使直系领袖不得不致力于修补已开始破裂的内部关系，从而影响到罗案的处置。

直系内部关系协调是有基础的。根本上讲，津、保、洛就是一家，保与洛有师生之谊，不会轻易分手；津与保有手足之情，自然彼此护持。真正与洛阳有冲突的是天津而非保定，故保、洛

---

[1]《国内要闻·罗案最近之面面观》，《申报》1922年12月6日，第6版。
[2]《公电·卢永祥通电》，《申报》1922年11月28日，第4版。另据白坚武说，吴景濂教唆曹锟通电宣布罗文干丧权卖国罪状，王承斌、熊炳琦和之，说"张作霖、卢永祥闻之必大笑快心"，说明了奉张浙卢对罗案的立场。中国社会科学院近代史研究所编，杜春和等整理：《白坚武日记（1）》，江苏古籍出版社，1992，第393-394页。
[3]所谓"奉段两系与孙系联络，结成三角同盟，业已喧传世上"，所指即此。《国内要闻·最高问题与保洛离合》，《申报》1922年12月26日，第6版。
[4]张国淦：《北洋从政实录·内阁篇》，杜春和编《张国淦文集》，燕山出版社，2000，第290-295页。
[5]《国内专电·北京电》，《申报》1923年1月10日，第3版。

之争形式上常表现为津、洛之争[1]，只是津方自忖力量及辈分均不够，不得不以保定作为凭借。在战胜奉系后洛阳实力正盛的情况下，津、保对洛阳也无力过于压迫。洛阳面对津、保压力，只能牺牲罗、王以为让步，而津派则试图同时去掉孙、高。在罗、王已成为牺牲品，倒阁目的实现，作为洛阳在王内阁中重要人物的孙丹林、高恩洪已不能续任张阁的情况下，若保曹仍偏袒津派，其作为直系最高领袖的地位将受到损害。要之，津派首领毕竟为保曹胞弟，洛吴究不能无屋乌之情，而虑其孟晋，于己有所不堪，故仅以推倒王阁为限，"此数月来，洛、津相持之本原"。[2]

对于保、洛关系，曹锟有着清醒的认知，曾明确表示："自罗案发生后，世人多谓予将与子玉分家，其实予与子玉，毫无隔阂。敬舆故属子玉亲家，亦系予之同袍（旧时同在军中任职），予若反对，究系对敬舆，抑系对子玉，恐外间又不免多生误会。"[3]如果这番话只是对外的一种表示，不免敷衍，且看曹锟对自己身边的人是如何说的。《申报》在罗案发生两周后有一篇关于保曹与洛吴关系的报道，所引曹锟一段谈话，甚能反映曹锟的真实想法，他指出：

保、洛万不可分家，倘若携二，必至彼此皆大不利。
且我所以有今日之实力者，实子玉之功力居其强半，子

---

1 有报道称，"津派草许多电逐吴，要曹拍发，曹与黎之苦境相同"，可以印证三者之关系。引文见《国内专电·北京电》，《申报》1922年11月25日，第3版。
2 《国内专电·北京电》，《申报》1922年11月29日，第3版。
3 《国内要闻·北京通信》，《申报》1922年12月16日，第6版。

第三章　了犹未了：法政纠结下罗文干案的结局

玉向尊我为师，我待子玉如亲手足。故素日水乳交融，毫无隔阂。至此次罗案发生，余与子玉之主张，虽稍有抵触，是各有见地，即以子玉为非，吾可进而教之，亦无伤于素日之感情。外间不察，竟传保、洛将有破裂之说，实乃臆测之词。其实吾何能嫉视有功之左右，否则不啻自残肢体，自贻鸟尽弓藏之讥。而我属对我，咸生戒心，若比之民二项城之对待张振武方维，余虽愚，尚不致此也。[1]

在直系内部关系问题上，最为各方顾忌的是异己力量乘机插入。在这一点上，力主武力统一的吴佩孚最为敏感。在战后津、保与战败的奉系握手言和的情况下，"弃吴联奉"[2]之说甚嚣尘上，这虽不排除是奉系肢解直系的"阴谋"，却对吴形成巨大压力。由于担心正在形成的反直"三角同盟"借以分裂直系，吴佩孚曾主动前往保定，说明利害。对此，时论报道说："自罗案发生，保、洛两方态度情形异趣之后，外间颇传曹、吴之间，已生隔阂，兼以保曹左右之人，以关于总统问题之主张，与吴极端相反，从中挑拨，尤所难免。惟近因南方形势陡然变迁，不特曹吴本身深感内部团结之必要，即其左右稍知大体者，似亦有此觉悟。……可见保洛对于最近时局之主张，已趋于一致。"[3]而一度与洛派闹得不

---

1 《罗案之各方消息·保曹对洛吴态度》，《申报》1922年12月2日，第7版。
2 《北京通信·汪阁产出前之面面观》，《申报》1922年12月1日，第6版。
3 《吴佩孚有赴保说》，《申报》1923年3月5日，第6版。

可开交的津派，其对洛阳的排斥也只是因"无外敌则起内讧"[1]，一旦面对外部强敌，内部矛盾就可能化解。1923年春，"直奉开战"之说广为传播，以致曹锟不得不公开"辟谣"，这一欲盖弥彰的举动，凸显了面对奉系及其他反直力量的威胁，直系加强内部团结的重要性。

落实到罗案问题上，可以认为，该案虽有被告犯罪嫌疑作为事实基础，但肇端则是保、洛因第一次直奉战争后奉张战败而凸显的内部矛盾冲突，结局亦与"6·13"政变后直系与反直各方矛盾升级对内部矛盾的化解有关。政变发生后，保方须应对政局变化并谋求大选成功，无暇他顾，这给罗案翻盘提供了机会。从司法立场观察，对原告方"干涉"司法独立严重反感的京师地方审判厅对检察机关提起的公诉一直拖延不理，"6·13"政变后突然做出无罪宣判，或包含寻机行事之用心。而政变导致法院认定的罗案告发人黎元洪下台，自居告诉人地位的张绍曾内阁不久也连带集体辞职，作为检举方的国会又忙于大选与制宪，顾不到罗案，致使罗案在事实上已失去原告，这对罗案在提起上诉后进入二审程序造成困难。在这种情况下，检察机关借梯下台，乘势宣布撤销上诉。迨反直三角同盟最终形成，保、津两方除了与被视为罗文干后台的洛阳妥协，政治上已无回旋余地。由于保方持此立场，故当达到倒阁目的，并成功将孙、高排斥在张绍曾内阁之外后，对于罗案的后续发展，也就不再上心。

显而易见，罗案被告判决无罪及检厅上诉之后撤回上诉，最

---

[1] 冷（陈景韩）：《时评·津保》，《申报》1923年1月1日，第6版。

终不了了之,均与保方在政变后的政治顾虑有关。因而,尽管形式上罗案是在走完法律程序之后结案,实质上却是在政治因素的作用下画上句号。肇始之因在政治,终结之由亦在政治,可见政治乃贯彻罗案始终的重要因素。

二、影响罗案检审的外交因素

对"罗案"产生作用的因素复杂多元,不仅国内政治运作的需要在很大程度上决定了该案发生及检审过程的曲折反复,中国面临的外交压力及北京政府因国内政治而形成的外交需求,也在一定程度上对罗案产生影响。

从20世纪20年代初开始,中国政治逐渐形成外交与内政交织甚至混一的格局,外国势力的存在已成为中国政治变化重要的有时甚至是决定性的影响因素。导致这一现象的原因在于利益关联。《远东时报》主笔曾形象地比喻说:"如在中国的中心开上一枪,没有不射着外国利益的。"[1] 外国因素在中国政治中的存在很大程度上改变了中国政治的内涵。一方面,列强对中国政治实施强力干预,将其意志强加于中国政治实践;另一方面,由于力量有限,中国政治家在实际政治中往往寻求外国势力的支持帮助,南北皆然。于是造成外交与内政交织的状况。《市声周报》一篇时评指出:"吾人以帝国主义存在,改革内政必无希望。盖内政与外交,在

---

[1] 孙铎:《中国改造之外国援助》,《向导》周报第29期;天生:《外交与内乱》,《国闻周报》第1卷第19期,"社评"。

我国今日实已打成一片,不可复分。"[1]

该报是从普遍意义上讨论这一现象。就罗案的法律处置而言,由于外国因素的存在,几乎从一开始,中方就面临巨大的外交压力。从奥债涉及的国家来看,中方最初固然只是与奥国打交道,但当欧战结束,随着奥国被战胜国分割出众多新的国家,奥债牵涉的已不只是中国与奥国的双边关系,而应加上协约国及其分割占领的奥国领土连同由前奥国派生出来的诸多国家之间的关系。以前完全置身事外的英、意、法以及新诞生的捷克斯洛伐克、匈牙利等,都成为重要的当事国。从中国外债史的角度观察,奥债并非孤立存在,它是近代以来中国向东、西列强举借的众多外债之一,加上历次战争赔款,中国可谓债台高筑。当奥款展期合同签署触发罗案时,中国已面临八方债主登门讨债而无以应对的狼狈局面。

对于中国所欠各项外债的总额,美国驻华公使舒尔曼(Jacob Gould Schurman)提供了两个可供参考的数据:其一,"巴都"的调查数据,据云中国内外各债,除以铁路为抵押外,为数约19亿元,其中超过半数为外债;其二,北京政府整理财政计划书中援引财政讨论会提供的数据,外债总额为7亿余元,内债为4.07亿余元,两项合计为11.07亿余元。[2] 而《申报》刊载的一篇讨论"中

---

[1] 平:《内乱与外患》,原载《市声周报》第4卷第2期(1926年1月3日),转载于章伯峰等主编《北洋军阀》(1912-1928),武汉出版社,1990,第5卷,第255-267页。另参见罗志田《中外矛盾与国内政争:北伐前后章太炎的"反赤"活动与言论》,《历史研究》1997年第6期。
[2] 《政府清理内外债之计划》,《史料外编》第10册,广西师范大学出版社,1997,第197页。

央财政"的评论则称,中国外债累积已达12.2亿元之巨。[1] 几种说法数据不一,很可能是在统计外债时,有的仅考虑到借款而未考虑赔款,有的仅统计借款本金而未将利息等一并加入所致。然无论如何统计,中国对外借款已成"天文数字",则是公认的事实。[2]

如此巨大的借款总额,每年应偿还的债款自相当惊人。据上海《东文日日报》记载,罗案发生前一年(1921年),中国所欠各项外债中"当年应偿还"部分大致可分四类:1.清政府所借,包括英德借款、英德续借款、俄法借款;2.民国政府所借,包括克利斯普借款、善后大借款、中法实业借款、中央公司借款、日本电信借款、满蒙铁路借款垫款;3.赔款,包括西班牙、荷兰、瑞士等国赔款;4.海军部的借款。四类借款在尚未统计完毕的情况下约23项,当年应偿还债额共计4982.6万元。[3] 其中应还日本之债为3000万元,若加上借款利息1800万元,中国1921年应还日本的债务总额多达4800万元。[4] 虽然奥债在全部外债中所占比例不大,但它是中国对外借款的有机组成部分,从这个意义上讲,各国债权人在要求中国偿还债务问题上已形成共同利益关系。

就还款能力而言,20世纪20年代中期,北洋政府原有的解

---

[1]《一周间国内大事纪略·中央财政》,《申报》1922年12月29日,星期增刊。
[2] 南京国民政府时期清理外债时的统计数据,可作参考。1928年10月财政部经管债款共欠负总额表显示,中国的外债共计7.4亿元,内债约4亿;交通部经管内外债务总额为6.49亿元(多截至民国十四年)。总计中国的内外债为17.8亿元。《中国债务总计表》,《大公报》1928年10月1日,《史料外编》第10册,第321页。
[3]《中国今年应还之外债》(1921年),《史料外编》第10册,广西师范大学出版社,1997,第124页。
[4]《内外债之总额》,《益世报》1921年10月8日,《史料外编》第10册,广西师范大学出版社,1997,第114页。

款制度和"中央专款"制度已名存实亡,海关收入地位举足轻重。但是,由于海关关税的征收、保管和支配权均操纵在外国人手里,这笔相对稳定可靠的收入成了列强操纵控制北京政府的工具。[1] 民初15年间,中国以关税偿还的外债高达52082万海关两,占这一时期关税总收入的63.32%,关税成了偿还外债的主要财源。[2] 但因税率受外人打压,中国的海关收入也有限。近代以来,中国关税一直不能自主,东、西列强通过与中国签订条约,实施"值百抽五"的低关税,在实际征收过程中,中国连切实的5%关税也征收不到,这就反过来制约了中国偿还外债的能力,致使中国债台高筑,无以偿还。在这种情况下,各国共管中国财政的叫喊,甚嚣尘上。

1922年12月21日,正值罗案审理期间,英、美、法、日四国公使联衔向北京政府外交部抗议,称财、交两部所欠各国债务到期不偿,应速注意履行合同,并称关税余款,中政府注重还付内债,但外债亦应在关余上结算。"此为英、美、法、日联合讨债之第一次,所谓总算账者是也"[3]。23日,由于日本倡议,各国共管中国财政的主张正式提出。[4] 稍后,英、美、法、日四国联合

---

[1] 《东方杂志》刊载的一篇文章针对安格联操纵中国财政命脉的现象评论说:"历年发行的内国公债,大率指关余为担保,而由总税务司保管基金。于是反客为主,商人甚至视总税务司为彼辈所托命,债票非总税务司签字则不生信用,本息愆期则环向总税务司文电呼吁,此真世界未有之怪现象也。"潘公展:《从世界眼光观察二十年来之中国》,《东方杂志》1924年第21卷第1号(二十周年纪念号上册),第15页。
[2] 戴一峰:《近代海关与中国财政》,厦门大学出版社,1993,第68-74页。
[3] 《一周间国内大事纪略·中央财政》,《申报》1922年12月29日,星期增刊。
[4] 《整理外债之刻不容缓》,《史料外编》第10册,广西师范大学出版社,1997,第155页。

提出劝告中国整理外债之"觉书"（memorandum），主张中国政府以增加后的关税，成立外债基金，用于整理外债。[1] 由于建立外债基金须先调查各国总债额，因此意、比、荷三国亦加入其中，以便一并整理。1923年1月31日，英、美、法、日、意、比、荷七国联合向中国政府提出"觉书"，要求偿还外债。[2]

值得注意的是"共管中国财政"叫嚣中意大利和英国的加入。意国本与奥债无涉，但当战后承造中国订购巡洋舰的造船厂所属地区划归意大利且部分持有奥款债票的奥人加入意大利国籍，加之早先作为债权人与债务人之间的中介由奥国银行团转为华义银行，意大利遂成为奥款重要当事国。英国因在民初中国订购军舰时干涉德国制造商承造，就与奥款发生间接关系，战争期间，有少量奥债持票人加入英国籍，且战争期间中国政府曾要求持票人到中国驻英使馆登记注册方予兑现，英国也与奥款发生关系。由于与奥款发生关系国家的增多，本来的债权国由战败国奥国摇身一变成了战胜的协约国成员，中国作为战胜国应该享有的要求奥国战争赔款并以赔款冲抵所借债务的可能性也就被这种新的国际关系格局消减。

在奥款问题上，意大利表演最为充分。凭借其半路倒戈获得的"战胜国"地位，该国在奥款问题上，对中国极尽恐吓威逼之能事。罗案发生后，"意使催速定奥款展期合同办法，政府答该

---

1 《四国提出劝告中国整理外债觉书》，《史料外编》第10册，广西师范大学出版社，1997，第150-151页。
2 《七国公使将提出二次觉书》，《益世报》1923年2月7日，《史料外编》第10册，广西师范大学出版社，1997，第189页。

案候法庭解决罗案后方能商量,并告以国会及阁议否决。意使曰:如此则按旧合同在关盐上扣"[1],暴露出以控制海关税款相威胁的用意。鉴于展期合同涉及中方法律程序批准,"意使照会,奥款展期合同第4、第14条应行各手续,尚未完了,请迅予结束。并谓中国为国际上之平等国家,旧债当然承认"[2]。这显然是在以"国际公法"来挤兑中国。为达到让中国还债之目的,意大利甚至在美国倡导"庚款办学"的背景下,仍以催还庚款相逼。[3]

然而这对中国来说还算不上最紧迫的压力,在各国压迫中国的手段中,最具"杀手锏"效力的是延期召开或拒绝参加关税会议与法权会议。

关税会议是中国一直期待召开的会议。在拟议召开的关税会议上,中国政府将提出关税自主与国定税则的具体构想,即鉴于1922年1月5日远东委员会第17次会议所宣称的讨论中国实施关税自主的"适当机会"已经到来,中国政府将根据《九国公约》尊重中国主权完整之精神,拟定去除现行条约税则上的各种障碍,推行中国关税定率条例与实施关税自主之办法五条。[4] 若关税会议能如期召开并采纳中国主张,中国将逐步实现关税自主,在过渡期内,即便按照各国的折中主张,除实施切实的值百抽五税率外,

---

1 《国内专电·北京电》,《申报》1923年1月9日,第3版。
2 《国内专电·北京电》,《申报》1922年12月3日,第3版。
3 《申报》所载电文称:"昨英、法、日、美、意五国公使,共同照会外部,来年一月起,庚子赔款,中政府应按月拨付,希注意。"《国内专电·北京电》,《申报》1923年1月1日,第6版。
4 《中国政府代表王正廷提案》,《关税特别会议议事录》,第24页,台湾"中央研究院"近代史研究所藏"关档",筹备召开关税会议案乙—(1),卷宗号:03-25/21-(1)。

中国还可对普通商品征收 2.5% 的附加税，从而较大幅度增加国家财政收入，增强债务偿还能力。

通常认为中国债务太多，无力偿还，但在美国驻华公使舒尔曼看来，中国不是外债太多而是收入太少。因为按人口计算，中国平均每人仅担负外债 4 元 7 角 5 分，而日本的外债负担为每人 50 元，意大利每人 190 元，比利时每人 312 元，法兰西每人 1310 元，英国每人 1440 元，美国只以联合债务一项而论，每人就担负 433 元（均以华币计算）。相比之下，中国之债务为各国最轻。中国在关税会议之后，只需实施"二五增税"，其收入已足够偿还各项债务。[1] 更何况关税自主后，按照国际惯例，中国海关税率将远不止"二五增税"后的 7.5%。[2] 正因为如此，中国对关税会议充满期待，认真拟订了整理债务提纲，"准备就此和外国债主争个水落石出"。[3]

然而令中方未能想到的是，国人强烈期待召开的关税会议，却成为债权国要挟中国偿还奥债的凭借。而意大利的态度，几乎成为各国同意召开关税会议及中国实施新税则的必要前提。外交使团曾明确表示各国对中国的新税则，须"候意国承认"方可实行。然而当新税则法案提出后，意国公使却竭力催促中方"速决奥款

---

[1] 《美使演述华会结果与中国现状》，《史料外编》第 10 册，广西师范大学出版社，1997，第 162 页。案：二五增税指关税在既有税率基础上增加 2.5%，非一般所理解的二分五厘。

[2] 《过渡办法委员会第一次会议议事录》（1925 年 11 月 1 日），《关税特别会议议事录》，第 81-83 页，台湾"中央研究院"近代史研究所藏"关档"，筹备召开关税会议案乙—（1），卷宗号：03-25/21-（2）。

[3] 颜惠庆：《颜惠庆自传：一位民国元老的历史记忆》，吴建雍等译，商务印书馆，2003，第 198 页。

办法，不提承认"，致使新税则不能实行。[1] 为解决关税会议难题，中国驻意公使唐在复在罗马交涉，试图促使意政府承认中国关税案，意方却纠缠"奥船公断问题"，谓"即不据为交涉，亦应速决船案"[2]。1923年1月31日，包括意、英、法等奥款当事国在内的七国向中国政府提出的"觉书"，明确将中国偿还外债作为其参加关税会议的先决条件。[3] 有报道称："日来七国债权者正在清理各种债额，大约将列一清单，要求我政府切实整理，如不照办，则今年三月之特别关税会议席上，将有极严重之要求。"[4]

各国要挟不参加关税会议，或虽表示参会，却声称中国若不整理外债，将在会上提出不利于中国关税自主的条件，对罗案检审造成巨大的外交压力。受其影响，国内舆论多以不整理奥债将不利于关税会议召开、有碍国家根本利益为言。罗文干的辩护律师刘崇佑也抓住这一点做文章，称在奥债问题上，"外则持票人围索于使馆，内则各国在京驻使直接诘责我政府"，"此次法、意两使，且亲至国务院外交部催办，……及意使以不签字与增加关税相挟"。[5] 在这种情况下，法庭对罗案的审判，明显受到影响。《罗案判决书》称："查财部奥款卷宗，内载去岁九月间意、法两使迭向外交部催办奥款，十一月二日关税调查处移付，有驻意唐公

---

[1] 《国内专电·北京电》，《申报》1923年1月1日，第6版。
[2] 《国内通电·北京电》，《申报》1922年12月17日，第2版。
[3] 《七国公使将提出二次觉书》，《益世报》1923年2月7日，《史料外编》第10册，广西师范大学出版社，1997，第189页。
[4] 《列国要求整理外债续闻》，《申报》1923年1月8日，第6版。
[5] 刘崇佑：《罗文干等被告诈财及伪造文书案调查证据意见书》（辩护人律师刘崇佑呈递法院原文），中国科学院近代史研究所资料室藏，登录号：312249，分类号：570/299/7222，第5页。

第三章　了犹未了：法政纠结下罗文干案的结局

使电称意政府以清还奥国借款为承认新税则之条件。……则被告罗文干所谓因整理财政维持国信增加关税诸问题，不能不与奥银团订约，并非图利自己或第三人及图害国家云云，殊难加以否认。"[1] 罗文干等被告最终被判无罪，显然与各国以不召开关税会议相威胁有关。

与关税自主一样，领事裁判权的废除也是近代国人在民族主义意识被唤醒后的重要诉求。早在巴黎和会期间，北洋政府派出的代表就为修改中外条约、废除领事裁判权进行了积极交涉。中国代表团向和会提出的《中国希望条件说帖》表示，中国将在1924年以前颁布五种法典，完善法律及司法制度，以缩小与西方国家的差距，要求各国届时一并放弃领事裁判权。[2] 在华盛顿会议期间，中国代表团提交了关于撤废领事裁判权的议案。1921年12月10日远东委员会会议通过《关于在中国之领事裁判权议决案》，以中国司法制度改良为撤废领事裁判权的先决条件，决定在华盛顿会议闭会之后三个月内成立一专门委员会，以调查中国司法现状，并根据调查结果由各国政府裁决中国是否具备废除领事裁判权的条件。[3] 这就是国人期待的法权会议的由来。

然而不幸的是，中国期待废除治外法权的法权会议，也成为东、西列强干涉罗案的砝码。笔者在讨论罗案程序时曾述及，罗案检审过程中国会及国务院的"干预"，曾被视为外部因素破坏

1　《罗案判决书（续前）》，《法律评论》1923年第4期，第18-19页。
2　北京政府司法部档案：《中国希望条件说帖》，转引自石源华《中华民国外交史》，上海人民出版社，1994，第160-161页。
3　《法权讨论委员会议决案第二号》、《收驻美施公使电》（1923年5月31日），台湾"中央研究院"近代史研究所藏北洋政府外交部档案，卷宗号：03-34/3-(1)。

"司法独立"的行为。由于法权会议将调查中国法律制度完善状况，以判断是否具备取消领事裁判权的条件，罗案检审中的"干预"也就成为外人眼中取消判断治外法权的严重障碍，成为其拒绝取消领事裁判权的借口。

罗案发生不到一周，《字林报》就载文指出：罗案最重大之结果是西人对中国法制观感的改变及其对废除治外法权的影响，认为西人议论罗案者甚众，佥谓他日各国特派委员来华调查，"仅罗氏被捕一案，已足以使治外法权之撤废无期展缓。此间华官，已闻知是说，华字报亦间有论及之者"[1]。当曹锟"漾电"发出，各界对罗案立场有所改观时，使馆方面专门将曹锟电文译出，指责其仅参阅了众院查办案，而未看历次展期合同，表示"此事府院保洛及众院均不自知违法，即法庭受理，亦不合法"，称现在的中国为"非法时期之中国"。[2] 英国驻华公使麻克类曾专门就罗案发表谈话，表示："中国12年来，一切都摧残净尽，只有司法尚能独立。最近罗案发生，本来是政治问题，并不是法律问题。幸而中国司法界尚能保持独立精神，判决无罪。不料又提起上诉，要以政治手段，破坏司法独立，殊令人不解。"[3] 护持罗案被告的意图，甚是明显。

西方法学界也积极配合其政府言论。如"万国法学会"曾向华会八国发表声明，称中国法律日趋黑暗，请缓期举行法权会议。

---

1 《外报论罗案责任重大》，《申报》1922年11月25日，第7版。
2 《国内专电·北京电》，《申报》1922年11月26日，第3版。
3 胡宝麟：《罗文干签订奥款展期合同案》，《文史资料存稿选编·晚清北洋（下）》，中国文史出版社，2002，第95页。

不仅如此，该学会还将司法部在罗案处理期间撤免李家鏊（东省特别审判厅厅长）及更换单毓华（曾任京师地方审判厅厅长）视为中国法制不健全的典型事例，加以渲染。[1] 更有甚者，则直接出面"证明"罗文干无罪，希望产生有利被告的法庭判决。《兴华》报道说："外人以罗案违法，益觉中国政局之黑暗，收回治外法权愈难。奥款关系英、意二国商人，现英、意二公使已正式公文，照会外交，转行法部，证明罗无犯罪行为。"[2] 被视为行贿银行所在国的驻外公使，出面证明罗文干等无罪，能够产生证明效果吗？但希望罗案处置不至影响到奥款展期合同成立的当事国，已经顾不到这么多了。

不仅如此，罗案的上诉程序亦受到干预。罗案一审宣判无罪后检察厅提起上诉，本是十分正常的法律程序，但外人对此却"议论纷呶"，称罗案上诉"于我国收回领事裁判权颇有影响"。为此，中国驻英公使施肇基致电外交部，称尽管美国政府仍主张司法调查会于当年11月举行，但他国因中国时局不靖，司法紊乱，颇示反对。施公使特别转引了"某外人"的这段谈话："月初罗案经地方审判厅宣告无罪，舆论稍有转移，现得消息，忽又有上诉之议，实予他国借口，于收回领事裁判权大有影响，华府会议结果恐成泡影，未免可惜等语。"[3] 中国驻外公使于外国政情舆论知之较确，特以此种消息电达外部，可知罗案与我国法权关系之重大。

更加引人注目的是，罗案审理期间，王宠惠当选海牙国际法

---

[1] 《国内专电·北京电》，《申报》1923年3月10日，第4版。
[2] 《中外大事撮要·外人注意》，《兴华》1922年第19卷第46期，第29页。
[3] 《要闻三则·罗案上诉与外国舆论》，《法律评论》1923年第5期，第6页。

庭法官,该法庭特致电中国政府,催促王氏赴任。[1]1923年4月18日,王宠惠自上海赴海牙国际法庭就职。[2]王宠惠当选国际法庭法官,自是其个人能力与威望所致,也是中国国际地位提高的体现。但在王氏因罗案缠上官司并受到国会查办的情况下,国际法庭的决定及致电中国政府促其就任而非直接致电王本人的做法,即便没有干涉罗案的主观用意,客观上也壮大了罗案被告方的声威,影响到罗案的最终结果。

三、顾维钧出任外长与罗案妥协

然而可为罗案解套的因素尚不止于此。20世纪20年代初的中国可谓真正进入了多事之秋,内政外交,大事频发,应接不暇。内政方面,因驱黎成功,大选提上日程,直系一旦完成大选,曹锟就任总统,就将面临寻求列国外交承认的问题,而能否得到承认,对直系来说还是未知数。[3]外交方面,因中外矛盾尖锐,涉外案件层出不穷,如临城劫车案、旅大交涉、片马冲突、外蒙古问题、中俄悬案等,都需要谈判交涉,折冲御侮。其中临城劫车案,外国干涉声不断,外交压力尤大。应对内外交困的局面需要各方面的人才,而在各类人才中,外交人才尤为急需,这就将因罗案而

---

1 《国内专电·北京电》,《申报》1923年3月8日,第4版。
2 郭廷以编著《中华民国史事日志》第1册,1923年(中华民国十二年癸亥),台湾"中研院"近代史研究所,1979,第715页。
3 1923年初国会讨论外交总长人选时,多数议员主张须具备三个条件:一是无政党色彩;二是具有外交经验;三是能得友邦满意。在当时,得到友邦的满意者,当然非外交系诸人莫属。《国内专电》,《大公报》1923年1月23日。

被逼退至后台的"外交系"领袖顾维钧、王宠惠、颜惠庆等,重新推到历史前台。

在外交系诸人中,王宠惠、顾维钧与罗案关系最为密切。当初王、顾等挺身护罗,已表明其与保曹对立的政治立场。王宠惠于1922年8月5日代阁,至11月25日因罗案通电辞职,其间罗文干案发生、内阁出现危机,王、顾、罗等常密商私宅,共谋进退。顾担任王阁外交总长期间,因涉嫌为罗打掩护,与王一起遭到国会立案查办[1]。罗文干被捕后,王、顾表示将与罗共进退,先是拒绝辞职,试图利用职务之便护持罗氏,直到保方表态才被迫辞职。颜惠庆虽未在王阁任职,也投书英文《导报》,为罗"鸣冤"。金光耀说罗案是外交系进入北京政坛后首次遭受的重大挫折,王、顾、颜群起护罗,其实就是维护外交系的共同声誉[2],堪称一语破的。

现在直系集团出于外交急需起用外交系,将王、顾、颜诸人列为致力网罗的对象,所谓"保派因对外问题,亟待解决,罗致颜、顾甚力,顾已入笼,颜亦不能独免"[3],所指即此。吴佩孚的高参白坚武亦劝吴电催顾赶行就职,并转请曹锟、齐燮元、王承斌"一致劝驾",认为顾等不出,"京况益难矣"[4]具体言之,直系的"劝驾"举措包括:1924年4月,张绍曾内阁不待顾维钧同意即下令顾维钧署理外交总长。颜惠庆先被委以整理内外债委员长,后以

---

1 《特约路透通电·罗案扩张之外信》,《申报》1922年11月29日,第4版。
2 金光耀:《外交系初探》,金光耀、王建朗主编《北洋时期的中国外交》(复旦大学历史系编"复旦史学专刊"第三辑),复旦大学出版社,2006,第209页。
3 《国内要闻二·颜惠庆组阁说将实现》,《申报》1923年7月31日,第6版。
4 中国社会科学院近代史研究所编,杜春和等整理:《白坚武日记(1)》,江苏古籍出版社,1992,第429页。

斯职"不足展其骥足","又有请其组阁之意"。"6·13"政变之后,张阁辞职,新内阁迟迟不能产生,当时情势,将成无总统、无内阁、无国会之"三无"局面,于是曹锟急电顾维钧,请其就职外交总长并主持阁务,实际为代理总理摄政。[1]至于王宠惠,因已赴任海牙,且不赘论。总之直系之意图,乃在通过"颜、顾合作,再拉上一王正廷",使"北京局面一新"。[2]面对保曹"招贤",顾、颜诸人,稍扭捏作态,便先后接招。[3]

顾维钧作为罗案连带被告而接招,不免让人感觉疑惑。时论指出:"考虑两月之顾维钧,已于昨日通电就职,不拜命于府院完好之时,而上台于无政府之日,其主旨诚不可解。"[4]"顾维钧就职之声浪,喧传已久,忽而下山,忽而回山,忽而以议员过半数之劝驾为条件,忽而以罗案上诉为口实,究竟真意如何,莫名其妙。"[5]

顾维钧尝以奉行职业外交、政治中立来解释自己为不同的政治派别所用。[6]这在一些场合尚可说得通,但用来解释为保曹所用则十分勉强。盖在罗案检审过程中,顾维钧已被连带作为被告,遭到国会查办,是罗案的当事人,想超越想中立已不可能。正因为如此,顾出任保曹掌控内阁的外长,遭到时论猛烈抨击,认为

---

1 《特约路透电·顾维钧上台助直》,《申报》1923年7月24日,第4版。
2 《颜惠庆有上台组阁说》,《申报》1923年7月29日,第7版。
3 顾复保洛曰:"倘国会通过,自当勉就,来电殷拳,至为感纫。"《国内专电·北京电》,《申报》1923年4月16日,第4版。
4 随波:《北京通信·顾维钧就职后置内阁》,《申报》1923年7月27日,第7版。
5 《顾维钧徘徊观望之原因》,《申报》1923年7月22日,第6版。
6 《顾维钧回忆录》第一册,中国社会科学院近代史研究所译,中华书局,1983,第264页。

他出山事曹是对既有立场的背叛。反直国会议员张知本致电顾与颜，称今京师沦于敌手，洁身自好之士，避之若浼，二人素负时望，却于"盘桓有所希冀，宁非国耻？"[1]顾氏所为甚至为其乡人所不容。江苏自治期成会致顾维钧电曰："现北庭僭名窃位，非法摄政，为中外古今所未闻，乃不意公于此事间出就外交，自贬人格，大失苏人之望，揆诸民言可畏之义，背道而驰，望即解组南归，共谋国是。"[2]

从保曹方面观察，将顾维钧等外交系人物推向前台也绝非出于爱惜人才。除前述争取大选成功后的外交承认所需外，尚有特定的政治谋略包含其间。时论分析说：在大选问题上，津派成员占多数的急进派主张且候一个月，如选举形势不好，再使保曹入京组阁。现在先令外交系当其冲要，令高凌霨退后一步。如是，则"国人视线，均以外交系不是吾们的人，将来时局万一不佳，可以推在外交系身上，届时再可用倒王宠惠内阁方法除之，万勿怕外交系盘踞政局"。[3]显而易见，顾为担任外长付出的代价十分高昂。既有付出，就会有索取，作为交换条件，顾出任外长的唯一要求就是罗案顺利过关。某种程度上可以认为，顾是敏锐地意识到直系对外交的需求超过了政治上惩办罗文干的需求，因而不惜委屈自己，也不顾舆论压力，屈就直系政权外长，以政治上的个人牺牲，换取直系对自己已卷入其中的罗案宽宥。

这一判断，可以找到大量史料证实。1923年3月31日，王

---

[1] 《张知本劝颜顾洁身》，《申报》1923年7月25日，第7版。
[2] 《江苏自治期成会致顾维钧电》，《申报》1923年7月27日，第13版。
[3] 一针：《北京快信·津保派与洛吴》，《申报》7月29日，第6版。

宠惠、顾维钧、王正廷应曹锟之邀赴保定，王等借机向曹疏通罗案。[1] 7月17日，颜惠庆访张国淦而后访顾，顾推颜长外，王毓芝对《顺天时报》记者说，顾因罗案未终结，不肯就任。[2] 外间传闻，顾维钧"以就职问题，要挟罗案免诉"[3]。而"实力派迫顾就职外交，不则以罗案再诉相恐吓，顾首鼠观望，实力派亦不满"[4] 一类记载，亦可作为佐证。很可能顾就是在这样的威逼下接受了保曹方面劝驾，而这样的威胁能够产生作用，亦反过来说明顾本身有这样的需求。

对顾维钧接受保曹任命原因最直接透辟的分析出自《申报》，在罗文干被判无罪、检厅提起上诉之后数日，该报刊登了一篇题为《顾维钧与外交》的时论，有曰：

> 日来所闻顾维钧之做作，又以罗文干案之狱，法官再提控诉，为愤不就职之措辞。骤视之似乎顾维钧亦欲跳出网罗，借端规避。然以罗案始末观之，则岂非奥国债票之承认，非先令罗文干无罪不可。顾维钧身为此案之关系人，然则非但能助王克敏之登台，且身带一分厚礼，来做曹朝之开国元勋耳。王宠惠、罗文干、高恩洪等一干人证，本为左袒吴佩孚而遭忌于曹，遂有包宁路案、奥债票案次第发现。事固曹家将所为，然代主人（指

---

[1] 郭廷以编著《中华民国史事日志》第1册，1923年（中华民国十二年癸亥），第712页。
[2] 《国内专电·北京电》，《申报》1923年7月19日，第3版。
[3] 《顾维钧徘徊观望之原因》，《申报》1923年7月22日，第6版。
[4] 《国内专电·北京电》，《申报》1923年7月10日，第4版。

国家主人即人民）揭穿黑幕，我主人不能因恶曹之故，而认为高、罗之罪为可未减也。同一事犯，高少助而罗多助，虽罗之助有三方犄角，而外交系之团结，实占其一方。顾维钧之挟厚礼以媚曹，岂真忠于曹？其中固为自身之利益关系矣。……是故罗文干果有罪，顾维钧将终不就职，非意外事也。至谓其重视法系，注意收回治外法权，则实梦呓。以国务员之进退与司法官之起诉相抗衡，其必为尊重法律，能作收回法权之预备也耶？……盖其勇气之激增，诚知罗案之主持者为曹家，受黎命登台，未必足以抗曹而救罗以自救。今日乘曹志急而登台，则所欲遂矣。[1]

所谓顾以"厚礼"谄媚保曹，"其中固为自身之利益关系"，而其利益关系即"救罗以自救"，无疑击中了顾氏要害。南方系统的国会议员褚辅成亦指出，顾维钧以宣告罗氏无罪为就职条件实包藏私心，盖"罗氏且无罪，执事之藏身固矣"。[2] 有意思的是，尽管顾氏曾称这些说法多为猜测，是"不得真相之谈"[3]，但最终出

---

1 《时论·顾维钧与外交》，《申报》1923年7月21日，第3版。
2 褚辅成等致函顾维钧曰："少川先生执事，同人等被迫南来，候经旬月，未能面教，无任愧愧。比者道路传闻，执事就职非法摄阁阁员之宣言，谓此次不得已而出山，凡所以为国也。然同人等所得者各方面之证据，及数月来经过情形，而又蛛丝马迹可寻者，则执事实督于私利，将贻国家以无穷之害焉。查德奥船债一案，骰法营私，加重人民负担，虽暂时倖逃法网，岂能避将来之攻击？当时罗当其冲，执事乃巧为□避，闻此番执事就职，竟以宣告罗氏无罪为条件，罗氏且无罪，执事之藏身固矣。……褚辅成等548人公启。"《本埠新闻·国会议员致顾维钧函》，《申报》1923年8月13日，第13版。
3 《顾维钧徘徊观望之原因》，《申报》1923年7月22日，第6版。

来道明真相的人却是他自己，而这真相，恰是曾被他批驳的"不得真相之谈"。

据顾维钧事后回忆，1923年夏，罗案"相关人士"在北京《亚洲日报》编辑陈某家里召开会议，与会者包括吴景濂、司法总长程克，以及王兰亭、高凌霨、陆锦、吴毓麟、顾维钧。吴景濂说，召开这次会议是为了向顾维钧保证将要释放罗文干。他指出司法总长也到场了，这就可能做出必要的安排，希望顾能出任外交总长。王兰亭代表其他出席的人发言说，就罗案而言，因为罗文干即将被释放，这个案件也就没有多大问题了。顾声称应先释放，然后才能同意出任外交总长，并问何时释放罗。王说只要顾就职，罗就被释放。顾又问司法总长打算怎么办，说地方检察厅已向司法总长呈递报告，现在该由司法总长下令撤销这个案件。"于是吴景濂指着程克说：'刚才我们说的话你都听见了，你就是负责执行的人。'程克回答说：'当然，这事没有问题。'顾表示将在罗被释放后的当天就职。他们说最好是我先就职，随后释放罗。因为司法总长下达释放罗的命令要经内阁批准。他们还说这项批准手续将在我出席第一次内阁会议时完成。取得了这一谅解后我同意就职，因此，我第二天上任，随后罗文干被释放。"[1]

值得注意的是顾在回忆中提到了吴景濂。前文述及，吴为以国会名义揭发罗文干之人，因而这次妥协，一定程度上也是吴景濂与顾维钧之间的妥协。为一般人所不知道的是，两人本有达成妥协的关系基础。按照时论分析，顾之被命长外，实出于吴景濂

---

[1] 《顾维钧回忆录》第一册，中国社会科学院近代史研究所译，中华书局，1983，第260-261页。

牵线，"顾与吴为盟兄弟，吴之援顾，实含有种种作用"。吴因不满张绍曾，欲驱之而以顾替代，顾以首席总长，又负有外交重望，张去之后，转而兼任总理，"则吴将拥有府、院两大势力，可以为所欲为"。[1] 对于顾耿耿于怀的检厅上诉，吴景濂也有承诺，明确告诉顾，"罗案虽上诉，可以勿受理"，顾遂决定就职。[2]

上引罗案相关人士在《亚洲日报》编辑陈某家里开会的史料出自顾氏多年后所写回忆录，由于当事人自己未做解释，世人或许永远无法知道何以顾在一度矢口否认其就职与护持罗案有关之后又公开揭示有关罗案如此重要的秘密。但罗案在法庭判决无罪而检察机关表示不服并提起上诉之后最终不了了之，不是司法裁判的结果，而是原告和被告经过谈判达成的政治妥协，则可据以定谳。后来顾一反舆情，说了曹锟很多好话，[3] 究竟是达到设定目的之后表示感谢，还是确实认为曹不错，倒真耐人寻味。

四、罗案判决与奥款展期合同的善后处置

罗案因一审法院判决无罪和检察机关撤回上诉而草草了结，但引发罗案的奥款展期合同纠纷却未曲终人散。

早在罗案发生之初，罗文干所签展期合同的合法性问题便引起时人关注。《申报》发表评论指出：奥款展期合同，手续错误，

1　一鸣：《北京通信·顾维钧上台之因果》，《申报》1923年7月27日，第6版。
2　《国内专电·北京电》，《申报》1923年7月25日，第4版。
3　《顾维钧回忆录》第1册，中国社会科学院近代史研究所译，中华书局，1983，第265-270页。

罗、王等难辞其咎。然此事虽闹得满城风雨，究其实不过是此次政潮中的枝节问题。若识大体，展订奥国借款合同既已丧权误国，首要问题为向外人交涉，设法取消该合同。然案发后如雪片般飞来之通电，连篇累牍，皆胪举罗氏罪状，而于此要害问题只字不提。间有道及者也只是轻轻略过，无严重注意之表示。须知若对罗按法处理，治之以应得之罪，而于取消该合同不同时积极进行，则权利将永丧而不可挽回。[1]"拥护参战权利团"团长莫善邻亦指出，对于罗案，国会及人民各方面均集注于阁员受贿之一点，而于合同之内容丧权卖国尚未深察。夫舞弊受贿不过图利私人，其罪小，丧权卖国，甘于媚外其罪大，彼犯之阁员，自有法律以纯其后，独是合同之损失权利，则国民直接受害，不可不特加注意。[2]此类认知尚多，充分反映时人对与罗案具有关联性的展期合同善后问题的关切。

以此作为背景，国会很快讨论并通过与奥款展期合同相关的决议。众议院1922年11月20日召开的第三期第八号常会上，在提出并通过查办罗文干等人议案的同时，有议员动议咨达政府，请将罗文干所订合同声明无效。当日众议院召开特别会议，表决结果，查办罗文干案以375人之大多数（到会403人）通过；声明展期合同无效案以391人之大多数（到会408人）通过。之后，众议院除咨请大总统依法查办罗案嫌疑人并将该合同宣告无

---

[1] 《一周国内大事纪略·阁潮》，《申报》1922年12月3日，星期增刊。
[2] 莫善邻：《罗文干所签整理德奥借款展期新合同撮要》（1922年11月23日），北洋政府陆军部档案（一〇一一）324，中国科学院历史研究所第三所南京史料整理处选辑《中国现代政治史资料汇编》（未刊稿，藏近代史研究所），第1辑第9册，无编辑时间，无页码。

效外，又电达政府，希查照办理。[1] 11月23日，《申报》刊登"罗案消息之别报"，详细报道了众议院通过查办罗文干案及宣布奥款合同无效案的消息。[2]

收到国会咨文后，国务院于12月8日召开国务会议，讨论农商总长李根源提出的取消展期合同议案，汪大燮认为非唯新订合同不能成立，即民五展期合同亦应废除，各阁员一致表示赞成，遂予通过。[3] 李根源当天致函吴景濂，谈及此事：

> 关于奥款合同事件，现经贵院提案咨达政府，自应有明白之表示。本日阁议，儒堂因鲁案接收事宜前赴青岛。经根源提出此项合同，关系国家权利，应行废止。且经国会提案咨达政府，废除此项合同，政府方面应有明白坚决之表示，方足以厌饫国民之希望。伯堂总理发言，谓此案当就职之时，已与外国顾问铎尔和谈及。沿国际惯例，非经主管部咨请外交部通知关系国公使，不能发生效力。况系债款合同，必须经国会通过，发行债票须经驻在国公使签字。今既未经此项手续，当然不能成立。即五年展期合同，亦应废除等语。态度极为剀切。

---

[1] 《众议院议长吴景濂等宣布议员余绍琴等提出查办罗文干案并议员李文熙等动议罗文干所订合同声明无效均经大多数可决电》（1922年11月23日），参议院公报科编《参议院公报》第3期第2册，1922年至1923年，公文，第51-53页；拂况：《罗案始末纪》上编，《互助》1923年第1卷第1期，第7页。

[2] 《国内要闻·罗案消息之别报》，《申报》1922年11月23日，第4版。

[3] 《财政部华义银行前奥款展期借款》引言，财政科学研究所、中国第二历史档案馆编《民国外债档案史料》第8册，档案出版社，1990，第442-443页；《罗案又开调查庭一次》，《申报》1923年6月20日，第7版。

当经全体决议。[1]

根据国务会议决议，次年 1 月 18 日，财政部致函安利洋行及奥债团代表，声明此前所订展期新合同经国会及国务会议否决，合同应归无效，表示"本部自应遵照办理"[2]。安利洋行于 22 日复函，声称不能接受。2 月 3 日，财政部为将奥款合同退还注销复函安利洋行，强调了中方认为合同无效的理由："查此次所订各合同已经国务会议议决应归无效，自应照办。即就手续而言，前项合同，本部并未咨行外交部正式函送关系国公使备案，当然不能认为成立。本部对于贵行一月二十二日函开各节，不能承认，业经函复声明在案。兹准前因，本部仍认定前函理由充足，无可变更。倘贵行再有异议，本部惟有采用公布手续，使前项合同归于无效之一法。"[3]

财政部复函所强调的"咨行外交部正式函送关系国公使备案"，系一非常重要的外交手续。事实上，外交手续是否具备早已成为涉外合同能否成立的法律要件。1914 年 5 月 1 日，财政部为使第三次借款成立，就曾致函外交部请将合同转知奥国公使。[4]

1　《阁议废除奥款合同之详情》，《晨报》1922 年 12 月 9 日，第 2 版。
2　《财政部为奥款展期等合同无效致安利洋行及奥债团代表函》（1923 年 1 月 18 日），北京民国政府财政部档案，1027<2>，1210<7>，收入财政科学研究所、中国第二历史档案馆编《民国外债档案史料》第 8 册，档案出版社，1990，第 460 页。
3　《财政部仍希将奥款展期合同退还注销复安利洋行巴克函》（1923 年 2 月 3 日），北京民国政府财政部档案，1027<2>，1210<9>，收入财政科学研究所、中国第二历史档案馆编《民国外债档案史料》第 8 册，档案出版社，1990，第 461 页。
4　《财政部希将借款合同转知奥国公使致外交部函》（1914 年 5 月 1 日），北京民国政府财政部档案，1027<2>，1174，收入财政科学研究所、中国第二历史档案馆编《民国外债档案史料》第 5 册，档案出版社，1990，第 108 页。

新展期合同缺少这一必备手续，当然不能认为已经成立，既未正式成立，取消则权操自我，无可非议。对于中方声明取消奥款展期合同之理由，时论曾做过论证，认为"向例对外签约，皆须外部出函证明，方生效力。此约外部尚未出函证明，认手续未完，有取消余地"。[1] 可见国会及国务会议议决展期合同无效，有充分的法律依据。[2]

然而法院判决罗文干等被告无罪，却将国会及国务院对于奥款展期合同的撤销决议，置于丧失法律基础的地位。因罗案与展期合同具有关联性，国会与国务会议议决展期合同无效，申诉的理由就包括罗文干等在签署合同中涉嫌受贿及伪造文书等犯罪，现在法庭判决罗文干等无罪，且检察机关撤回上诉，无异于从司法立场认定国会及国务会议的决定缺乏依据。其间虽涉及上位法（higher-level law）与下位法（lower-level law）的关系，但这是国内法的区分，并不适用于需要用国际公法（或私法）加以规范的问题。这就使债权国在奥款问题上与中方抗争处于有利地位，中方则自陷尴尬。

在债权人及其代理方面，合同甫行签字，尚未完备法律手续，就迫不及待，试图将生米煮成熟饭，把与罗签订的展期合同做成事实。阁议决定否认奥款新展期合同之后第六天（12月14），奥国四银团代表罗森达致函中国外、财两部，称展期合同已根据奥

---

[1] 《国内专电·北京电》，《申报》1922年12月9日，第3版。
[2] 直到罗案最终了结，国务院都坚持展期合同无效的立场。据报道："国务院复国会对于奥债案的质问，称此案阁议认为并未成立，当然在无效之列，无须由外交部向美使声明。"《国内专电·北京电》，《申报》1923年8月16日，第4版。

国四银团来电，遵照1922年11月14日部函办理，并将中方购货储存英金169.3277万镑及算至1922年12月31日止之利息连同复利，一并拨付史高达及海军造船两工厂。同日该二厂代表罗森达、高许厉致函中方，称已接二厂来电，嘱向中方声明，已遵照1922年11月14日部函将购货合同取消，并称奥国四银团亦遵照1922年11月14日部函，已将购货储存金连同利息、复利，一并交付该二工厂。外、财两部21日回复国务院称，"察核原函用意，似系报告履行签订合同之应有手续。应如何应付之处，理合缮具议案，提请公决。"[1] 外、财两部的回复语气，显然有些无可奈何，故转而提请国务院"公决"，而国务院作为中国的政府机关，又如何能"公决"涉及多国的合同纠纷呢？

值得注意的是，在罗案审理过程中，被告辩护律师刘崇佑曾以合同已由奥方实施无可更改为理由，声称国务会议决定不能成立。[2] 合同是否真如奥方银行团及厂商所说的那样已付诸实施，当然不能仅以奥方说法为据，但法院最终判决罗文干等无罪，则无疑从司法立场为奥方号称已履行展期合同提供了"合法性"支持。在这种情况下，中国政府宣布展期合同无效，也就成了对奥方没有约束力的自说自话。当众议院通过李根源等提出的宣布合同无

---

1 《外交财政两部为奥款展期事银团已照办理提交国务会议议案》（1922年12月21日），北京民国政府财政部档案，1027<2>，1210<1>，收入财政科学研究所、中国第二历史档案馆编《民国外债档案史料》第8册，档案出版社，1990，第458-459页。
2 《罗案又开调查庭一次》，《申报》1923年6月20日，第7版。刘崇佑进一步指出："况修正关税案，法国系十一年十一月十六日照会批准。意国系十一年十二月三十一日照会批准，而财政部第一次致函安利洋行，否认新合同，则为十二年一月十八日，彼之批准在前，我之通知取消，固在其后乎？贵厅如欲调查，请函询税务处即知。"引文出处同上。

效的议案时,《申报》就曾表达过中方宣布不能产生作用的担心,指出"众院昨日提案,宣布此合同无效,而究竟是谁无效,须听下回分解"[1]。不幸的是,"下回"的"分解"果然表明中方宣布的"无效"为无效,只是由于中方的坚持,未能将这种"无效"的事实加以承认。以后,展期合同也就作为中国与当事各国之间的一桩悬案,被搁置下来。

1925年夏,因办理意国庚子赔款应付余额事项,意使声明非将奥款悬案解决,无从谈判。财政部在李思浩主持下,于同年9月提经国务会议议决,将奥款展期合同及所取消购货合同予以修正。9月30日,中、意双方订立奥款展期合同附合同,作为修改1922年所订合同之附件,转行法、意两国公使备案。该合同第六条规定,中国政府允将1922年11月14日订立奥款展期合同及取消购货合同二件,除照本附合同第二条至第七条业已加以修改之外,其余完全有效。[2] 修正的新合同,截至1925年6月底,争回(或减消)原抛弃购货定金半数及本息等项计英金44.3426万镑16先令10便士。[3] 由于1922年所订之奥款展期合同曾送财政整理委员会审核办理,财政部特将此次签订之附合同续送该会,

---

1 《北京特约通信・奥款合同问题》,《申报》1922年11月24日,第4版。
2 《奥款展期合同附何时》(1925年9月30日),南京国民政府财政部档案,3<2>,4976<5>,收入财政科学研究所、中国第二历史档案馆编《民国外债档案史料》第8册,档案出版社,1990,第477页。
3 《财政部检送修正奥款展期正合同及附合同致财政整理会函》(1925年12月2日),南京国民政府财政部档案(三),30431,收入财政科学研究所、中国第二历史档案馆编《民国外债档案史料》第8册,档案出版社,1990,第478-479页。

并案办理。[1]

关于此项新合同签署的过程及细节内容,财政部一份呈文做了详细陈述。大意谓该部于 1925 年 5 月 25 日曾函达奥款持票人代表罗森达,提出三项解决办法:1. 中方从前所交付之定金,应全数归还中方;2. 新展期债额不能计算展期折扣;3. 关于担保品,查奥款七项内,前两项系以崇文门商税作抵,后五项系以契税作抵,展期以后之担保品应照原案划分办理。与此同时,财政部咨文外交部请转复意国公使接洽。对于中方主张,罗森达先是复函绝对否认,9 月 16 日罗森达到部会商,经财政部根据前提三点,嘱其重大让步。罗氏始则坚持,继允在中债额内减让英金 10 万镑。财部一再抗争,罗氏允将减让之款增至 20 万镑,仍未得要领。9 月 21 日双方继续磋商,财政部坚持原议,罗氏始为最后让步,允将前项已没收之购货定金 62 万余镑减让一半,连利息等项还给中国政府,即在总额内减抵,并将原指作担保品之崇文门商税取消,再将还本期限推迟二年。经再三争执,在无可通融的情况下,双方最终决定签换议定书,声明须将原订展期合同按照议定各节加以修正。[2] 此次谈判虽未完全达到中方设定的目标,却也争回部分奥款展期合同丧失的利益。

1933 年 7 月,南京国民政府为解决庚款案与意大利谈判。因欧战后奥国领土部分划归意国,且奥款的代理商转为华义银行,

---

1 《财政部华义银行前奥款展期借款》引言,财政科学研究所、中国第二历史档案馆编《民国外债档案史料》第 8 册,档案出版社,1990,第 442-443 页。
2 《财政部议定修正奥款原订展期合同事提交国务会议议案》(1925 年 9 月 22 日),北京民国政府财政部档案,1207<2>,1212,收入财政科学研究所、中国第二历史档案馆编《民国外债档案史料》第 8 册,档案出版社,1990,第 475-476 页。

谈判再度涉及奥国借款善后整理。双方商定，意方允将意国庚子赔款退还中国政府自由支配，中国政府则承诺将意国财政部现存之奥国借款债票及将来可从意国人民手中收回之同样债票，如数赎回。双方就奥债整理商定了原则和具体办法："其原则即只承认本金，展长付还年限，抛弃欠息，不生新息。而承认整理之本金，更应从最初所欠之本金为根据，其由利息展期而成之本金概不计入。"按照这一原则与方法重新计算，在全部定金抛弃的情况下，罗文干签订展期合同时中方所欠借款本金为432万镑；如果收回抛弃定金之一半，实欠本金则为英金400.8024万镑。若将扣去备付货款之存款用以冲抵欠息者收回，则实欠本金只有英金231.4747万镑。[1]较之罗文干所签合同确定的432万镑，少了200.5253万镑。[2]

李思浩通过谈判对展期合同所做修正及南京国民政府通过谈判重新整理奥债，反证当初罗文干所签合同存在严重问题，否则后来也没有提出重大修改的余地。因而，即便不考虑奥方涉嫌合同欺诈，也可得出当初国会对于罗文干的查办，是有着事实和法

---

[1] 《财政部公债司对奥款的分析意见》（1937年），南京国民政府财政部档案，3<2>，4664，收入财政科学研究所、中国第二历史档案馆编《民国外债档案史料》第8册，档案出版社，1990，第484-485页。

[2] 罗文干展期新合同第6条载明："本借款本金英金577.7190万镑，应自1923年1月1日算起，在十年内清还。"第11条载明："中国政府承认，每届付息时，所有应付息款外，另加所付息款总数之全额所得税，按照英国政府法定税率，届付款时合英金实征之数目也。即照英国政府征收居住英国人民在伦敦付款应收所得税数目，与所付息款同时一并交付。"第15条规定：本合同订立汉文、英文各四份，倘因词义不明致有争执时，应以英文为准。《奥款新展期合同》（1922年11月14日），北京民国政府财政部档案，1027<2>，1215，收入财政科学研究所、中国第二历史档案馆编《民国外债档案史料》第8册，档案出版社，1990，第451-454页。

律依据的判断。只是,在李思浩及南京国民政府公债司与意方签订新协议之前,法院已做出被告无罪的最后宣判,新协议所间接证明的原展期合同存在的问题,对罗案的最终判决,已不可能产生任何作用。

第四章
结　语

　　笔者对罗案的研究，分别从告诉程序的合法性辩证、案件审断与事实原委以及影响案件审理结果的内政外交因素展开，通过近乎不厌其详的事实揭发与逻辑梳理，可以归纳出以下结论：

　　就程序而言，罗案初起，告诉方确有不规范甚至违法的行为。吴景濂在国会尚未通过查办案的情况下冒以国会名义检举罗文干，即系违反"院法"。但自国会通过查办议案，国务会议议决再议罗案之后，这一程序错误已得到纠正。罗案正式起诉程序合法，已经为多方证明。然而，由于蔡元培等认为彭允彝提请国务会议声请再议罗案系干涉司法独立，以辞去北大校长职务相抗议，激起广泛的学潮、法潮与政潮，社会主流舆论完全为之左右，形成法庭之外强大的"院外审判"，极大改变了罗案检审的法律生态，加上政治、外交等因素的复杂作用，罗文干等被告最终被判无罪。这样的宣判，明显存在问题，受到以国会为主的原告方严重质疑。

就实体而言，国会对罗等提出的三项指控，均非无中生有：向壁虚构。受贿一层，检察机关未提起公诉，系遵循"疑罪从无"的司法原则，在现有证据不足的情况下做出的处分，可以认为是恰当的。但这并不意味着被告的犯罪嫌疑已不复存在，"疑罪从无"不能等同"无罪"。伪造公文书事实昭彰，奥款新展期合同，债权主体发生变化，加之取消购货合同、抛弃定金及改变税率等实质性改变，无异签订新合同，岂能以援例敷衍？国会对被告伪造公文书之犯罪指控，有充分理据。只因老于断谳经验的法庭抓住难以琢磨的"主观故意"做文章，被告才侥幸躲过这项指控。损害国家利益更是毫无疑义，且国家受损金额绝对不止法院及罗文干的辩护人所说的62万定金。笔者已证明，奥债合同涉嫌合同诈骗。由于存在合同欺诈嫌疑，加之奥国是第一次世界大战的战败国，中国是战胜国，因而中国完全有理由要求战争赔款及合同欺诈惩罚，并以赔款及罚款冲抵中国应该偿还的那部分奥款。罗文干身为国务要员，即便不知奥方是在搞合同欺诈，但无视唐在复公使多次电告的事实，在前任财政总长均不敢签订展期合同的情况下，贸然签订该合同，给国家造成数千万元华币的巨大损失，即便不是"图谋"损害国家，至少也涉嫌渎职犯罪。

显然，无论是从国会及检察机关控告的哪个方面看，法院判决都存在严重问题，无怪乎检察机关的上诉理由书会措辞强硬地提出不服判决的七项理由。[1] 然而，由于外交的巨大压力以及

---

1 《罗案上诉理由书》（中华民国十二年七月十二日），《法律评论》1923年第5期，第21-24页。

第四章 结　语

"6·13"政变后国内政治形势丕变,分别作为原、被告后台的保、洛达成政治妥协,加之亟需将顾维钧等外交系人物推出以应付外交局面,而顾维钧又明确以罗文干无罪释放为交换条件,于是造成为世人所知的罗案最终结局。

罗案虽已了结,历史虽已定格在京师地方法院对该案做出判决的1923年6月29日,却留下了许多问题,以待后人思考:

首先是国家如何实现庞德所说的建立"高度发展的政治法律制度"[1]即法制现代化的问题。在罗案检审中,捍卫司法独立被被告及其辩护人当作重要说辞,却凸显了与此相关的另外一个问题,即当司法机关为被告方控制并成为脱离监督的"独立"机关时,如何实现司法公正的问题。罗文干曾担任京师高等检察厅厅长和大理院院长,门生故吏遍天下,京师地方检审机关基本为被告置身其中的"法律系"控制。加之"外交系、法系、洛系学阀打成一片"[2],可以说,被告方势力已强大到有理由让人担忧其自身就在破坏司法独立的程度。[3]

在社会学意义上,原告与被告之间的官司乃是一种"不对称冲突"(asymmetric conflict),一群虽有一定军政力量支持却被视

---

1 〔美〕庞德:《近代司法的问题》(1947年11月5日),王健编《西法东渐:外国人与中国法的近代变迁》,中国政法大学出版社,2001,第461页。
2 《国内专电·北京电》,《申报》1922年11月25日,第3版。
3 孟德斯鸠就曾指出:"如果司法权不同立法权和行政权分立,自由也就不存在了。如果司法权同立法权合而为一,则将对公民的生命和自由施行专断的权力,因为法官就是立法者。如果司法权同行政权合而为一,法官便将握有压迫者的力量。"更为可怕的是,"如果同一个人或是由重要人物、贵族或平民组成的同一个机关行使这三种权力,即制定法律权、执行公共决议权和裁判私人犯罪或争讼权,则一切便都完了。"〔法〕孟德斯鸠:《论法的精神(上)》,张雁深译,商务印书馆,1961,第156页。

为"法盲"者遇到了一伙精通法律、掌握司法机器并同样有军政力量支持的人，其"法律"较量的结果，可想而知。鉴于可能面临的被动局面，原告方曾提出组织特别法庭审理或实施转移审判的主张。然而，由于《临时约法》有关特别法庭组织的规定仅针对总统犯罪，对罗文干这一级别的官吏并不适用，转移审判主张，在军阀割据的形势下，没有实施的条件，而被告自己主张的交由平政院审理的办法，意在将刑事案件当作行政违法处置，又不为原告方采纳。于是罗案几乎是在没有实施回避的情况下，由罗"势力范围"内的京师地方检审两厅"独立"完成司法程序，连罗文干的得意门生胡宝麟也担任了罗案的执行检察官，司法公正如何能够实现？

具有讽刺意味的是，以捍卫"司法独立"相标榜的被告及辩护人，在案件检审过程中，却一直在运用司法外的力量，对案件审理实施干涉。其中蔡元培等人的作用尤其明显。蔡等批评国会及国务会议"声请再议"罗案及司法部按照国务会议决议指令检察机关续行侦查是破坏"司法独立"，不知国会及国务会议干预的只是属于司法行政的检察机关的作为，而非真正意义的"司法"，这种干预是有《法院编制法》作为依据的。某种意义上，蔡元培以辞职抗议激起舆论反抗的方式插手案件审理，才干扰了司法判决。但蔡却以捍卫"司法独立"为标榜，引起巨大的舆论共鸣，这反映出时人对"司法独立"内涵的理解尚存在很大偏颇。

其次是如何遵守国际法准则，同时最大限度地维护国家民族利益的问题。在罗案审理过程中，被告及其辩护人总是拿"国际法"说事，指责原告方是想"赖债"，使原告处于极为被动的局

第四章 结 语

面。然而当事人明显忽略了，第一次世界大战前后，所谓"国际法"的国际性极为有限，为各国公认的国际关系准则迟至"二战"之后才逐渐形成，但也处于不断调整的动态发展之中。民初现实中的"国际法"大致由国家间的条约或协议组成，具有特殊的针对性，就连巴黎和会达成的《凡尔赛协议》及华盛顿会议通过的《九国公约》，也是为特定国家及国家集团利益服务的。法国不顾战后达成的协议，公然出兵占领德国鲁尔地区，就是追求国家利益的体现。中国欲摆脱前近代时期的孤立状态，成为国际社会一员，当然要遵守国际法则。但在各国"协而谋我"的局面并未根本改变的国际关系格局中，中国的当务之急显然不是"守约"即遵守国际法则，而是通过外交谈判"改约"或通过非常手段"废约"。事实上，北洋时期，突破"国际法"维系的既有国际关系体系的任务已提上中国政治的日程。面对不尽合理的国际法体系，将自己置于"守"与"违"之间，从而最大限度地争取国家民族利益，才是中国的外交正路。因而，不仅罗案原告方提出的奥国债款应考虑以战争赔款作为抵偿，所有近代中外战争，只要可能，中国都应该要求赔款，才符合国家民族的利益。那种基于传统道德而刻意表现的对充满险恶欺诈的国际合约的"信守"以及对具有发动战争罪恶的战败国的"宽容大度"，必将养痈遗患，是对国家民族利益的最大伤害。从这一立场反观罗文干办理奥款展期合同，可以看到明显的与民族主义潮流不甚吻合的处置。

最后是如何处理政治与法律的关系问题。清人何元晋撰宝光寺正殿联曰："世上人法无定法然后知非法法也，天下事了犹未了不妨以不了了之。"¹ 此虽禅语,用于认识民初法律政治关系的基本状况,也大致适合。罗案的最大困惑是法政纠结。罗案之所以最终不了了之,就是因为政治的作用。政治有激烈争斗,但更多的则是当事各方的政治妥协,"不了了之"的政治文化由是产生。这种文化古代就有,近代尤甚。孟森认为,由今之道,无变今之俗,所谓彻底解决均是空话,故提出"解决国事以不彻底为彻底"的主张。²"以不彻底为彻底"就是不了了之。孟森所言,虽系针对总统国会诸问题而发,用于说明罗案,亦颇适宜。

从技术操作层面观察,对于罗案,要想"彻底"追究也有困难。罗案办理过程中曾牵出交通总长高恩洪为罗打掩护及交通部与财政部勾结,与比利时营业公司签订购买包宁铁路材料合同一案,其中涉嫌严重损害国家利益及为交通部谋取集团利益的问题。³ 对此,国会曾提出查办案。⁴ 但高却理直气壮地表示:"如此办理,凡历任财、交两长除在职不久与未办内外借款合同者外,其余均须入狱,以示法律平等,不能以不咎既往一语抹煞。"⁵ 高氏所言,给原告方出了一个天大难题,在当时的政治条件下,能够将历届

1　联见新都宝光寺大雄宝殿。
2　心史:《解决国事以不彻底为彻底》,《申报》1923年7月9日,第3版。
3　《国内要闻·国会咨请查办高罗》,《申报》1922年12月5日,第4版。(案:此项咨文内容,《申报》于数日之内,以国内要闻及吴景濂通电的形式,两次全文刊布,可见其对该文的重视。第二次刊布见申报12月8日第3版"公电"。)关于该合同借款的用途及铁路建设的情况,参见李占才《中国铁路史(1876—1949)》,汕头大学出版社,1994,第228页。
4　《众议院通过高罗查办案》,《申报》1922年12月8日,第6版。
5　《国内专电·北京电》,《申报》1922年12月11日,第3版。

财政总长都绳之以法吗？所谓"法不制众"，某种程度上，是因为贪腐渎职已成为普遍现象，无法单独惩办罗文干，才造成了罗案不了了之的最终结局。因而一个政府若真要惩治贪腐官吏仍须从国家的制度建设这一根本入手，否则还会面临一用法就须"制众"却又无法"制众"的尴尬局面。

罗案虽以原告败诉而结束，但该案客观上却给官场处理借款及涉外利益事件以严重警示。罗案发生后，"鲁案"的处置就以"请国会承认"为法律手续，[1] 而不是步罗文干后尘，绕开国会直接与外方交涉。金法郎案经国会反对，也迟迟没有通过，后来政府试图强行通过，也激起各方强烈反对。黄郛就任外长后，第一件公事即签订金法郎协议，他曾对马叙伦说："我当时拿笔，手为之抖"，"盖虑步钧任（罗文干）后尘也"。[2] 鉴于奥款展期合同秘密签署引发官司的教训，之后中国与外国签订协议，往往避免秘密进行。如"俄代表列别叠夫致函外部，俄蒙签押协议，并非秘密，系公开手续"[3]。熊希龄上黄陂书提出的解决内外债及对外赔款的办法之一，是"自行成立整理内外债委员会，公同讨论"，认为"从前财部为清理内外债，莫不受有嫌疑，酿成祸狱，今既由会公开，中外相见，主持公判，自不致生谣谤"[4]。这些事实证明，罗案原告虽输了官司，但对中国后来的对外交涉，还是起到了一定的积极

---

1 《鲁案将直接请国会承认》，《晨报》1922年11月30日，第3版。
2 马叙伦：《石屋余沈》，上海书店，1984，第55-56页。
3 《国内专电·北京电》，《申报》1922年12月3日，第3版。
4 《国内要闻二·财政会议讨论内外债问题》，《申报》1923年1月18日，第6版。

作用。

而这一"积极"作用的发挥,是否可以反过来证明,罗文干签订奥款展期合同具有"消极"作用,从而证明当初法院对被告的无罪判决多少存在问题呢?

附 录
罗文干案部分重要资料辑录[1]

1. 京师地方检察厅侦察罗文干等办理奥款展期合同取消购货合同一案不起诉处分书

……(案由略)本厅并案侦查,现已终结,兹特分别说明如左:

第一,关于受贿部分。查吴、张原件内称,德奥奸商存款运动,并由华义银行在预存之运动费内付来人手续费支票两纸,计1564号支票三万镑,又1565号支票五千镑,外有财政部盖印,罗文干签字之八万镑支票等语。本厅查案内支票三纸,吴、张原件所称交付来人,手续费既未指定来人为何人,其八万镑支票一纸,亦未说明何种用费,交付何人,惟既称外商运动财政当局,又称该总长利令智昏,又称该代表等与黄体濂密谋以巨款要求罗

---

[1] 资料辑录的楷体部分为本书作者所加。

文干签订合同等语。则此支票三纸当系指为罗文干、黄体濂受贿之证据。本厅查三万镑及五千镑两款，华义银行确曾签发此项支票。惟是否由何方预存之运动费内支拨，讯据罗文干、黄体濂，佥称完全不知此事。传讯奥债团代表罗森达，据称三万镑支票系签付安利洋行经理巴克之手续费，五千镑支票系签付安利洋行买办之手续费。又讯据巴克供称，中奥借款系由瑞记洋行经手，安利洋行继承瑞记，我是安利洋行经理，此次订立合同，由我作中，故奥债团代表给我三万镑手续费，并给我洋行买办五千镑手续费。因金镑在北京不便出卖，故先汇上海，折换现洋后汇北京各等语。复经致函外交部照会意、英两公使代为调查详情。旋准意使复称，询明罗森达柯索利及华义银行经理宝德孙甘等无异，并经查究该行账簿等，据认为罗森达柯索利以及华义银行确系公正端严之行动。复由英使取具巴克证明书，转送到厅，切实声明此两款支票，纯属安利洋行与债团间之私事，此外又未发见何等实据，足以证明此三万五千镑之款实系奥债团用以行贿中国财政当局。可见此项支票不能认为罗文干黄体濂受贿之证据。至八万镑支票一纸，经本厅检察奥款案卷，确有此事。讯据罗文干黄体濂供称，此项支票乃系奥债团按照合同应付我国之款。奥债团代表罗森达供亦相同。复经函请外交部照会意国公使要求允许本厅派员前往华义银行询问检察。旋准意使复称，曾向该债团代表罗森达柯索利二名审问，据称伊等确于合同签字之后给予库藏司司长黄体濂1563号支票八万镑现款一纸，票面录明收执者系财政部。此项金款，即系以符遵合同之所订，并声明决未交给何等贿款等情。复同时审问华义银行经理宝德孙甘等，并详细考究该银行账簿等，据亦与上开各等因无异。检察厅实地盘查，实无何等裨益等语。此为八万镑支票之收付情形。复讯据罗文干黄体濂供称,此八万镑系此次结算复利及所得税所生的差额之一部分等语。查核奥款原卷,此次磋商展期合同,双方争执复利结算期限及所得税税率,相差之额合三十万镑有奇。嗣经中人调停,此项差额双方各担半数,奥债团分担之十五万余镑由总债额上扣除七万余镑外,奥债团应支付我国现金八万镑。此为八万镑之来源。复讯据罗文干黄体濂供称,此八万镑已收中币六十六万八千元,除交通部拨支五十万元偿还广九借款外,余十六万八千元现存中国银行。黄体濂供称,财政部收到八万镑支票后,经总长签字盖用部印委托安利洋行往上海折卖现洋……。总之,此八万镑支票既系根据合同由奥债团正式交付由财政部正式收入,复由财政部正式支出,始终与罗文干黄体濂私人无关系,其非受贿,自无可疑。

第二,关于伪造公文书部分。查吴、张原件内称,公债之募集及订立国库有负担之契约须依约法交国会同意,该总长竟私订契约。又原合同中有经大总统批准国务会议通过云云,迭经与阁员谈话并面询大总统,确无其事,该总长擅敢妄订等语。原件所称,虽未指明其触犯何罪,按之刑事法似系认为有伪造公文书之嫌疑。本厅查刑律第二百四十条伪造公文书之罪系以虚构事实为必要条件,罗文干等此次订立奥款合同是否有虚构事实情形,应就合同案文加以审究。该合同第三条载"前项借款合同(指原合同)之条款财政总长已奉大总统命令核准即声明本合同为前项合同之附件并未解决前项借款合同发生之各问题而立,自应仍认为系遵照大总统前次命令及所核准之条款而办理者"。第四条载"财政总长应请外交部正式通知驻华法国公使及意国公使,声明本合同系照第三条所言已经内阁同意并由大总统颁令准许后始行订立"云云。仅就第四条末段断章取义,一若内阁同意及大总统令准之程序业已履行,然同条上文既声明系照第三条所言而第三条又明载仍应认为字样,是不啻明白表示此项程序实未履行,核与虚构事实要件不合,即难认为伪造。惟查此项合同关系重大,罗文干办理此事并不履行法定程序遽与订约,实不得谓为合法。国人责难,并非无因。当经讯据罗文干供称,此次合同条文,全系公债司拟办,除新订条件修改外,余均依旧合同起草。又传讯公债司司长钱懋勋供称,奥款前后七项,前清借款二项不知如何办法,民国以后借款四项及展期一项,俱未经国会同意及阁议通过总统批准,此次新订合同第三第四两条均系照抄旧合同(指五年展期合同)各等语。本厅检阅五年展期合同,实系如此规定。推罗文干等辩护之意,不过谓沿用旧案即可卸责,不知旧案是否合法系属另一问题。此次订立展期合同,自应依法办理,何得以旧案为借口。就行政上责任言之,实难辞咎。惟此种违法既非构成犯罪,本厅自应毋庸置议。

第三,关于损害国家财产部分(原文太长,仅列目录及第二条全文)

(一)奥国债款与德无关及财政部此次计算债额方法。……
(二)奥款是否一部失效及应否抵偿赔款。查奥款债票系由奥债团代中国政府在欧洲发行。当时购买者本不限定奥国人民,因此他国人民之持有此项债票者亦甚多。自经对奥宣战以后,奥债本息一律停付,协约及中立国人民持有此项债票者纷向我国驻英公使催索(因合同明定在伦敦付款),财政部不得已,直至民国八年始电商驻英施使,议定办法,凡前项协约及中立国人民所执债票,如在民国四年六月以前曾在驻英使馆挂号者,均认为有效,此外间所传部定限制办法是也。至其挂号票数，历经财政部函询驻英使馆，迄未声复。惟卷查九年五月十四日驻英施使来电，内称清还奥债约计须筹七十万至一百万镑，此数包括已在使馆挂号票户及确因战事未能前来挂号者而言。至奥国银行寄存伦敦之债票被英政府没收者，不在此"约计"之内等语。上列约数有何根据不得而知，但既称不限于挂号之票户，则未挂号之债票自非作为无效。盖部定办法所谓有效二字，系表示挂号债票在宣战中不停止效力之意。依此推论，其未挂号之债票亦只能认为宣战中停止效力而已，不得谓为根本无效也。况按之国际公法，凡国家债票为敌国人民所持者，不得因战争之故而没收之，为国际法学者之通说，则此项债款不得因对奥宣战而遽谓可毋庸偿还，尤无可疑。至应否抵偿赔款一节，吴、张原件内称此项债款概作赔偿，经巴黎和会议决有案，本厅检阅奥约，实无此项规定。复经函查外交部原案，据复相同。可见奥债抵偿赔款之说，实无根据。再查奥约第二百四十八条，虽有协约或参战国间债务应彼此结账抵销及抵账余款应有债务国交付现金之规定。然奥国既无欠我之款，而对奥应索之战事赔款又因各国一律主张缓办，自无抵销之可言。今即退一步言之，谓可以抵偿赔款，亦必以奥国人民所持之债票为断。查此项债票，虽其大部分为奥国人民所购买，而在英法等国人民手中者亦复不少。嗣以和约关系，领土变更，奥国人民改隶意大利与萨哥士挪霍国籍者甚多。此类人民既因奥约第二百四十九条之规定，不得视作奥国人民，而其所持此项债票又实占债额百分之七十五，其余额百分之二十五尚有属于英、法两国人民者，故此项债票现在奥国人民手中者实为极少数，我国纵欲主张抵偿，按之情势，实亦有所不能也。（三）展期合同应否订立及应否订立于今日……。(四)展期合同内容之利害若何……。(五)购货合同应否取消……。(六)是否构成刑律第三百八十六条之罪……。

依上论结,罗文干黄体濂关于订立奥款展期合同及取消购货合同,或犯罪嫌疑不足,或行为不构成犯罪。依刑事诉讼条例第二百四十九条第二款第三款规定,应予以不起诉之处分。民国十二年一月十一日。[1]

2. 陈则民告诉状

告因对奥借款损害国家财产请求侦察起诉事。(一)事实。查自前清宣统三年至民国三年间,我国曾向奥银团借款六项,总额英金四百七十五万镑,系以崇文门商税及契税为担保。内有二项,订明为购货之用,即在原借款项下扣留英金二百三十一万七千二百二十八镑,该六项奥款原定利息周年六厘,还本付息,在伦敦举行,故所得税亦由英国担任。截至民国四年六月,各款应付本息及所得税均经照拨外,其同年十二月到期之款仅付利息及所得税,所有本金仅余一百二十三万三千镑之数。兹据财政部发表之奥款合同案节略,内载截至民国五年十二月,该项本金之本利合成一百八十二万九千八百十四镑有零。截止民国十年,仅本金一项不计利息,已达四百三十二万镑,故此项奥款展期合同所载债额,乃为五百七十七万七千一百九十镑,计超过民国四年所有本金在四百五十四万四千余镑以上。且在前

---

[1]《京师地方检察厅侦察罗文干等办理奥款展期合同取消购货合同一案不起诉处分书》,《政府公报》处分书,1923 年 1 月 14 日第 2459 号,第 196 册,第 176-184 页。

财长周自齐任内,所有本金所订展期合同对于一百二十三万三千镑本金,载明至五年拨还,每年分还二十五万镑,至末一年则还二十三万三千镑。被告此次所订合同,虽展期为十年,而每年分还之数为五十七万七千七百十九镑,比较原订合同所负债额超过四倍以上。财部节略则谓此五百七十七万七千余镑之借款数目,即由民国四年以后历年到期本息及所得税之总数所生,实使国家损失过巨。此项事实,均有财部之公文及各项公布之合同印本为证。购货合同之债额为英金二百三十一万七千而在二十八镑,以六十二万三千九百五十一镑拨付第一批定款,其余一百六十九万三千二百七十七元留作备付货款之用。此项货物本指名为军舰军械,然奥商始终未能如期交货,延迟责任,应由奥商承负,我国因迟延交货而损失之一百六十九万三千余镑之利息,即不责奥商赔偿,亦万无因彼方之不能或迟延交货之原因,反使我因抛弃定款担负六十二万三千余镑损失之理。且当奥商商议取消此项交货合同之时,本提有条件。据被告咨呈国务总理文中所叙:1.倘中国政府不愿再购军用物品,可换交他项货物;2.苟取消合同,中国政府须抛弃已给之第一批定款。政府本可选择较优之条件,决无绝对抛弃此六十二万二千余镑之必要。且据意使署复电,证明中国所定之船,已成之货,均于十八个月前折售,该厂并无损失等语,则我国此时一方担负一百六十九万余镑之利息,一方复抛弃六十二万二千余镑应收回之利益,实使国家所受损害太巨。此项事实,亦均有财部各项文书可证。(二)理由。据以上所列二项事实,被告实不能不负处理公务图利第三人损害国家财产之责任。因依据现行刑律及现行刑诉条例,具状告发,即请钧厅票传被告罗文干,迅付侦察,提起公诉,实为公便。谨呈京师地方监察厅。物证当厅呈验。[1]

3. 国务院声请再议罗案理由书

查前财政总长罗文干暨财政部库藏司长黄体濂等,因犯渎职诈财及伪造公文书等罪,由大总统令交法庭讯办,当谕京师警察总监将罗文干等送交京师地方检察厅,依法拘押,实行侦察起诉,并由国务院将众议院议长吴景濂张伯烈等所具函件,及说明书合同撮要等件,函交京师地检厅,请其依法检察在案。……忽于本年1月14日见政府公报载有地检厅对于罗文干等宣告不起诉之处分书一件……即行开释。……本院在约法上有辅佐元首代表国家之权责,国家既受损害,即应依法声请再议,以资救济。兹将声请再议之理由,详列如左:

查罗文干等触犯罪刑,略分三种:一为渎职罪;二为伪造公文书罪,三为诈财罪。检厅对于受贿部分,认为不起诉之理由,不过根据奥债团代表等行贿人之供词,略谓交付来人手续费支票二纸,3万5千镑,系给予安利洋行经理及买办之手续费,与罗文干无干。其8万镑支票一张,由罗文干亲自签收者,亦以财政部名义签收,实为奥债权团代表应给还我国结算利率期限所生之差额,确非收受贿款云云。不知奥债权代表罗森达、柯索利暨巴克等,皆债权者一方行贿之人,均有共犯嫌疑,其言不足采为证据。罗、黄等身为被告,更不待言。何得仅据此种供证,认为即非受贿?况我国与奥债团订立展期合同,因双方所算欠款总额,多寡不同,

---

[1] 《陈则民告诉状》,拂况:《罗案始末纪》上编,《互助》1923年第1卷第1期,第28-30页。

经中调和，于奥债团所算债额5271037镑，减去我国所算债额4967905镑，而得两数之差额为30万余镑。就此差额，以二除之，两方各分担半数为15万余镑。质言之，即就奥债团所算总额减去15万余镑，我国所算总额加入15万余镑，则双方所算价额适得其平。同为5119471镑有奇，是为我国应负之债额。此次罗文干订立展期合同，何以不照此总额签约，必求奥债团交付8万镑现金，又于511万余镑内加入8万镑，而以519万余镑为欠款总额。奥债团为债权人，我国为债务人，我方无款偿债，要求展期，债权人不惟不索偿现金，反以现金给我，是必取得合同之大利，不惜少数之报酬，不然双方订立合同，于约定总额外，给付小数现金，情节奇离，殊不可解。况查3万5千镑支票，仅云交付来人，究竟何人收受？不得仅据行贿人之供词以为认定之基础，8万镑现金之交付，展期合同并未订有明文，亦未声明交付差额，是此项支票，是否受贿，应查其收款存账，及转付交通部中国银行各日期，有无发觉以后改易账目，湮灭罪证各情形，始能断定其是否犯罪。地检厅何得仅采被告及共犯人等之供述，遽行认为无罪。此关于受贿部分失当，不能不声请再议者一。

检厅对于伪造公文书部分，认为不起诉之理由，不过以此种行为，仅负行政上之责任，虽然违法，当不成立罪名，且谓合同上虚伪之事实，已经明白表示，即与虚构事实不合。此认定罗文干不犯伪造公文书罪，殊非正当解释。查刑律240条以官员明知虚伪之事实，据以制作文书为要件，不限于自己虚构事实。本案罗文干订立展期合同第三条，明载前项借款合同之条款，财政总长已奉大总统命令核准，即声明合同为此项合同之附件所发生之问题而立，自应仍认为系遵照大总统前次命令及所核准之各条款而办理者等语。其第四条明载财政总长应请外交部正式通知驻华法国公使及美（英？）国公使，声明本合同依照第三条所言，已经内阁同意，乃竟诈称已经批准，已经同意，即系明知虚伪之事实，据以制作所掌文书，触犯刑律，了无疑义。乌得曲为解免？且查五年展期合同，纯是到期借款应还本利之合同，情形本系相同。罗文干此次所订展期合同，于前次所订展期合同所订债额外，包括六种合同在内，有修改前订合同取消合同之事实，债额加至570余万镑，并将债权主体易为华义银行，于前各合同六厘息上，一律改为八厘，又认到期利息上之复利，皆前合同所无，且故抛弃购货先交之定金60万镑，使国家受此重大损害，明系改定合同，何以伪称合同之附件？竟不经国务院同意，大总统批准，私与外人订立，其为虚构事实，伪造所掌文书，更难强为辩解。检厅侦察此案，关于伪称附件一节，弃而不采，此种事实，尤为罗等犯罪未经侦察之新证，此关于伪造公文书罪部分处分书不当，不能不声请再议者二。

至于损害国家财产部分，情节复杂，地检厅施行侦察处分，事涉含混，遗漏实多，姑就该厅侦察所及言之。罗文干所定展期合同总债额，多至577万7千余镑，其中损害国家之点，可分为五：一为加重利息。查前订合同皆系年利六厘，虽五年展期合同有一小部分改为年利八厘，然其第15款尚明定中国政府购买货物之款，须存放各该银行者，须认同样之利率。今所订展期合同，将前定各种借款一律加为年利八厘，而奥债团所偿还我之存款，虽前合同上明认为八厘者，亦以年利六厘计算，损己利人，于此可见。地检厅侦察及此，亦谓变更原约为不合，期内利率一律增加为□是，惟该公债司长供述，以外人援五年展期合同加利之例，要求一律加为八厘，甚为坚执，财政部力争不获，始予承认，实属不无理由。二为复利。查利上重认复利，皆前此各种合同所无，此次展期，正可根据前之合同，据理力争，何得单徇外人之私意，开此恶例，使国家受此重损，检厅特援少数国库券之例外，为被告开脱，亦有未合。三为新债九折。查前此展期合同，本以新债抵偿旧债，且加重确实之担保品，外人自必乐为引受。况购货合同各债款，我国应否如数全偿，尚待严密之考虑，此项债券，在外国行市极为低落，即令旧债一律有效，何至旧债则作十数，新债则作九折？一增一减，国家损失多至60余万镑。检厅徒以我国不能偿还现金之故，不得不承认外人之要求，且援九六新债与此情形迥别之例外，为被告曲恕，亦难认为允当。四为（略去）。五为取消购货合同及抛弃定银60余万镑。查购货合同内分多款，皆民二三年间前后向奥商购买军舰及军械子弹所定之合同，均以交货为条件。此种合同本由陆海军部主任订定，约有交货期限。内有一款，曾交定金60万镑，并存留现款160余万镑，以为交付代价之用。似此合同一方负交货之义务，一方负偿还代价及交货后利息之义务，与普通借款性质不同。嗣因欧战发生与奥商不能如期交货，我亦未偿债务。以理而论，违约之责，属于奥商，我尚有解除契约要求损害赔偿，或仍要求交货之各种选择权。虽五年展期合同，明定对于购货合同，不得以应交之货缓交付之故，有所要求或处罚，亦系以欧战期内为限。故其第二项切实声明以上各合同所载详细条件，均认为完全有效，惟其交货日期，未能按照原约办理，应俟欧战终结，从速交货。是展期合同并非完全抛弃期限，奥商亦应于欧战终结之时，照约交货，方与合同相符。乃自展期合同至今，已逾六七年，尚未交货，违约之责仍属奥商。

今与奥商订立展期合同，不惟不与奥商要求赔偿，反将利息加重，并认复利，及赔偿奥船厂工程上之损失，抛弃定金60余万镑，究竟是何居心？况购货合同本由海陆军部订立，应将合同详细条件，切实考察，与海陆军两部协商取消合同与要求交货，孰为有利，乃能再行定夺。何得私自取消，仅交海陆军查照，其为阴图厚利，窃恐他部干涉，情节显然。且就检厅侦察所及，财政部对于船厂工程上之损害，是否与奥债团所言相符？曾密电驻意公使查复，据复各节，实与奥人所言不符。现方再电详查，应俟得其确实报告，乃能订约。今罗文干竟不待其查复，急行咨询外交部，据其无责任之转述，谓奥商损失证明，有意国外交部公文证明属实，遽抛弃60余万镑定金，将合同取消，既不咨商海陆军两部，又不稍待使馆查复，偏徇外人主张，抛弃定金，使国家受此损失，不能谓无犯罪决心。检厅侦察此款，亦明知国家受损过巨，乃以罗文干等图利自己或第二人或图害国家之目的，不能证明，遽予认为无罪，不知全部合同，明明损害国家财产，罗文干不惜违反种种法定程序，决然定此非法之合同，实有图损害国家之故意，何得谓其目的不能证明？况检厅对于五年展期第15款第2项，于被告最为不利之点，则置而不论。对于购货合同详细条件，亦未切实调查，皆为本案未实行侦察之新证，何得一概抹煞，不予起诉？此关于损害国家部分处分失当，不能不声请再议者三。

再查此次展期合同第8条规明定，以北京崇文门商税及契税岁收为确实之担保。若本息之全部或一部，于到期后不能交付，此项担保品应由法国公使与意国公使委派第三方管理。尤为前次合同所无，罗文干等以急欲订立合同之故，不惜变本加厉，将国家一部分之主权，轻轻送与外人，国家受害莫大，于此谓无图害国家之故意，其谁能信？检厅关于此节，并未侦察及此，尤属疏漏。依上诉理由，本案应照刑事诉讼条例第252条之规定，送由该厅向上级检察厅长依法声请再议。此咨京师地方检察厅。[1]

4. 国务院声请再议罗案之由来

罗文干、黄体濂二人，因前日司法总长程克命令地方检察厅再行拘押，遂于前晚八时三人看守所矣。程克何以下此部令，内幕甚为复杂。直接原因似由彭允彝前日在国务特别会议席上，提出命检厅再议所致。闻彭是日提议大意谓奥债一案，国家损失达数千万元之巨。检厅处分书，诸多含糊之点，若不彻底审究，无以明真相，而儆官邪。国务院为国家代表，应即代表国家为告诉人，向检厅声请再议。而对于此种手续所根据的刑事诉讼条例条文，亦曾加以说明。张绍曾因吴、张诸人迫促，无法开交，一闻彭言，自极赞成，当即令程克照办。而程亦正欲设法见好吴、张一派议员，更乐得两面讨好，于是部令遂于前晚六时前后，送达检厅，而罗黄二人又为阶下囚矣。……昨日阁议例会，彭乃出其议案底稿，提交阁议。闻该稿系出素以曲解法律大家著称之张耀曾手笔。原文如左：奥款展期合同，叠经国会及国务会议否认，今罗案与此项合同，有直接关系，地方监察厅，竟宣告诉讼不成立，认为于国家有莫大损害。依刑事诉讼条例第220条及252条、254条，本院应代表国家为告诉人，请求再议。（刑事诉讼条例：第220条，被害人之法定代表人保佐人或配偶者得独立告诉。第

---

[1] 《国务院请求再议罗案之理由》，《申报》1923年2月5日，第6版，第188册，第704页。

252 条，告诉人接受不起诉之处分书后，得于 7 日内，经由原检察官向上级检察长，声请再议。第 254 条，上级检察长，认为声请有理由者，应分别为左列处分：一、侦察处分未完备者，命令下级检察官续行侦察；二、侦察处分已完备者，命令下级检察官起诉。）国务员声请再议之公文，已交由司法部办稿，尽于 18 日以前，送交地方监察厅云。[1]

5. 教育总长彭允彝对于北大校长蔡元培辞职之通电

……（受总统推荐任教长）到任之始，即见罗案诉讼不成立之宣告。时国会愤激，舆论哗然，佥以内阁不能负责相诘难。允彝目击国会与政府又呈冲突之险象，而奥款展期合同又迭经国会与国务会议否认，罗案与此项合同既有直接关系，若诉讼不能成立，国家应立受莫大损害，且法庭告诉人声请再议之期，不得过七日，情势急迫，允彝认此为重大国务，故以国务员资格在国务会议提议，经全体国务员议决，交由司法部检核办理。不意北京大学校长蔡元培为袒罗故，竟以破坏司法独立蹂躏人权等词，呈请大总统辞职。查声请再议，本告诉人一种权利，此案既显然损害国家，国务院为代表国家执行政务机关，国务员为国务会议中之一员，依法提议，责所当然。至再议后如何侦查如何处分，其权仍在法庭，何谓破坏司法独立？虽经再议，诉讼应否成立，自可依法办理，何为蹂躏人权？以国务员商议国务，何为侵越权限？国会为代表民意机关，对于罗案屡有提议，自应郑重办理，何谓

---

[1] 《国务院声请再议罗案之由来》，《晨报》1923 年 1 月 17 日，第 2 版。

见好一般政客以为同意案之条件？若果如蔡校长所云，国务员对于国务不能置议，蔑视国会而不顾，目睹国家蒙受损害而不理，如此即可见好士林，不受国人与天良之谴责乎？蔡校长身为国家最高学府表率，且曾任最高行政长官，乃亦发出此不规律之言论，实深惋惜。且允彝以国务员议国政则被蔡校长任意指责，而蔡校长以校长资格横干国政又将何说之词？允彝不自量度，妄欲整顿学风，为国家自效，不料国立大学校长亦出位越轨如此，瞻念前途，至为可痛。[1]

6. 东省法院反对罗案再议

哈尔滨东省特别区法院反对罗案再议，本月十日再开全体职员会议，其态度比前益为愤慨，其原因有种种：一因对政府复电之大不满意，二因京师各高级法官皆陆续更动，该院人员疑为系做成清一色以布置罗案；三因近日俄文报纸因罗案违法屡肆讥评，该院人员身当其境，大受刺激。开会之结果多数本主张罢工，惟厅长等因该院有关国际关系，尚须审慎出之，遂再电政府重申前请，如再无觉悟，则拟即全体去职。兹录其通电如下：

罗案再议违法，同人等于上月堪日电司法部，请为纠正，并电达在案。昨奉法部佳电，阅之不胜骇异："罗案正在声请再议中，该管上级检察长，自能为适法制解决，该区域法院同人，远隔一方，于此案经过情形，未曾寓目，何以知自始无合法告诉人？又何以知无声请再议之余地？此案再议，原有声请之人，何谓命令再议？

---

[1] 《教育总长彭允彝对于北大校长蔡元培辞职之通电》，《顺天时报》1923年1月19日，《史料外编》第10册，广西师范大学出版社，1997，第497页。

刑事不起诉之被告，在再议期限，遇有必要情形，得命羁押，本为法之所许，何谓蹂躏法权？至电末请将特别法院停办等语，尤为无理要挟。法院人员，夙研法律，所言所行，自宜一准诸法令，对于不在管辖范围以内之案，越权干预，对于监督机关，肆意要挟，不审于法有何依据，法院人员而有此越轨之言动，将来华会委员来华考察，是否不致贻讥，同人试一再深思，谅无不爽然自失者。迷途未远，尚望该厅长该主任检察官诰诫所属，勿以法院之尊严，为他人之机械，如果执迷不悟，则法律具在，本总长虽深爱同人，亦不能曲为之原也。司法部佳等因。"即经同人等详加讨论电复，文曰：司法总长鉴，佳电奉悉。罗案自始无告诉人，据本年一月十四日政府公报所载不起诉处分书，及上年十一月大总统复吴巡阅使梗电，已足证明，自毋庸目睹情形，方知道底蕴。声请再议，仅限于告诉人，刑诉条例亦已明白规定，其无再议之余地，何待烦言？钧电谓此案再议，原有申请之人，究竟此种再议，从何而来？同人实所未解。前奉宥电，既谓依刑诉条例第255条令行地检厅，依法办理，自不得不谓之命令再议。以不得声请再议之案，而仍依再议程序，将已受不起诉处分之被告，重行羁押，尤不得不谓之蹂躏人权。特区法院原为撤废领事裁判权而设，但亦须执法者均能守法，方足以杜外人之口实。今违法之举动，竟出首善之当局，使上行下效，相率而不守法，是谓无法之国家，收回法权，宁不绝望？与其虚糜国帑，何若停办之为愈，言虽近激，意实至诚，感慨遥深，发而为痛心语，何尝有丝毫要挟之可言？况宥电既有不吝教诲之语，足见钧座有虚怀下问之心，自同人竭诚相告，复反来电诘责，指为越轨，存心文过，实已流溢行间。同人等因法律问题，电陈所见，正是维持轨范，是否越轨，天下当有定评，同人等备位法曹，素无党派，既不甘为人傀儡，尤深恨政客之拨弄政潮，罗、黄之有罪无罪，江总裁之应去应留，均与同人无关，所争者法耳。并无所谓干预，更何有于越权？同人等兢兢守法，原备华会之考查，今外人对于此案，啧有烦言，是不待考查，而已先贻羞于国际。见闻所及，不敢不言，同人愿以法之存亡为进退，见仁见智，惟其所择。知我罪我，匪所敢计，倘不为然，无庸曲谅，垂涕陈词，统希鉴察。东省特别法院李家鏊暨全体职员等同叩。[1]

7. 北京律师公会就检察厅关于调查罗案再议之函复

上海律师公会昨接北京律师公会公函云：径复者，前准贵公会电嘱调查罗案声请再议及重行入狱情形，当经本公会函请京师地方检察厅详予示复，以便转复。兹准地检厅函复前来，相应抄录原函奉达，请祈查照。兹将京师地检厅公函录下：迳复者，案准贵会函开，本公会于本年一月二十五日，接上海律师公会函开等因，准此。本公会于本年一月二十六日开常会，对于上开函查事项，议决应由本会函请示复，合行函请贵厅详予示复，以便转复等因，准此。查罗案声请再议，系经国务会议议决，交由司法部令交本厅转送上级检察厅依法办理。本厅以此项声请，依刑事诉讼条例第252条之规定，系向上级检察长为之，是否合法，应由上级检察长认定，原检察厅并无准驳之权。故于奉令之后，即呈送京师高等检察厅核办矣。至罗、黄再行入狱一节，系于上月十五日奉司法总长面谕，此案反对者甚多，国务院故以声请再议，

---

1 《东省法院反对罗案再议》，《申报》1923年2月21日，第11版，第188册，第893页。

为救济办法。并闻外间传说，对于罗文干等加以身体上不利之行动，果真演成事实，将来办理愈形棘手，为罗文干等安全起见，宜于今晚暂行收所等因。本厅复查刑事诉讼条例第255条但书之规定，在再议期限内，及声请再议中，遇有必要情形，均得令羁押。此案既经国务院拟订再议办法，而又有如司法总长所述之危急情形，复阅上月十四日报载有黄体濂逃走之说，本厅斟酌再四，始于十五日午后八时，将罗、黄二名传案羁押。兹准前因，相应函复归回查照。[1]

8. 罗文干自述奥款展期合同官司

予自辛亥鼎革，即历任外省中央司法最高机关各要职，是予对于吾国司法，犹庖人焉，终日烹饪，自己未曾一尝滋味，所烹饪之可口与否，不知也。民国十一年十一月，在财长任内，以奥款展期一案入狱。狱中羁押八阅月，讼案牵缠一年三月余，于是乃稍知吾国司法之实况。昔日十年烹饪，今竟自己得亲尝滋味，则是余终身之大幸也。予十年苦累人民之罪过，亦可稍补矣。

一、入狱经过之事实。十一年十一月十八日夜半，忽来军警数十人，声称总统有事请予入府。予颇诧其来势大异，姑随之出门，上车后，军警蜂拥登车，驱予至警厅。下车后，引予入一小室，内有一人在此先候，予遂问曰：此来究为何事？若系逮捕，请示拘票，予究犯何罪？捕予之军警及厅内之人，皆答不知。予乃请见总监，彼等答言总监快到。未几总监果来，彼对予曰：现奉总

---

[1] 《调查罗案再议之函复·北京律师公会复上海律师公会》，《申报》1923年2月20日，第14版，第188册，第872页。

统口谕，将汝逮捕，并应即晚送交看守所云云。予问何故？彼言总统谓收受奥款经手人八万镑。予答曰：甚妙，此款应请总统向广九铁路讨索可也。阅半刻，亮畴（王宠惠）总理，定庵（高恩洪）汉尘（孙丹林）诸总长来厅，汉尘迫予先出厅，作为由亮畴以总理资格取保。予曰：任意逮捕，任意释放，天下无此便宜之事，今只可径往看守所，非事大白，决不回家。并向总监请求纸烟二盒，总监慨允，并命予坐起汽车到地方检察厅。到地检厅后，检察长以事无头绪，不肯押予入所，予请求再四，仍不见许，予乃写递供词，是夜宿于检察长办公室。翌日，总统派金永炎请予回家，予不肯，并再请求收押入所。检察长乃收押予于看守所长室。此后金永炎连日代表总统来见，请予出所，予始终不肯。二十五日汪伯老（大燮）孙慕老（宝琦）荫侍从武官长（昌）黄大礼官（开文）等来所速（原文如此）予，谓无论如何，总须出所往府一谈。予不得已，乃订明到府谈后，仍须回所。迨到府，总统即强予回家，予不肯，后汪、孙二老调停，由黄大礼官带予至礼官处住宿，以汪、黄名义，向地检厅呈请取保，听候传讯。二十六日，地方检察厅来传，当然由黄大礼官（开文）偕往，讯问数语，即返府。二十九日地检厅又传讯，黄大礼官亦同往，到厅后，检察官对予曰：今日本厅认为有将汝收押之必要，予乃向黄大礼官告别，乘地检厅之马车，到看守所，收押于录事室隔壁之小户室中。收押条件，法律定有明文，然予始终未见羁票，独闻外间政潮甚急，并闻保定及各督军攻予之通电已到而已。入所数日后，传讯一次，乃到厅始知仅系对笔录。所中囚室，例不得置煤炉，所长亦特许予自带一小炉。所中不得携带笔墨，予因每日写字作文，亦特许携带，及所写之字，皆须一一检视。看守予之所丁，每日分四人轮班，日夜站立于旁，大小便亦在旁监视。所中不得阅报，来见亲友，不得谈政事，故外间事一概不知。予生平最嗜烟酒，所中皆不准用之。予来时，自总统府带来黄大礼官送予之白兰地酒及吕宋烟，皆经没收。后予请求再四，所长只准吸烟，但不准有洋火，防予自杀也。……诉讼条例，侦察期限，例为一月，收押予二十余日后，地检厅来通知书，谓案情复杂，侦察延长期限一月。

十二年一月十二日地检厅传讯，是为由府入所后之第三次，传讯检察官对予曰：案已决定不起诉，汝可回家。抵家未几，军警数十人又来宅监视，夜间张敬舆（绍曾）总理亲到，谓外间政潮甚大云云。十五晚七时，地检厅司法巡警入予书室，称现奉厅令，汝须即往厅，予随之行。到厅后，检察官曰：现汝身体有重大危险，奉法部令，尚须将汝收押。此次为第三次入看守所，因昔居之小户室，已改作他用，故收押于所丁室之旁室。闻室为旧日之厕所，故无地砖，潮湿异常。到所后，生活一如往昔，非写则读，来人甚少，独张君劢偶来讨论宪法耳。自此幽居所中，已达三月。四月初间，地检厅乃传讯，对予谓：现经提起再议，从新侦察云云。此谓是次到所后之第一次传讯。再押数月，……然依何法律收押，则仍未见羁票也。在狱一无所知，一无所闻，为生平未经过之快乐。有时心觉不安者，为闻对过病室病人呻吟之声，及三数日见一死人，由此抬出而已。是月中旬，地检厅再传一次，对笔录，再押后，由所往厅皆步行，后随所丁二人。越数日，地检厅来通知，已将予起诉，犯伪造文书及背信罪，惟不附起诉文。又数日，地检厅发令，谓予在所饮食起居，异乎常人，命所长将予迁入普通囚室。予乃对所长曰："地检厅命令，予无抗拒之能力，惟诉讼条例，请公注意。"迁入普通囚室，此后生活，与前大异矣。……

普通囚室之情形若此，予于十二年四月中旬迁入。迁入后第一事，所长即将予昔日自携之木床蚊帐皮褥搬去，又不准再备笔墨。接见外人，限一礼拜二次，家中不得再送食物。简言之，昔日之优待，无复再有。此后除室中人数，只住二人外，其余一如普通犯矣。门外同时即钉一木牌，文曰"罗文干伪造诈财犯"，有外客来，则听其门外之小孔参观，犹万牲园之动物焉。然予到普通室后，有三事较优待时为优者：（一）室内有人同居，不至终日不能发一言。（二）普通囚室，地势较高，且有窗户，无旧室之潮湿。（三）狱中下地（即囚犯之作工者，例如送水及洒扫）因予每日分赠烧饼数枚，彼等甚乐，为予服役。……入普通室半月后，顾少川（维钧）复任外长，闻予境况，曾与司法总长道及之，于是所官来谓："可回复优待。"然此时予不肯再迁出昔之湿户，独要求准阅报吸烟及笔墨而已。五月中旬，地方审判庭忽来传讯。是日名为调查庭，刑诉虽经予起草，然此种组织，至是日乃知也。所问皆奥款计算账目，予皆不知。予只能答曰："做总长的，只管大政方针，账目皆司官为之，予不知也。"幸律师刘君崇佑一一代查明，详具意见，徐科长行恭叠次到庭，详细解释，否则厅中竟以此为罗织之具矣。刘君昔日绝无旧交，忽肯代抱不平，纯充义务，徐君在部绝未谋面，竟肯挺身而出，救予于患难之中，此生不知何以报也。六月中旬，刘律师以法庭久不审理，予在押又常患病，谓可依法请求保释候讯。乃刘律师递状后，地方审判厅竟不用决定，仅系以调查庭名义询问。天气炎热，每次在审判厅廊外，立稠人中候讯，今而后知狱吏之尊也。七月初旬，审判厅开合议庭审讯，答辩一句余钟，其时已患肺病，肺痛异常。李庭长（受益）特给清水一杯，使毕其辞，至今感激不置。是月中旬，审判厅判予无罪，遂出狱。出狱后，肺痛益剧，即日入协和医院医治。调养未竟，闻吴议长不悦，案又上诉。予即归家，免人谓予逃避外国医院也。案上诉，半年未审，至今春上诉撤销。以上为予身受之司法滋味。[1]

9. 王宠惠内阁财政部通电辩解罗案

关于前奥国借款展期一事，诚恐道路传闻，诸多失实，除另将此案节略并新旧合同宣布外，兹将本案要点说明如下：一、奥款不能不还之理由。查前借奥款，纯由奥银团承借，与德国毫无关系，外间所称德奥借款，全属误会，我国对奥宣战，中虽曾宣布欠奥债款停付，然对于敌国以外之票户，彼时尚经付过利息。及中奥邦交恢复，依奥国和约二百四十六条，彼此债务抵销后，余欠须付现金。奥国对我既无债务，战事赔款各国又一律缓办，则对于奥人所执债票自不能不还。其在他国人手中者更无待论。此在法律上不能认为无效者也。二、条件上之利益。照从前条件（甲）过期利息。周年一分零八毫，现减为周年八厘。（乙）复利。原条件半年一结，现让为一年一结。（丙）所得税。原按五六先合算，现按四先合算。前两项复利及所得税相差之数彼此各半分担。奥债团应分担之半额内缴出现金八万镑，归入部库应用，余在总欠债额项下减销，此条件比较上之利益及缴现八万镑之情形也。三、取消购货合同之理由。当初定购军舰炮弹等货，本属借款附带条件，并非必需之品，各货既未交到，又受旧合同束缚，不能索偿迟交损失，况欧战后废弃军用物品甚多，价值亦廉，

---

[1] 罗文干：《身受之司法滋味》，《晨报六周之纪念增刊》，1925 年，第 14-19 页。

与其顾全六十余万镑定款，承受贱价之货，毋宁抛弃，犹可收回一百六十九万余镑之存款以至抵偿债款也。四、手续之经过。奥款旧合同虽均有奉大总统核准经国会或国务会议通过之规定，而此项手续在订该旧合同时，并未一一实行。此次展期合同，原系继续旧案办理，故亦照此规定，表示与旧合同有同样精神，否则更改旧合同即恐债团乘此要求加入不利于我之条件。且从前订定旧合同时径由部办，而此次本部为慎重起见，并于签订合同之前，咨呈国务总理复准，方行照办，手续较前，尤为完备，此案现既系属法庭，自应静候裁判，以期水落石出。兹特撮要声明，俾免误会。[1]

10. 众议院议员景耀月等请查办司法官案

景耀月等昨提出查办司法次长石志泉京师地检厅长熊元襄案如下：为司法行政长官、暨京师地方检察厅长，徇情违法，咨请停职查办，另派员接任事。窃派署财政总长罗文干收受贿赂，私行签订换发德奥借款新债票一案，现经本院提出查办罗文干及咨请宣告该项新约无效各在案。惟该罗文干既奉大总统交军警拘管，移交法庭，该署司法次长代理部务石志泉，应如何督饬受理本案之京师地检厅，以公正之态度，为严密之侦察，方足以厌国民之希望，示独立之精神。乃该地方检察厅长熊元襄，处理本案，徇情违法情事，不一而足。试略言之：查现行事例，刑事被告人，应羁押于京师地审厅内所设之看守所，由所长看守之。兹据各报

---

[1] 《财政部通电》，拂况：《罗案始末纪》上编，《互助》1923年第1卷第1期，第22-24页。

登载，罗文干于本月十八日晚送到检察厅，即下榻于该检察长熊元襄办公室内，由熊元襄终日陪侍，起居服食，有逾办差，竟不将罗文干羁押于法定场所，此徇情违法者一也。刑事诉讼被告，虽得接见他人，然如王宠惠、顾维钧等，于本案有共同犯罪之重大嫌疑，即使传案对质，亦当在隔别研讯之列。乃该熊元襄于此等重大案件，当未开始侦察之顷，任听有共同犯嫌疑之王、顾等朝夕晤会，使得商量湮灭证据，弥缝弊窦之法，该厅竟不加以制止。十九日该厅门外，停放多辆汽车，车牌号数，业经各报逐一登载，众目共睹，此徇情违法二也。又查罗文干犯赃案由，本院议长吴景濂副议长张伯烈依据本院查办案并本院议员马骧等函，请将罗文干丧权祸国渎职纳贿等先行函陈大总统依法办理，至于大总统应依何法，如何办理，则非吴、张二君所得而知，盖吴、张公函，不同告发，以告发犯罪，应在有权受诉之机关，行政元首，非司法军警机关可比，此理易明，因而吴、张二君不为告发，何待多说。该厅遽出传票，传讯吴、张、施之平人，已为不合，况本院依院法有弹劾查办之权，吴、张系本院正副议长，则为代表本院之人，是吴、张之函大总统，乃行使本院职权，并不负告发及诉人之责任。再退一步想之，即使该厅认为证人，按照诉讼条例第100条第3项，亦应就其所在而讯之，何得传唤到厅。此徇情违法者三也。以上三条，虽应由地方检察长负责，而司法次长代理部务石志泉系属监督司法行政之机关，对于该检察长徇情违法，不加纠正，已属旷废职务。又况票传正、副议长之举，据本院同人李肇甫等在公府当面质问，该石志泉亦承认检察厅出传票时，得伊同意等语。是则徇情违法，是一丘之貉耳。推原其故，皆由罗文干前后迭任总检察长、司法次长大理院长各官，十年以来，不离法界,审检各厅,多其扶植之人,故石志泉、熊元襄等敢于弁髦法纪,曲报恩私,若非法曹先予革职,则赃案难成信谳。为此公同议决,咨请大总统特奋乾断,先派大员查办,咨称石志泉熊元襄徇情违法各节,应先将石志泉熊元襄二员及检察主任等明令停职,分别交付惩戒,另派委员接署司法次长京师地方检察厅长,以昭炯戒而释群疑。[1]

11. 众议院议员谷思慎提出"为法官违法宽纵罗案咨请政府依法查办案"

(谷君在众议院开会时对该案作了如下说明):罗案提交法庭,司法官吏不起诉,按之法律手续,其不合者有数点:一、此种重大案件,要经过预审之程序,查钟世铭暨吕铸两案,均曾送交审判厅,经过预审,预审之后决定无罪,该厅犹必提起抗告。罗案比钟世铭吕铸两案更为重大,而该厅不经过预审程序即以不起诉了之,岂非弊窦显然?二、宣告不起诉应有七日之犹豫,期间亦不得径行释放,乃该厅朝发免诉书,而罗文干夕已出狱,岂非徇私袒纵?三、证人要有证人之资格,钱懋勋与罗文干本有密切关系,在法律上毫无证人之资格,今法庭仅凭钱懋勋之供述,即宣告罗文干无罪,又岂能发生效力?四、法官对于案件有应行回避之规定,今代理检察长及检察官等,与罗文干非亲即友,例应回避而不回避,亦属违法。法官既如此违法而又证据确凿,即属共同犯罪,在罗文干伪造文书渎职诈财并冒称经过国务会议议决大

---

[1] 亦是:《罗案消息汇闻·众议员请查办司法官》,《申报》1922年11月25日,第6-7版,第186册,第515页。

总统批准，实已罪有应得。该代理检察长及承审检察官对此案予以不起诉，而不起诉实属违法，故应请政府依法查办。（此案经表决，多数可决。）[1]

12. 众议院对于王宠惠内阁质问书

查现内阁制度原系连带责任，派署财政部总长罗文干丧权祸国，纳贿渎职，擅签奥款展期合同，业经大总统交付法庭讯办，并由众议院咨请查办在案。派署国务总理王宠惠及全体阁员在行政上对此案应负连带责任，在刑法上于此案亦犯共同嫌疑，该总理等等不引咎自劾，一并归案候讯，犹复腼颜恋栈。是否挟权怙恶，庇犯弄法，大总统有无觉察，此应质问者一。查罗案发生后，报载陆军总长张绍曾等之联衔通电，声明奥款展期合同并未与闻，如果属实，是未经国务会议议决，在该内阁阁员已足证明无疑。该总理王宠惠竟胆敢通电声称国务总理批准，姑无论该总理批准确系事后追加，为北京各报所共载，即该总理事前批准，试问关系五千万之借款合同，不经国务会议议决及大总统提交国务会议通过，该总理依何职权，竟敢擅专批准耶？是王宠惠庇护罗犯与罗犯串通舞弊情节显然。大总统何以不免该总理等之职，将显犯罗案嫌疑者一并交付法庭讯办，此应质问者二。罗案发生后，经大总统交付法庭讯办，罗文干原兼各职迄未予褫免，亦无明令派署或代理者，以致罗犯串通署国务总理王宠惠任意揢饰或由财政

---

[1] 《众议院第三期常会会议速记录》第19号（1923年1月17日），第17-21页，收入李强选编《北洋时期国会会议记录汇编》第13册，国家图书馆出版社，2011，第453-457页。

部补送呈文擅自假造证据，或由国务院遣派代理部务，擅自任命大员，凡此种种违法，不胜枚举。究竟大总统对罗文干犯罪涉及国务总理王宠惠等是否先予免职一并传付法庭讯办？如迟延不予免职并不交法庭讯办，大总统能否担保王宠惠等不违法挟权怙恶及有弃职潜逃情事，此应质问者三。具以上理由，谨依法提出质问书，限三日答复。提出者楚纬经，连署人王伊文等42人。[1]

13. 众议院为通过查办署交通总长高恩洪等舞弊卖国违法渎职案通电全国[2]

通电称："12月5日众议院开紧急会议议决，咨请政府将派署交通总长高恩洪、前署财政总长罗文干舞弊蠹国，违法渎职，擅订购铁路材料合同，声明无效，并将高恩洪等褫职查办一案。文曰：查历年以来，法纪凌夷，官常扫地，不肖官吏，以舞弊卖国为能事，视违法渎职为故常，尤以财政交通两部，行政最为紊乱，尤以现署交通总长高恩洪、前署财政总长罗文干，舞弊卖国，违法渎职，罪状最重。关于罗文干等擅订奥国借款合同，业经本院议决，咨请政府查办有案。兹复查出现署交通总长高恩洪、前署财政总长罗文干，伙同勾结签字，订购铁路材料合同一案。其事实如左：查此项合同高恩洪等，于今年九十月间，与比国营业公司代表陶普施商定，总额为英金三百三十万金镑，用途为订购包

---

[1] 《咨大总统抄送议员楚纬经等对于罗文干纳贿渎职质问书文》（1922年11月28日），参议院公报科编《参议院公报》第3期第2册，1922年至1923年，公文，第18-20页。
[2] 众议院认为此案与罗案有连带关系，交通部长高是同案犯且自有案底，因而不承认交通部证明罗已将"受贿"款项交给交通部处理因而罗系无罪的证词。

头至宁夏线路所用材料。材料系包括车头车辆及铁轨等，抵押品分为三种：（一）第一担保，以包宁线路之车辆料件及该段附属产业充之。（二）第二担保，以北京至包头即现所称京绥铁路全线之一切财产及收入充之。（三）第三担保，以京汉路未经抵押之收入充之，利息八厘，实交八七，已于十月二日签字，陆续交款，共英金二十二万镑，合华银七十三万一千五百余元。该合同载明系按照国务会议议决，大总统批准订立等语。又查此合同名为购料，实则发行债票，明系借款合同性质，与普通购料合同不同，且金额达英金三百三十万镑，折合华银三千余万之巨，其抵押则为全国两大干路，即京绥全路之财产及收入，暨京汉路之收入。以如此重大国库负担之契约，应交国会议决，毫无疑义，即比公司亦有请交国会议决之要求。乃高恩洪擅用部印公函，以交通财政总长名义，通告比公司，谓此合同应由交通财政两部总长完全负责，将来中国国会如不承认此项合同，应由中国政府对于比公司承认罚款等语。其罚款条件，亦极严酷。此合同成立经过之大概情形也。

查该项合同名为定购材料合同，所称材料包含车头车辆铁轨等在内。此项材料，按该合同第二条第一项，系供给包宁路线之用，至建筑该线路及看车购地等费，尚须中国政府自行另筹。然闻交通部对于此项包宁线路，至今尚未勘测，筑路费用，更未筹有办法，根本计划，尚属茫然，不知车辆料件，有何用处？又按该合同第二条第二项，中国政府有支配敷余材料于前项指定以外他项用途之权云，意指京绥京汉两路而言。然查京绥一路，现在积欠材料车辆价额约达三千余万元之多，除已定之货尚有货四百余辆，机关车头数辆，以该路不能交款之故，迄未交货。京汉情形，亦复相同。积货之多如此，则此项二百三十万镑之敷余材料，究至何年何月乃能需用，更属茫然。意欲于旧屋之旁，另建新屋，地基未购，图式未成，且旧屋之装饰品及陈设品，尚如山积，而该屋经纪人竟向承办装饰品及陈设品之公司，订立一订购合同，且又收其垫款，任意浪费，谓非丧心病狂而何！此对于该合同之成立毫无理由，认为应行查办者一也。

又查该合同第四条之担保品，除包宁全线之一切车辆料件及附属产业外，尚以京包全线财产及收入并京汉路余利作抵。该合同第四条第四项，如中政府至期不能照付本年之利息或偿本时，公司对于担保品须次第履行其应享权利及一切职务之权云云。是无形之中，断送此两干路也。又该合同第十七条，中政府应予公司以种种便利，进行工程，暨不置所用材料，并应准予公司关于铁路财政上之管辖云云。其财政管辖权之广泛，不惟此项材料合同所不应有，且为历次借款合同之绝无，谓非卖路卖国，谁能信之？又该合同第五条，此项债券计一万九千八百万佛郎，折合英金三百三十万镑。扣算卷面价值以六十佛郎合一金英镑计算等语。查中国历来铁路借款合同，向无以两种外国货币并列计算之例，有之自本合同始。即据该合同第八条偿还佛郎或金镑，则听持券人之便。又据十月七日该公司致财交两部公函，则称此项第一期发行之债票，其英金折佛郎比例价值，应以第一期一次为度，此后发行，尚须另行协议等语。是将原合同第五条所定六十佛郎合一英镑之比例价格，根本取消，其结果日后镑价高时，则要求以镑交付，佛郎价高时，则要求以佛郎交付，普通交易，无此办法，即历次借款，亦无此种成例。但就以上所列种种丧失权利之处观之，其触犯刑律第三百八十六条规定损害国家公署财产之条，无可逃免。此关于该合同内受重大损失,认为应行查办者二也。

又查该合同第一条,有依照国务会议议决经大总统批准订立等语,而据所探查,则国务会议并无此项议决,又大总统批准一节,亦有蒙混之嫌。是对内则为舞弊,对外则为伪造。又查此项合同款额,达三千余万之巨,为国库重大负担,应经国会议决,毫无疑义。比公司亦以此为要求。乃高恩洪等竟以总长名义,用部印公函,声称完全负责,并声称将来国会如不承认,应由政府赔偿损失等语。是就本身违法行为,对于外人反加以一国法外之保障,非损害国家及公署财产而何?此关于该合同订立之手续,违犯国法触犯刑律,认为应行查办者三也。

又查交通行政,向属特别会计,故用途以关于四政支出为限,即前次阁议有交通盈余拨归财部之规定,但亦以有盈余时为限。依此合同所收入之二十二万镑,根据该合同第三条第七项开支可知,该款毫无着落,至今尚待审查。若云拨归财部,则此款并非交通盈余项下,何得擅拨财部?显戾特别会计之精神,及前次阁议之成案。此关于该款用途违背法规不实不尽,认为应行查办者四也。

以上所列,特举大端,其他弊窦及合同之损失,尚难枚举。特援照约法第十九条第十款,及国会组织法第十四条第三款规定,提出查办案,咨请政府将现署交通总长高恩洪褫职,连同罗文干备案讯办,除违背约法及行政法规应科以应得之罪外,其他触犯刑律专条,应请移交法庭,依法办理,以维法纪而儆官邪。并请政府将高恩洪所订合同对外声明无效,以保利权而重国法。至约法上之国务员,以国会同意为条件,该高恩洪等未经国会同意之国务员,法律上之资格尚未完全成立,故按照查办官吏之例办理。

合并声明，特此提案，静候公决。等语。业经本院多数可决，咨达政府，特此奉闻，即希查照。众议院议长吴景濂、副议长张伯烈。歌。印。"[1]

14. 众议院议长吴景濂等宣布议员余绍琴等提出查办罗文干案并议员李文熙等动议罗文干所订合同声明无效均经大多数可决电

本院于11月20日开第三期第八号常会，余议员绍琴等提议咨请政府查办派署财政总长罗文干丧权祸国纳贿渎职一案，依法有议员十人以上之联署，经众讨论，大多数可决。兹照议院法第四十五条之规定，相应抄同原案，咨请大总统查照办理，并希于查办终结时依法咨复。查办案之原文如下：为查办事。窃维中国财政濒于破产危境，稍具天良者莫不恝焉心忧。自民国六年六月十二日以后，迄民国十一年八月以前，财政之紊乱，由于滥支滥借，早为国人所痛心疾首。此犹可诿为在无国会时代则然也。不料法统重光，国会复职，派署财政总长罗文干变本加厉，依然目无法纪，擅发内国公债之不足，竟敢勾结海外驵侩，擅定合同，将巴黎和会议决德奥债款概作中国赔偿之无效债票，而换给以新债票。其中丧权祸国纳贿渎职不一而足。略述如下：

查中国向德奥借款计共七次，利息四五厘不等，除已偿还并就中一部分系军械借款二百万镑外，中国现对德奥债务总数尚约四百一十万镑。不过此种债票发出在距欧战以前甚近，迨中国向

---

[1]《众议院为通过查办署交通总长高恩洪等舞弊卖国违法渎职案通电》（1922年12月5日），孙曜：《中华民国史料》，沈云龙主编《近代中国史料丛刊》正编第13辑，台北：文海出版社有限公司，出版时间不详，第449页。

德奥宣战，军械无从交付，当然不发生债权债务关系，且巴黎和会议决以中国亦参战团之一，故所有德奥在中国之债务概作赔偿中国之损失，于是该种债票在欧洲直无价值之可言。乃德奥奸商以极低价格将该项债票收买，有全数十分之七五以上，自居债权者，向中国财政当局运动，与其他债票一律换掉新债票。而财政当局均以该项债票一部分属军械借款，中国并未收到，不允换给，并声明须向德奥政府交涉。至其余债票，有巴黎和会议决，亦无换给之理由。该商人等为避免与德奥政府发生直接关系计，改入意籍，委托华义银行代表罗森达及柯索利向中国政府换取新债票，存储巨款于华义银行，种种运动，至年余之久。历任梁、李、周、张、王、高各财长，以事关国权，均行拒绝。不料派署财政总长罗文干到任未久，该代表等又施运动，日与财部库藏司长黄体濂，日夜密计，要求罗文干签立合同，允许以中国未经收到利益之无效债票，为变相之补偿，并以复利名义，额外加发新债票共为五百七十七万七千一百九十镑。竟不交国会同意，不经国务会议通过，不经大总统批准，擅于十一月十四日由罗文干与华义银行代表签订，并调查当日由华义银行预存之巨款内支付支票之纸计（一）1563号支票八万付财政部；（二）1564号支票三万镑付来人；（三）1565号支票五千镑付来人，均汇沪转北京，借以掩人耳目。此该案黑幕重重，舞弊营私之大概情形也。

查公债之募集及国库有负担之契约，须交国会议决，约法第19条第4款及国会组织法第14条早有明文，罗文干身为财政总长，当知尊重国法。乃竟以既成废纸之德奥借款债票与外人私相授受，悍然订立合同，承认连本带利换发一种新债票，致民国国库损失五千万之巨。此就国法上责任言，罗文干之丧权祸国不能不查办者一。即查该合同内原有此项合同系经国务会议通过及大总统批准签定等语，是外人方面未尝不知中国有法律矣。罗文干身为财政总长，备位阁员，遇此等合同新旧修换问题，宜先提交国务会议议决，呈请大总统批准后，方能生效。今国务会议始终未经过，而大总统又回答从无批准此项合同之事，非全由该署总长一手包办而何？此就行政法上责任言，罗文干之丧权祸国不能不查办者二。又查现行新刑律第140条规定，官员公断人于其职务要求贿赂或期约或收受者处三等至五等有期徒刑云云，原为官吏渎职而设制裁。罗文干身为财政总长，宜如何洁己奉公，懔守大法小廉之训，乃竟听信司员，于私自签字合同，复出所得支票三纸，先后向华义银行支取，除八万镑一票系由罗文干签字交由懋业银行支取，经华义银行声拒，该支票系付财政部，仅由罗文干个人签字，手续不合，隔一时久，懋业银行改由财政部盖印该总长签字，照数汇支外，其余三万镑与五千镑两票皆载明付来人之手，支票号数俱在，究竟来人为谁？取作何用？以过去蛛丝马迹征之，不谓之期约收受，饱入私囊不得。此就刑法上责任言，罗文干之纳贿渎职不能不查办者三。

　　总之，此次财政总长罗文干之私签德奥借款合同，其丧权祸国纳贿渎职，在法律上万无幸免之理。本员等所以不提出弹劾案而提出查办案者，以其来自派署，未经约法上同意程序，故援约法第19条第10款及国会组织法第14条第3款规定，照查办官吏办法提案如上，请政府先将论文干现职褫夺后并依法交法庭依法严重办理。传曰：国家之败，由官邪也；官之失德，宠赂章也。年来官吏之破廉耻者众矣，此案若不彻底追究，何以惩官邪而维国纪，除邪蠹而快人心？特此提案，静候公决。……当日又有李议员文熙……等临时动议，提出咨达政府，请将派署财政总长罗文干丧权祸国纳贿渎职所订之合同声明无效，复经大众讨论大多数可决，相应咨请查照，即日将该合同宣告无效，除依法咨请大总统查办并将该合同宣告无效外，特此电达，即希查照，众议院议长吴景濂、副议长张伯烈暨全体议员同叩。号印。[1]

15. 众议院通过高、罗查办案

……此种债票，因奥国战败影响于经济市场之故，其价值至多不过一折扣而已。是该债票票面虽有362万镑之多，而其实价亦仅值36万镑左右。罗文干夕欧洲留学出身，早识欧洲市场情形，闻当就任财政总长之际，暗中结合部内外人员，及外国商人十余人，共凑集资本30余万镑，电嘱中外商人，先向奥国市场收买是项债票，盖欲以30余万镑之资金，而收600余万镑之利益。此显系结党营私，图利个人，又复暗受外人贿赂，借财政当局之地位，以整理外债为名，订立此种违法卖国合同，以饱该部内外人员之私囊者也。……又高恩洪等与比商签订购买材料合同，总价330万镑，实收220万镑，声明以60法郎合一英镑，偿还时法郎或英镑均可。按照现在市场兑换价，一金镑合25金法郎，但因法国经济不佳，兑换价跌至一倍以上，有一镑合60法郎之市价，但法比系战胜国，金融窒塞，自属偶然，经营一两年法郎之价便可回复，若回复原状，则19800万法郎之借款，实792万

---

[1] 《众议院议长吴景濂等宣布议员余绍琴等提出查办罗文干案并议员李文熙等动议罗文干所订合同声明无效均经大多数可决电》（1922年11月23日），参议院公报科编《参议院公报》第3期第2册，1922年至1923年，公文，第51-53页。

镑之市价（以一镑25法郎计算）。易言之，即222万镑之借款，因条件有随便要求发给金镑或法郎之规定，至还偿时，竟须交付792万镑之金镑也。此种条件，国家损失实有570万镑之巨，高恩洪何以悍然为之，劳之常等更何以翕然和之，盖有私利在也。夫发行债票，有高于额面者（即票面百元售至120元之谓），有低于额面者（即票面百元仅售80元之谓）。吾国发行债票，在欧洲市场发行，其高于额面者，又复往往而是，故比人代发此项债票，其价格拟比额面为高，即以溢出额面之所得，作为酬应之资，近闻比人所得溢额甚多，暗以半数贿赂高恩洪及该部人员，故高恩洪等不恤国家损失之巨，订立任人选择发给金镑或法郎之条件，以图私人之大利。事迹昭著，无可讳言。以上所述，两借款合同，私人得利甚厚，国家损失极巨，即奥款合同，私人可得600余万镑之利，比款合同，国家实损500余万之巨。该两部主管人员，确有通同舞弊之嫌。查财政次长凌文渊、严掳、公债司长钱懋勋，前交通次长劳之常，前路政司长赵德三，前军政司长吴佩璜等，就其职务而言，均有辅助或主管之责任，事前既朋比为奸，事后复逍遥法外，尚复成何政体？况凑集资金，预先收买债票，及与外人通同一气，暗受贿赂各情节，人言啧啧，何以政府漫不检举，应咨请政府将该两案迅速查办，一面即时对外宣告该两合同无效，并将该次长司长等迅予褫职归案讯办，以重国帑而儆官邪。特此依法提案。王葆真等15人提案，谷思慎等33人联署。[1]

---

[1] 《奥债之扩大·罗文干已出检察厅》，《益世报》1922年11月23日，《史料外编》第10册，广西师范大学出版社，1997，第424页。

16. 众议院议员楚纬经等42人咨大总统对于罗文干纳贿渎职质问书

为质问事。查现内阁制度原系连带责任，派署财政部总长罗文干丧权祸国，纳贿渎职，擅签奥款展期合同，业经大总统交付法庭讯办，由众议院咨请查办在案。派署国务总理王宠惠及全体阁员在行政上对此案应负连带责任，在刑法上于此案亦犯共同嫌疑。该总理等不引咎自劾一并归案候讯，犹复腼颜恋栈，是否挟权怙恶庇犯弄法，大总统有无觉察，此应质问者一。查罗案发生后报载陆军总长张绍曾等之联衔通电，声明奥款展期合同并未与闻，如果属实，是未经国务会议议决，在该内阁阁员已足证明无疑。该总理王宠惠竟胆敢通电声称国务总理批准，姑无论改总理批准确系事后追加为北京各报所共载，即该总理事前批准，试问关系五千余万之借款合同，不经国务会议议决及大总统提交国务会议通过，该总理依何职权竟敢擅专批准耶？是王宠惠庇护罗犯与罗犯串通舞弊，情节显然。大总统何以不免该总理等之职，将显犯罗案嫌疑者一并交付法庭讯办，此应质问者二。罗案发生后经大总统交付法庭讯办，罗文干原兼各职迄未予褫免，亦无明令派署或代理者，以致罗犯串通署国务总理王宠惠任意掯饰或由财政部补送呈文擅自假造证据或由大总统对罗文干犯罪涉及国务总理王宠惠等是否先予免职，一并传付法庭讯办？如迟延不予免职并不交付法庭讯办，大总统能否担保王宠惠等不违法挟权怙恶及有弃职潜逃情事？此应质问者三。具以上理由，谨依法提出质问书,限三日答复。此致大总统。提出者,楚纬经。联署人……。[1]

17. 国务院抄转众议院议员袁麟阁等对奥款交涉质问书之财政部公函

为质问事:查民国元二年间,政府所借各项奥国债款共约四百余万镑。自中奥宣战以后,此项债务应即停付。现闻奥国银行代表安利洋行向财政部商议展期条件,要求计算过期利息及复利,并将利率由六厘增至八厘,且须补交所得税,发行展期债票须按九折计算,从前借款中所提交定购战舰之定银六十余万镑亦要求政府承认放弃,统计政府损失约在二百万数十万镑之多。闻政府对于该行要求各项已有承认之意,行将签字。究竟真像如何,本员按照议员法四十条,提出质问,限三日内答复。提出者袁麟阁,连署者王笃成二十人。(原批:全卷已送法庭。)[2]

18. 外交财政两部为奥款展期事银团已照办理提交国务会议议案

阁议决定否认奥款新展期合同之后,外、财两部回复国务院称:"兹据奥国四银团代表罗森塔十二月十四日来函称:现接奥国四银团来电声称,业经遵照1922年11月14日部函办理,并将英金1693277镑即算至1922年12月31日止之利息连同复利,一并拨付史高达及海军制造二工厂。并据十二月十四日史高达及

---

[1] 《咨大总统抄送议员楚纬经等对于罗文干纳贿渎职质问书文》(1922年11月28日),参议院公报科编《参议院公报》第3期第2册,1922年至1923年,公文,第18-20页。
[2] 《国务院抄转议员袁麟阁等对奥款交涉质问书之财政部公函》(1922年11月25日),北京民国政府财政部档案,1027<2>,1208,收入财政科学研究所、中国第二历史档案馆编《民国外债档案史料》,档案出版社,1990,第457-458页。

海军造船二工厂代表罗森塔、高许厉来函称：现接敝二工厂电嘱鄙人等向大部声明，遵照1922年11月14日部函，将购货合同取销。并称奥国四银团亦遵照1922年11月14日部函，已将英金1693277镑即算至1922年12月31日止之利息连同复利，一并交付该二工厂，各等语而来。察核原函用意，似系报告履行签订合同之应有手续。应如何应付之处，理合缮具议案，提请公决。外交部财政部。中华民国十一年十二月二十一日。"[1]

19. 罗案声请再议后检察厅就罗案提出的起诉书

犯罪事实。本案被告罗文干黄体濂等，前由京师警察厅司法处长蒲志中解送到厅面称，警察总监奉大总统面谕，署财政总长罗文干办理奥款合同，违背约法，罗文干黄体濂均著交法庭查讯等因。并由国务院抄交众议院议长吴景濂张伯烈致大总统函一件，又吴景濂等原函附件说明书及合同撮要各一件到厅，经本厅侦查，予以不起诉处分。国务院对于不起诉处分书声请再议，由高等检察长将原处分撤销，令交本厅再就受贿部分切实侦查，连同伪造诈财各节，一并依法究办等因。本厅按照国务院声请再议理由书及高等检察长训令各节，详细侦查，除受贿部分一时无从证明暂免置议外，关于伪造公文书及损害国家财产，罗文干等不免有犯罪嫌疑，兹分述如次：一、关于伪造公文书部分。查罗文干等此次订立奥款展期合同，并未经内阁同意及大总统批准，即于上年

---

1 《外交财政两部为奥款展期事银团已照办理提交国务会议议案》（1922年12月21日），北京民国政府财政部档案，1027<2>，1210<1>，收入财政科学研究所、中国第二历史档案馆编《民国外债档案史料》第8册，档案出版社，1990，第458-459页。

十一月十四日签字,而该合同第三条,则明载前项借款合同之条款,财政总长已奉大总统命令核准,即声明本合同为前项合同之附件,并为解决前项借款合同所发生之各问题而立,自应仍认为系遵照大总统前次命令及所核准之条款而办理者。第四条载明,财政总长应请外交部正式通知驻华法国公使及意国公使声明,本合同系照第三条所言,已经内阁同意,并由大总统颁令准许后始行订立云云。细绎条文,一似旧合同业经履行内阁同意并大总统批准之程序。然据钱懋勋供称,前清二款不知道,民国以后四款及展期一款,均未经阁议通过总统批准等语,是旧合同所载,均系虚伪。罗文干乃以新合同系为旧文,为抗辩之理由,则明知旧合同所载为虚伪,而据以订立,已为罗文干所承认。况此次合同,包括前定六项合同在内,并取消购货合同,增加利率,抛弃定金,债票复作九折,按之内容,全部改定,与民国五年一部分展期合同情形本不相同,关系极为重大。以程序而论,自应未签字以前,提交阁议通过并呈大总统批准,方为合法。乃竟虚构事实,沿用旧文,声明为前项合同之附件,认为已经大总统批准内阁同意遽予签字,其为明知虚伪之事实,而据以制作所掌文书,罪迹显著,无可讳饰。关于损害国家财产部分。查罗文干等此次订立奥款展期合同,总债额增至577.7190万镑,其中损害,约分三点:1.增加利率。卷查奥款原定合同六项,均系年息六厘,惟民国五年一部分展期合同,增为年息八厘。此次计算利息,自应按照上开合同利率分别办理。乃竟一律按照八厘计算,经高等检察厅列表比较,利息一项,每年所受损失,已达5.74万余镑,而于购货存款,则按六厘计算回息。查五年合同第15款后段明载(但现因欧战,致交货无期,故银行担任在政府按照本合同条款将周息八厘利息交付银行之后，银行随即将上言56.4425镑13先令4便士一款，上政府所付之利息，缴还政府，至银行通知政府能交货之日为止）等语。依此规定，我国既允将欠款过期利息，统按八厘计算，彼方亦应按八厘计算回息，缴还我国，方为正办。罗文干乃以存六付八银行交易通例为借口，竟将年息六厘之原定六项，增为年息八厘，而奥银行团偿还我国之存款，依合同上明认为八厘者，亦减为年息六厘，损己利人，显而易见。2. 新债票九折。查前项合同债票，并无折扣，此次合同第一条规定，新债票九折发行。损失达五千万七千七百余镑。据罗文干供称，债票现时不能当现金使用，是以不能不有折扣等说。不知此次展期，本以新债抵偿旧债，所受损失，既如前述，而债票又作九折，殊失事理之平。3. 抛弃定金。民国二三年间，陆军海军两部与奥商订立购货合同，由奥银行团存货款二百三十余万镑，内有六十二万三千余镑，作为交付定金。嗣因欧战发生，奥商不能如期交货，我国亦未偿还债务。以理而论，违约之责，属于奥商，乃此次取消购货合同，仅据奥银团代表要求赔偿造船损失，竟将定金全数抛弃，据罗文干供称，我不抛弃定金，彼不允取消购货合同，关于造船损失，据外交部复称，安利洋行既担任损失不实之责，将来有可追究等语。迨查驻意唐使复电查明，船厂工程并无损失，奥银行团代表谓亏耗一百二十万镑，实无根据。及查五年合同第六款，虽载有不得以应交之货迟缓之故，有何要求或处罚，亦系以欧战期内为限。故第二款即切实声明，交货日期，未能按照原约办理，应俟欧战终结，从速交货。是该合同并非完全抛弃期限。乃自五年订立展期合同，迄今已逾六年，欧战早已终结，奥商卒未交货，违约之责，谁尸其咎？罗文干等不责以违约，反徇奥商要求损失赔偿之请，抛弃定金六十余万镑之多，此种办法，殊难认为正当。

综上各节，其为处理公务，图害国家，背其职务，损害国家之财产，毫无疑义。依上论列，罗文干等犯罪事实，已为明显。惟据罗文干亲供略称，合同内载，经国务会议总统批准者，系沿旧文，并无故意伪造，至背信罪成立之最大要素为犯意，若非有故意图不正之利益与第三人，因而致有不正之损害有负信托者，不得谓为罪等语。查此次合同，国家所受损失，不为不巨，当局者处理此事，自应慎重考虑，方为无忝厥职。既明知旧合同未经大总统批准内阁同意，而据以订立，何得谓无故意？矧购货合同，本由陆军海军两部订立，何以不与陆军海军两部协商，即行取消？安利洋行呈送证明造船损失文件，未经外交部命令唐使复电，即将定金抛弃。又查上年十月二十八日财政部致外交部函，有倘认为此付可以先行办理（指安利洋行对于证明文件愿负担报责任而言），即由本部拟具议案，会同提交国务会议等语。是明认为兹事体重大，不能不提交阁议，又何以卒未履行，遽尔签字，迹其所为，一若迫不及待，唯恐发生阻力者然。况以国务员处理国家事务，关于此种重要合同，不经阁议通过总统批准，而擅行伪造，渎职违法，纲纪荡然，则将来国家财产上之危险，更有不堪设想者，谓为无陷害国家之故意，其谁能信？

又据黄体濂供称，此事完全是公债司办的，合同条文，我并未看过，仅知奥款有展期的事等语。检阅财政部奥款卷宗，上年十月九日为办理奥款展期合同，有呈总长节略两件，均系库藏公债两司会办，又十一月十日两次咨请国务总理详陈办理奥款情形，亦系库藏公债两司办理，黄体濂并亲自署名，是黄体濂共同办理此事责无可卸，咎有攸关。黄体濂认为照例会稿，并不是合办，希图卸责，殊属不成理由。除钱懋勋迭次查传无着，俟到案后再行核办外，应即依法起诉所犯法案。据右事实，罗文干黄体濂等明知虚伪之事实，而据以制作所掌文书，及处理公务，图害国家，背其职务，损害国家之财产，依暂行新刑律第240条第一项第386条之俱发罪，送请公判。[1]

20. 罗案判决书

（上略）被告辩护人陈称大总统除发布命令外别无行为，不得为本案之告诉人，其面谕尤不得谓之告诉，且未作成笔录，由大总统签字，告诉手续亦不具备。国务院既非告诉人，且未接到不起诉之通知书，声请从何而生，声请既不合法，则高等检察长依刑诉条例第254条之规定认声请有理由撤销地检厅处分，实属错误，地检厅检察官虽有服从长官之义务，然官吏服从义务应以合法命令为限。高等检察长撤销原处分之命令既不合法，检察官自亦不应遵奉。本案检察厅之起诉系属违背规定，应请依照刑诉条例第340条谕知不受理之判决等语。

本厅查起诉是否合法应以声请再议是否合法为先决问题，声请再议是否合法尤以有无告诉人为先决问题。本案起诉既认为损害国家财产，则被害人为中华民国，有告诉权者亦为中华民国，自无疑义。但国家系法人，不能自动，一切行为，必借代理人为之代表。大总统及国务院既有代表国家资格，对于国家被害事件，

---

[1] 《京师地方厅罗案起诉原文》，《申报》1923年4月22日，第6版，合订本第190册，第448页。

当然可以为诉讼上之代理行为。本案总统之面谕即代理国家之告诉，国务院之声请再议亦代理国家声请，虽告诉与声请各异，其人乃代理人之变更，非告诉人之变更。况国务院于大总统将罗文干等交法庭后旋将吴景濂等函件抄交同级检察厅，则已参与告诉，更不得谓国务院无声请再议之权。如谓总统行为须经国务员副署，否则不生效力，不知副署以提出法律案公布法律及发布命令为限，约法本有明文。告诉为诉讼行为之一，不属于上列各款，自无副署之必要。况本案被告人为国务员，若告诉亦须副署始生效力，则事实上告诉不易成立，充其说必至国务员犯罪无人可以告诉，而国家任受何种损害亦无可以补救之方。至于言辞，告诉本为法所许可，本案告诉虽未作成笔录及向告诉人朗读签名，乃司法警察官之错误，刑诉条例既无未经作成笔录及签名其告诉无效之规定，自不得认其告诉为不合法。即不起诉处分未经送达于告诉人，亦系司法官厅之手续遗漏，按之刑事诉讼条例第377条，既规定当事人于判决谕知后送达前之上诉为有效，则本案告诉人虽未接受不起诉处分书之送达，绝不因之剥夺告诉人声请再议之权。依上所述，本案告诉再议均属合法，高等检察长依刑诉条例第254条撤销院不起诉处分，命令同级检察官续行侦查起诉，同级厅检察官本此命令侦查后再行起诉，不能谓谓程序违背规定，辩护意旨，殊欠允当。……

本厅查被告罗文干办理奥款展期及取消购货合同，就检察官攻击各点言之，如利率之增加，债票之折扣，定金之抛弃，对于国家财产，诚不能谓无损失。……现所应研究者即被告等是否构成刑律第三百八十六条之罪而已。查本条罪质以图利自己或第三人或图害国家公署，背其职务，损害国家财产为构成要件。本案被告等办理奥款合同，就事实言，国家已濒于破产，而历年积欠无词推宕之巨额债务又不能不加清理，于是有展期偿还以新债票抵偿旧债之议。当此之时，关于条件之磋商能否避免上述之损失，已不无研究之价值，况损失与损害异义，国家虽受损失而被告等是否以恶意损害国家财产，必须另有其他证据为之证明。本案经同级厅及本厅迭加调查，既不能发现被告等办理奥款有受贿及收买债票等情弊，则被告等是否图利自己或第三人或图害国家已属无法证明，即不能推定其有背弃职务损害国家财产之故意。复查财部奥款卷宗，内载去岁九月间意、法两使迭向外交部催办奥款，十一月二日关税调查处移付，有驻意唐公使电称意政府以清还奥国借款为承认新税则之条件。十一月十日财部因奥款事有呈报国务总理咨呈两件，十一月十三日国务院有致财政部密函两件，令其速办，而华义银行所交之八万镑，按照计划书详加核算，确系甲乙两帐差数之一部分，已分付交通部、广九铁路借款及中国银行属实，则被告罗文干所谓因整理财政维持国信增加关税诸问题，不能不与与奥银团订约，并非图利自己或第三人及图害国家云云，殊难加以否认。被告等办理奥款既不能证明其伟图利自己或第三人及图害国家，是刑律第三百八十六条之要件已不具备，自未便因其办理结果国家受有损失遽予论罪。依上论断，被告人罗文干黄体濂被诉伪造文书诈欺取财两罪或其行为不成犯罪，或其犯罪嫌疑不能证明，应依刑事诉讼条例第三百八十六条谕知无罪，特为判决如主文。本案经同级检察厅检察官杨绳藻莅庭执行检察官之职务。中华民国十二年六月二十九日。京师地方审判厅刑事第一庭审判长推事李受益吴廷桢吴奉璋。[1]

21. 罗案判决后检察厅上诉理由书

查奥款自民国六年八月十四日我国对奥宣战后，财政部曾定有办法，以民国四年底在我国驻英使馆挂号为付款标准，此项债票迭据该使馆报告，只有七十余万镑，并于民国八年四月二十七日函财政部，声明按照奥国和约，我国参战损失可于清算后在欠奥债务内扣除。民国九年六月十八日批准和约之后，财政部公债司曾于民国十一年五月三日查据民国九年五月间英公使来电所拟筹还奥款节略，亦不过一百五十万镑左右，卷牍具在，可资参考。当此国家罗掘俱空之时，该被告身为财政长官，应如何审慎将事？乃竟与银团缔结五百七十余万镑之契约，是否图害国家，不言可知。原判谓此款为历年积欠无词推宕之巨债，须加清理，商议展期时该被告等是否恶意图害，无从证明，并未注意及此，未免疏漏，此不服者一。

纵令如原判之所主张，此款应行偿还，然奥国和约经济条款附款第一节明明规定，战时所发布之任何办法之命令指令判决令或训令，均应最认为有效云云。则自宣战日起，至批准和约日止，中间数年利息及一切应付之款，均可不付。该被告等岂有不知之理？何以竟任银行计算，一律付给利息复利及所得税。然此特就款项损失而言耳。该款原合同者本为奥国银团，则债权主体亦属奥国银团，苟非至愚，谁不知之。此次订立展期合同者，何

---

[1]《罗案判决书（续前）》，《法律评论》1923年第4期，第18-19页。

以竟属于意籍之华义银行？即如该被告等所主张，债票系无记名式，多半在意人手，该银行受持票人之委任，所以与之结约。然遍查奥款卷宗，只有持票人委任罗申塔高许厉解决奥款之证据，并无华义银行受持票人委任之凭证，则该被告所供是否属实，不言可知。况查奥国和约经济条款附款第一节后段规定，战时所发布一切办法，协商及参战各国人民，须照财产所在地之法律，以善意及正当价值取得所有权者，此项办法始不能妨碍之奥款债票。我国既定有限制办法，而当时在驻英使馆挂号者，不过十分之一二，英意交通甚便，数年以来，意人并无有持票者出头主张权利。此次忽由华义银行出头，谓此项债票多半在意人手中，则其取得之债票原因，究竟是否与和约违背？自不可不加研究。该被告等并不注意及此，竟贸然与华义银行订立契约，致国家受巨大之损失，苟无损害国家之故意，何以对于国家财产毫不爱惜，任听他人自由主张一至于此！原判对于此点亦未注意，此不服者二。

原判既认罗文干等办理奥款国家受有损失，黄体濂始终参与其事，乃谓本案既不能发见被告等办理奥款等有受贿及收买债票等情弊，则被告等是否图利自己或第三人或图害国家，已属无法证明，即不能推定其有背弃职务，损害国家财产之故意云云。一若刑律第三百八十六条犯罪之要件必须有受贿及收买债票各行为始得完成，不知该条犯罪状态有三，或图利自己或图利第三人或图害国家，有一于此，即为犯罪。本案不能证明被告人有受贿及收买债票情事，亦不过仅能免除被告人等受贿及图利自己犯罪之责任，不能谓其他行为均可不问，即可免除被告人图利第三人及图害国家之罪责也。盖受贿图利自己为一事，图利第三人图害国家又为一事，不可执此以例彼。本案被告人订立展期合同，总额不过五千万元左右，而损失竟达数千万元之巨，果如原判之所主张，则官员处理公务，无论国家受若何损失，无论其它行为情状若何，但使无受贿及图利自己之证据者，皆可不成犯罪矣。断章取义，曲解法律，莫此为甚，此不服者三。

原判又以去岁九月间意法两使迭向外交部催办奥款，十一月二日关税调查处移动付有驻意唐公使电，称政府以清还奥国借款为承认新税则之条件，十一月十日财政部因奥款事有呈报国务总理咨呈两件，十一月十三日国务院有致财政部密函两件，令其速办，而华义银行所交之八万镑账，既无误会，且已付交通部及中国银行为理由，谓该被告等所谓因整理财政维持国信增加关税，不能不与奥银行订约，并非图利自己或第三人或图害国家之语，并非虚伪云云。不知意法两使催办奥款不过寻常函牍，奥款卷内八九月以前此函件甚多，原无紧急之可言。唐使电既于十一月九日移付关税调查处驳斥，彼方并未向政府续行要求，合同签字后，又未履行通知外使，声明合同成立之程序，如果唐电所云确为紧迫情形，何以合同并未成立而关税新则意国竟肯先行签字？则该电无关紧要可知。咨呈公函虽有其事，然咨呈送院公债司发文部所载，与被告人等所供情形不同（发文部载总长带院被告人等供黄体濂带院），公函到部，所供情形又不相符（黄体濂供十二日带来交总长看了，罗文干供公函是十四日钱懋勋交伊看的，十三日并未见着），调查财政部及国务院收发文件簿，并无此项公文之记载，即公债司收文簿亦于十九日补行登载。本案发觉在十八日，参稽情形，本有可疑，纵国务院用印簿有十三日记载，致财政部函两件用印四个字样，究竟簿上记载是否事后补记，原审并未注意，已嫌疏漏。况奥款商议已经数载，此项文件本无秘密之可言，何以送文收文均由黄体濂经手，一若事机一泄，即将不可收拾者，然该被告等何以自解。八万镑虽有着落，若谓因交通部无款偿还广九铁路借款始行出此，交通部收入甚多，岂有区区五十万元已不能筹集，亦岂有迫不及待不能稍延数日留待国务会议通过之暇者？虽五十万款尚有说辞，存中国银行之十六万并无用途，有何紧迫之可言？况该被告等始以增加关税为匆促签字之理由，继复以广九借款为辞，矛盾支离，试为平心研究，是否确系整理财政维持国信增加关税，抑图害国家，不难了然。原判过信被告供述，置一切实形于不顾，此不服者四。

查奥款七次之中，仅展期一次，为年息八厘，其余六次债额三百另八万余镑，均为六厘，纵云此次展期，彼方要求过苛，不能不改为八厘，亦只就合同利率而言，与银行结账时自应分别计算，方为正办。况卷查民国十年十二月十二日安利洋行所开账单，对于民国六年到期之一百三十九万三千五百镑，民国六七八九十等年到期各六万镑，均按六厘计算利息，即民国十一年八月二十九日该行致财政部函第四款，亦只限于过期利息，订为八厘米，并无期内利息一律八厘计算之要求，可见银团亦知期内利息为合同所拘束，未敢明目张胆为无理之要求。该被告等并非昏聩，何以对于彼方所未要求且不敢要求者亦一律给以八厘，谓非图利他人或图害国家，其谁信之？原判并未注意及此，此不服者五。

以债还债，既难免于折扣，亦只能对于普通债款而言，非如奥款之有特别情形也。自我国对奥宣战，停付奥款以后，债票价格极为低落，一旦换给新票，增加利率，加给历年利息，担保品又复确定，票价自可骤涨，即无折扣，谁不愿受？况民五展期并无折扣先例可援，时欧战方酣，奥国势尚强盛，非如现在之立于战败国地位者可比，尚可不致折扣，该被告等苟能据理力争，何至如此！乃竟任银行要求，致国家多受五十七万余镑损失，苟非图害国家，何以事事退让，任人宰割一若战败国与战胜国缔结和约者然！原判对于损失各点，乃以诚不能谓无损失一语了之，究竟是项损失是否可以避免，概置不问，此不服者六。

取消购货合同，就普通情形言，抛弃定金，似属不能避免，然亦只能以彼方确有损失且不无过失者为限。民五展期合同既有欧战后从速交货之规定，纵合同拘束，我国不能向彼方要求赔偿，然欧战终了，已经四年，彼方既不交货，又将造成一半之船拆卸变卖，业经唐使两电查明，交涉时正可严词峻拒，该被告等亦自知办理不当，因以附有条件为辞。然亦仅能对于造船定金而言，其中十七万镑系属军械定金，且系另一公司，彼方固未受有损失之主张，何以并不过问，一律抛弃？若谓抛弃定金，可以少负二百万镑债务，即为国家利益，试问彼方扣去之货款未交付以前，是否欠我之债历来付息？此款是否预先扣除者展期与否均与债额之多少无关，若仅能达到取消目的，即自诩为有利，国家设官何为？该被告等抚躬自问，何以自解？况此事与陆海两部有关，何以事先既不与之接洽事后又不通知，虽据该被告称曾在总统府晚餐席上向海长说明，何以对于陆长始终不与通知（见陆军部复审厅函），是否恶意不言可知。原判并不注意及此，此不服者七。

综上各款论断，则该被告等所犯刑律第二百四十条伪造文书及第三百八十六条诈欺取财之罪，毫无狡卸之余地。原判均予宣告无罪，实属错误。抑更有言者，国家濒于破产之时，该被告等身为财政长官，应如何慎重处理？乃订立合同，不交阁议，私行签字，人之不要求者与之，唯恐不速，置国家于不顾，以致损失数千万之巨，苟稍具天良，岂忍出此。际此纲纪不振，此等犯罪，若不绳之以法，何以惩儆将来。本检察官痛念时艰，为维持法律起见，合行提起上诉。应请第二审撤销原判，依法公判，寔为德便。中华民国十二年七月十二日。[1]

22. 审计院顾问法人宝道"结束奥国借款刍议"

按照中国政府与瑞记洋行于1912年、1913年、1914年及1916年订立各种奥国借款合同，中国政府核准奥国银团发行六厘及八厘债票。前项债票由中华民国代表签字，视为中国政府国库直接借款之一。前项债票确在伦敦市场销售，其大部分虽由该银团购买，而余剩部分则由各国人民私人购买。现在持有前项债票者，不分私人、银团，皆得视为中国政府之实在债主。而合同所委托保管还本付息基金之银团，即系经理人或系中国政府与债主间之中间人。故其职务只在向中国政府收集到期应付利息及应还本金，同时按照债票上所刊条件，将前项收集款项发交持票人。而银团可享为己有者，只手续费而已。

自1912年至1916年间所订合同字义观之，其中确有二种互负经济责任：一、中政府对于银团之责任，二、银团对于持票人之责任。二种责任不甚相同。中政府之责任，在以应付款项数目如数交由银团。惟已付之后，该项款项是否完全备充前项债票之还本付息，则中政府确无过问之权。实际言之，中政府确已拨付银团若干次，且允准银团享受持票人不能享受之特种利益，其合同中之条件虽甚苛酷，而其结果，则债票信用似难卓著。兹举二

---

[1]《罗案上诉理由书》（中华民国十二年七月十二日），《法律评论》1923年第5期，第21-24页。

例如左：1.1912年至1914年六厘及1916年八厘借款，合同内除载明年息利率外，中政府应以与英国所得税相等之款项交付银团。前数年内，英金一镑其应付之所得税为英金六先令，即占当时应付利息之百分之三十之多。按照前项条件，债票利息不应重征所得税。以理论之，中政府既已拨付，持票人无须重纳。惟其实际则不然，持票人任须纳期应付之所得税，中政府所付之所得税，变为银团之纯粹利益矣。2. 因债票票面载明英金数目，故中政府交付银团之利息基金亦用英金。依照鄙人于1924年7月21日报告财政部比事实言之，银团在法京巴黎用法金付息，其兑汇率英金一镑作法金25法郎20生丁折合，而当时之市价确为法金80法郎。银团以值法金80法郎之英镑，抵做法金25法郎20生丁，二者之相差，其利益已经可观矣。由斯观之，银行之利息甚为巨大，持票私人所获者，只有损失而已。

至借债国信用之强弱，实以持票人为基础。持票私人无论为大资本家或小资本家，系确实之投资于外国债票者。外国债票市价之升降，实与彼辈有切肤关系。至奥国借债所采取之方法，可谓既不利于持票私人，且亦损及中政府在外之信用。鄙意以为嗣后整理奥国借款时，中政府应筹少利银团而多利持票私人之方法。其结束时，务须先使持票人满意。以目下情形观之，因奥国借款结束时，华义银行持票最多，故获利较厚。至其特种利益，除寻常应有之经手费暨回扣，以及保管基金之酬劳外，应与其他持票人毫无区别。[1]

---

[1] 《译宝道顾问拟奥国借款说帖》附件"宝道说贴"（1924年10月18日），北京民国政府财政部档案，1207<2>，1211<3>，收入财政科学研究所、中国第二历史档案馆编《民国外债档案史料》第8册，档案出版社，1990，第465-470页。

23. 法律界部分人士关于奥债问题法律上的意见

自从罗案发生以来，国内各报对于奥债问题发议论的很多，但是能够根据法律，按事实而作公允之论的，只有审计院顾问法人宝道君的一篇文章。他先引索款案的事实：（甲）前1911年至1916年数年之间，中国政府送与奥国银行团，由瑞记洋行代表，订立合同，发行公债票。所收债款，分两途支用。其一则用以购办德奥两国洋行之军械品，其二则用以付还该公债票之逾期未付本息。（乙）公债票言明于1921年，完全以英币由来人赎回，所应赎回之本息，当由奥国银团先付，然后由中国政府偿还银团。（丙）当时购买债票者，各国皆有其人，盖大部分为奥国人民所购，其余则由英法等国人民分购。（丁）迨1917年8月14日中奥宣战，中国政府以奥国银团为敌国人民，故停止交付此项奥款。故偿款时期已过，而全数债款本息，皆为逾期欠款。（戊）自中国与奥地利及匈牙利媾和以来（指1919年9月10日及1920年6月4日之中奥和约及中匈和约），奥国因和约之关系而改造，是故前之奥国人民执有此项债票者，今改为意大利与捷克斯洛伐克之人民，其执有此项债票而仍属奥地利共和国之人民者，为数无多。今意大利与捷克斯洛伐克两国之执此项债票者，实占债票总额百分之七十五，皆委托华义银行待查债项事务，债票总额所余之百分之二十五，英法两国人民，除奥国占极少数外，持者甚多。且债票言明还款付息，皆交付执票来人，是则除已委托华义银行或英法政府代理者之外，所余之执票人，欲分明其所属之国家，是亦难矣。然其只占债款之一小部分者，可无疑也。（己）新合同乃于去年11月14日与华义银行签订，而华义银行实代表持债票者之多数，并给予现有之持此项债票者新债票，作为交换逾期未付之债款本息。……

国内的舆论，多说我国自与奥地利匈牙利宣战后，所有的债务合同，应该立刻作废，我国政府也当然免除继续偿还旧债的义务。宝道君说，按国际公法，这种理由，是错误的。他引用著名的国际公法学者的 7 条论述，以证其非。其一，1915 年在伦敦出版的多托德文所著《战争之影响合同论》有云："凡属交付利息与敌人执有国家债票或抵押品者之合同，若切实施行住籍规则，则合同得暂时停止履行，至和约缔结后为止。然为国家名誉与国际信用起见，各国恒谓履行该种合同义务，断不能因战事之发生而废止之。是故国家债务本息不能充没之例，竟成国际公法矣。"……。列强于战争时期，能暂时停止交付对敌人公债之本息者，实因两种规条。其一则切实施行住籍规则，如上文多托德文所述。其二则国际普通规例，在欧洲大战之时，交战国施行甚严，协约各国人民，倘有私纳款项与敌人者，当受重罚，私人之交付款项，既经严禁，则政府当然停止付款，中国当时亦如是焉。然所欠债款本息，不过暂时停付，非如中国舆论所辩，一经宣战，则所欠债款本息，皆可取消充没也。奥款既不能因宣战而取消矣，然偿务发生事项，得暂时停止。此固中国仿效其他交战国，而于国际公法事项，每宜审慎，须有学理与前例而后行也。关于与敌人通商之事，于 1918 年 5 月 17 日颁行条例，正式禁止与敌人通商。迨后依据协约国与敌国之前例，中国政府亦决议充没敌人在中国之私产，曾于 1919 年 1 月 25 日颁行条例施行之。当时中国政府，或可将逾期未付之奥款本息充没。然充没款项，必须全数交予敌产管理处保管，以备媾和之日解决。中国政府固未知解决办法若何，亦不愿遽交巨款与敌产管理处也，是故中国政府只充没敌人在中国之动产与不动产，惟奥款本息，则暂时停付而未从事于充没之问题也。

自1919年9月10日及1920年6月4日中国与奥地利匈牙利相继订立和约之后，奥匈两国情形大变，又影响及于奥款矣。查奥款债票在奥国发行，实居过半，此项债票当为奥国人民或公司承购。然购票之人，多住于日后割让与意大利国及捷克斯洛伐克共和国之地，大概因其地有波威米亚之公司及脱理士特之建船厂与奥款有关系，是故该地人民咸愿购奥款债票也。迨两项和约实行后，波威米亚公司及脱理士特建船厂，不更属于奥国而属于意大利或捷克斯洛伐克共和国，执有奥款债票之奥民，亦改其国籍矣。按照1919年之中奥条约第249条，中国政府亦步其他协约国之后尘，关于奥国人民在中国之产业权利及利益保留其充没之权。然此条尚续加一段曰："凡条约实行六个月之内，奥国人民能依据法律得别国国籍者，或有相当权力依据本条约第72及76两条之规定，准予别国国籍者，或依据本条约第74及77两条之规定，因而有别国国籍而仍能继续享受者，不能按照本条之解释，认为奥国人民。"夫条约中关于国籍问题，固极繁难，然概略言之，即上文一条，对于条约施行后而变为意大利与捷克斯洛伐克之原有奥民，亦足免归于条约范围之内，而受产业之充没也。

宝道君举了事实，就做下来的分论：甲、英法两国或其他协约中立国之人民，购有奥款债票，其权利实无问题可言。至于战争时期，未得领受债款利息，实为债票由敌国银行发行时牵累耳。乙、奥国人民，执有奥款债票，然因条约关系，改为别国人民，依据中奥条约，其债票权利，实无问题可言。丙、中国对于前时奥国人民，今改为奥匈共和国人民，虽保留充没其财产之权，然此等人民，谅无此项债票。更申言之，列强尝以奥匈之经济财政情形，困厄实甚，故对于奥匈人民私产，已不再充没矣。其已在战时或战事甫停时期充没者，固曾变售，然更无充没之事也。[1]

24.《顾维钧回忆录》对罗案的记述

王宠惠博士的内阁由于和吴景濂为首的国会之间关系处得不好，遇到不少困难。据我所知有这些原因：首先是提出内阁名单经国会批准时，孙丹林和高恩洪得不到国会的同意，理由很明显，许多国会议员认为，孙和高不够资格当内阁阁员，其政治品质也不清楚，他们的名字能列入内阁名单，就因为他们是吴佩孚的人。此外，还认为内阁名单中收罗了一些钻营禄位的人。人们都知道王宠惠博士是处于孙和高的影响之下，王通过他们两人特别是孙与吴将军保持密切联系。吴将军是强有力的人物，是内阁的后台。至于吴景濂，他在政治上是个强有力的人物，总是坚持他可以自行其是。虽然吴将军有时认为宪政问题重要，但他对国会议员并不特别喜欢。这就是那个时期中国政治的实情。得到国会其他一些派别支持的吴景濂集团放出风声，当国会根据宪法对批准内阁名单进行投票表决时，孙丹林和高恩洪两人就要遭到否决。我认为很难说孙和高究竟是否具备阁员的资格。在正常情况下，作为内阁阁员，应该在全国享有声望，在政治生活中积有丰富经验。就我个人而言，我喜欢这两位先生而且和他们相处得很好。但无

---

[1]《奥债问题法律上的意见》，《东方杂志》1923年第20卷第1号，第136-139页。

可讳言他们的政治经验很贫乏，我甚至不知道他们是否有任何政治经验。孙丹林当过吴将军的秘书长，而高恩洪则是以前上海的一个电报局局长。但在一种特殊意义上，孙、高二人都适合担任内阁阁员，因为他们是吴佩孚大帅的同乡，受到吴的信任。从政治角度考虑，吸收他们参加内阁并没有坏处，他们可以充当吴将军的代言人，如果没有吴的支持，内阁就不能维持长久。但从另一政治观点来考虑，任命孙丹林、高恩洪阁员不能说是恰当的选择。吴景濂是个野心家，一直想当内阁总理。他与洛阳、保定两派合作迫使徐世昌下台，迎回黎元洪，是因为以吴景濂为一方和以洛阳和保定派为另一方之间达成了协议。这件事虽然还不能证实，可是政界人士都知道有这样一个谅解：在徐世昌下台后，暂时恢复黎元洪的总统职位，以便为选举曹锟当总统铺平道路。待曹锟选上总统后，吴景濂就出任总理组织内阁。这就是谅解的基本内容。但吴佩孚将军平时强调宪政，却并不太喜欢国会议员。我很怀疑他是否懂得代议政治的原理和概念，虽然他为人诚实，是一个干练的军人，并且拥护就的传统道德和法律。所以，以内阁为一方，以总统为另一方，以国会为第三方，再加上所谓的"实力派"，这就再次形成了一种四角安排。这种安排既有好处，也有弊病。在政府的实际工作中，互相之间的政治利益冲突一直非常激烈。王宠惠博士听到吴景濂及其在国会中的同伙宣称孙丹林、高恩洪两位总长的任命将遭到国会否决后，他接受别人劝告并通过孙和高的渠道得到吴佩孚将军的同意，决定不把他的内阁阁员名单提交国会审批，使国会得不到推翻内阁的机会。这便是王博士内阁遇到困难的根本原因，这些困难导致总理和吴景濂为首的国会之间的公开争吵。这种公开争吵反过来又促使财政总长罗文干拒绝支付国会的必要经费，最后激成了罗文干被逮捕、拘留的案件。

王宠惠内阁组成不久，国会和内阁之间就发生了摩擦。吴景濂亲自带领一些国会议员登门找到罗文干，索取国家预算中拨给国会的经费。罗博士觉得难以筹措所要求的款项，但他没有提出任何解决国会财政困难的办法。说来奇怪，罗在国会中有许多朋友，却不喜欢议长吴景濂。吴的个性很强，任何不了解他的人都会觉得他盛气凌人。罗博士的个性也很强，他觉得身为财政总长，应该由他掌握、分配经费，并可利用这种权力作为武器。在另一方面，吴景濂则认为既然王博士的内阁阁员不能被全部批准，这就意味着内阁的垮台。一天，吴景濂先生来找我，抱怨财政总长的冷漠态度和拒绝提供国会经费，要我替他想想办法。我说我给罗总长打电话，支持吴先生对经费的要求。当我给罗打电话时，罗说："别理他。"接着罗给我解释：第一，国库没有这么多钱；第二，吴不和政府合作。在私下里说，他的话也许有几分理由，但用来处理政治纷争，就不是明智之举了。我认为毕竟国会按规定应享有每月的经费。正如吴先生所说，没有经费他如何给秘书们发薪，国会又如何能工作呢？我告诉吴景濂，国库可能真的空虚，建议他借点钱，要财政总长为贷款担保。吴说正因为财政总长不干，他才来找我。他说他的一个朋友曾和比利时银行谈妥一笔三万银元的贷款作为国会的每月拨款，但银行要求财政总长给银行写封信说明原委，而且信上要由外交总长副署。为此我再次给罗博士打电话，他拒绝这样办，我和他争论起来。……财政部和国会之间早有摩擦，理由之一是罗博士站在王博士一边，王博士又站在吴佩孚将军的两个代表孙丹林和高恩洪一边。……罗和王是终生好朋友，王博士是个学者又是个非常谨慎的人，罗博士正好相反，很容易与人争吵。他们两个都是广东人……。因此，国会想方设法挑政府的毛病，他们屡次要求总统命令总理亲自出席国会接受质询，但王博士从没有去过国会。这个问题三番两次地提到内阁。我一直认为国会是根据宪法行事，内阁也应该按照宪法去做。我建议内阁派人出席国会，所以有两三次内阁派我出席国会。开始，有的同事警告我："你去国会要遇到很大的麻烦。"我说，这是每一个议会制政府必须应付的场面，唯一的办法是面对现实，这是无法回避的。……我来到国会时，发现议员们的神态很严肃，因为他们都想找我的麻烦。随之开始提出质询，我很有礼貌第作了回答。……一般说来，每当我的答辩结束后，议员们都鼓掌欢迎，有人还来到我面前，对我出席国会表示欢迎，说我树立了一个尊重宪法的榜样。也许这是他们的真实感情。……内阁与国会之间争端的实质，主要是提出阁员名单交国会批准的问题。无论在内阁会议上或是在王博士家里，我都试图说服他，使其认识到当时采取的作法是不明智的。我说，"你是国际知名的法学家，大家都瞩望你在所有人中是最能够严格尊重宪法的人。宪法规定阁员名单应该提交国会批准，这是宪法的内容之一。你必须就此作出决定。……如果你认为内阁名单中因为有两个吴佩孚将军的人而将遭到国会否决，那么，你应该要求吴将军另外遴选两人补入名单。……但你至今没有照此行动，你所做的只是无视国会，这样干是行不通的。现在你已经给国会领袖们提供了攻击内阁的机会。

（11月19日罗文干被捕）……虽然王博士和我都相信罗博士作为财政总长的诚实品质，但很明显，逮捕他必然也有某种借口。……第二天上午刚过九点,我来到总统府。总统正在开会(与会者有卫戍司令王怀庆、警察总监、吴景濂、参议院议长王家襄、总统府秘书饶汉祥等)。……我接着说财政总长的突然被捕,不仅对内阁而且对总统也是个严重的时事件,因为根据宪法,目前的内阁是向总统负责的。怎能不和政府、总理、或司法总长打个招呼就逮捕阁员呢?所以,我来觐见总统的目的就是为了弄清为什么会发生这种事,谁下令逮捕罗博士的,以便确定责任问题。……总统说他没有下令逮捕,他指着王怀庆将军说,是他的司令部下令逮捕了罗文干。王怀庆将军回答说:"不,我对总统说了,是总统指示我去办的。"总统说:"我没有那个意思。我只是告诉你吴景濂议长来信的内容,信里说这件事涉及到奥国贷款。收到信件后,我确是把你叫来了,但我并没有让你逮捕罗总长。"王将军说:"我奉命来到后,你告诉了我信件内容,我问是不是要依法办理,你说放手去办吧。"总统回答说:"我没有命令你逮捕他。"王将军说他理解总统的意思是要把罗看管起来。总统说是吴议长曾经口头或书面建议逮捕罗总长。于是吴景濂说,他只是把这件事报告了总统,至于决定是要由总统来做的。最后,总统说他没有逮捕罗的意思。(顾维钧声明此事既然没有授权,逮捕罗文干就属违法,应该改正。)总统说顾总长说得对,"应该立刻释放罗总长"。隔了一会,罗就被释放并被请到总统府。……后来,我得知时间的经过是,总统、众议院议长和参议院议长在会后进行了商议,显而易见,他们对这件事从法律方面考虑,同意释放罗博士。

可是因为罗博士在基于奥国赔款的奥国贷款事件中被指控为

违法,这个问题仍然未得解决。现在让罗博士恢复自由而不采取任何预防措施,日后如果对他的控告终于核实成立,就要冒在此期间罗有可能离开北京、逃避法律制裁的风险。所以他们决定把罗博士作为一位非自愿的客人"请"到总统府来。

显然,这是一场国会、内阁和总统之间的三角冲突。关于对罗博士的控告,实际上我一无所知。我曾问过王宠惠博士,他是否了解任何内情。王回答说,罗博士签订贷款协定前只报告了他,而未经内阁会议批准。我对罗为什么要这样做感到有些惊诧。王解释说,罗这样做是为了急于开辟财源度过中秋节,这个节日对于政府特别是对于负责提供经费的财政部一直是道难关。我问道,为什么罗要在他家里签订这个贷款协定?王说,罗当时正患着重感冒,听了库藏司长黄先生的劝告才这样做的,黄是罗的广东同乡。王接着说,黄司长向罗介绍了一家叫"阿诺德·卡尔伯格"的著名外国进出口商行,这家商行的买办也是广东人,他和罗总长、黄司长都是朋友。我说,确实,这种办事程序不够正规,但问题的实质在于该卷协定内容是否有任何违法之处。我还说,这是个实质性问题,王博士应该进行调查。众议院议长提出的控告中,攻讦罗总长和黄司长以佣金的形式谋取个人私利,显然总统恰是被这一点所激怒的。但它仅仅是未经证实的指控,我们必须查明其是否真实。[1]

---

[1] 《顾维钧回忆录》第一册,中国社会科学院近代史研究所译,中华书局,1983,第244-254页。

25. 罗文干等被告诈财及伪造文书案调查证据意见书（被告辩护人律师刘崇佑呈法院原文）[1]

本案起诉不合法，依现行刑事诉讼条例第三百四十条之规定，法院应谕知不受理之判决，故关于本案事实点之内容，本无讨论必要，但法院既未正式开庭，未经检察官陈述案件之要旨，而贵厅日前又以调查证据名义已为一度之讯问，兹因欲使事实真相明白起见，特先就证据方面，见为可以调查藉资证明者，谨具意见如左：

本案原起诉文虽以刑律第三百八十六条之图害国家财产，及第二百四十条之明知虚伪事实据以制作所掌文书二罪并行起诉，而案情之主要且比较复杂者，则在于损害国家财产一项，故为陈述之便利计应先述所谓奥款展期之办法，是否正当，有无损害，次述合同内所载前项借款已奉大总统命令批准及仍认为遵照大总统前次命令等语，是否虚伪，有无明知。凡此皆当以公正之眼光，平允之情理，共闻共见之经过事实，证以卷内之公文书，及以数字算出之账目，通盘考核，彻底观察，则本案真相自可立见。原起诉文指摘各点，殊有断章取义，挂一漏万之嫌，甚或以不明事实，未查案卷之故而生误会者，无论起诉违法，即就其所诉之内容观之，似亦近于草率。辩护人今且不限于原诉状所指摘者予以反证，举凡原诉状之所略，而曾经攻者抨击各点，亦皆分别列举，为之统括本案始末之经过，与夫条理上之推演考究之所应及者，全都

---

[1] 此件原件藏中国社会科学院近代史研究所档案馆。

罗列，皆予以反证，以上供贵厅之调查，庶是非可明，而动人观听之冤狱，乃有大白于世之机会；至于检厅不应起诉而起诉，辩护人顾念所职，为法律之威信计，当然对于贵厅应为不受理之请求，谨另具诉状陈述，兹不具赘。

一　损害国家财产部分

损害重在意图，本案有无意图，本应先加研究，然辩护人以为若并损害而无之，则所谓意图之有无，根本上已不待烦言而解，故今先举损害之反证。

损害亦有界说，应出之款而出者非损害，惟不应出之款而出者，始为损害，若应出之款而可不出，则是利益矣，应出与否之分别，其标准可分为三：（一）原合同与前展期合同已有拘束，及合同之履行已有成案，今日绝无翻异余地者，（例如复利及所得税之利息）此类自属应出，（二）原合同虽无如此拘束，而因今昔情势不同，事理上当然如此者，（例如债票折扣及过期利息改为八厘）此类亦属应出，（三）因特约之关系，我之处势，已陷于被处分之地，则无时不可任意而施其宰割，顾虑前后，防患未然，不能不有所割弃，以求消极的免除更巨之损失者，（例如抛弃定金）此类似不应出而实应出，第一第二两项，事理明显，当然无争，第三类稍为详细观察，亦无疑义，今分项言之。

（子）奥款展期合同应办与否

欠债还钱，无可逃免，到期无钱可还，只有设法展期，此皆人所共知之理，自可无须举证。奥款一案，攻者或谓欧战期中可以不算利息，或谓应留抵奥国赔款，可以并本金不还之。须知此项债款之性质，政府为债务人，无记名之持票者为债权人，奥银团不过为居中之经理人,债票辗转流通,入于谁手,即谁居债权人之地位,本无一定之国籍,何从为国别之异同。奥款云者,特因经理人为奥银团,而姑以此名加之耳,岂能以辞害意。且发行在英京,所得税照英例,金额为英镑,尤可以证明之。债权人既不能谓为奥人,则与奥约有何关系,况即为奥人之款,在法亦无可以不还之理耶。又攻者每藉奥款有挂号限制办法为口实,以为既有挂号之事,则凡不经挂号者,即可推定其为奥籍之持票人(即票户)而可以不还。不知此种挂号办法,系在中国对奥宣战以前,当民国四年六月间,驻英使馆,因票户到馆索债者甚多而迫,乃将来索之持票人姓名,予以登记,以备政府汇款到时,按其先后之序照给,绝非有限制之作用。其时并未宣战,亦无所谓是敌人非敌人之区别,此与我国对于德发部分债票之限制办法,须凭持票人声明非从敌国人手中购得及与敌国人无利益关系以为核认标准者,情形迥不相同。英馆此种办法,本属该馆自己办事之手续,非遵部令而为者。民国六年六七月间,部始电英馆追认,凡于民国四年六月曾在英馆挂号之票,应为有效,但亦空言而已,并未曾付过款项。民国九年一二月间,因部函询挂号数目,英馆复称使馆经理之时,以为欠款本利能付,故民四年底到期之票送馆者,均予登记,以备后日照付。嗣因部款不足,故民五以后,到期各批本票,即未再为登记,于是并此不成办法之挂号,亦归于无结果而止。攻者不明真相,轻发议论,不足辩也,此应请调查奥款债票票面之记载,及财政部本案案卷,以资证明者一。

(丑)此次新展期合同是否急遽成立

欲问此次合同,有无成立过急之嫌,则请观财政部奥款卷宗,证以从来之经过,可以了然矣,财政部奥款全卷,共二十六册,其十之七八，皆关于债权者索债之文件，我国驻英驻奥各使馆电告被迫之苦，几于声嘶，外则持票人围索于使馆，内则各国在京驻使直接诘责我政府，驻英施使告急之文，尤为迫切，其后债权者委派代表来京坐索，财政部遂不能不与磋商。当民国十年，两方商议已略接近，而以政局倏变而止。此次法意两使，且亲至国务院外交部催办，罗文干既任财长，如何能置之不理，且罗文干整理内外债计划，及意使以不签字于增加关税相挟，均为促成速办展期合同之唯一动机。罗文干本其所信及所筹划者，毅然负责为之，原属执国务者所应尔，此案前后磋商，在罗任内，前后几达两月之久，且大致皆继续其前任者之成规，似不得谓为特别急遽，有何疑迹。攻者或不以先商海陆军部，而销购货合同，又不交阁议为疑。不知虽不交阁议，而业有咨呈，经总理批准，虽不先商海陆军部，而事后第三日即在公府当众报告，案内贵厅调查海军部之来文及呈案之前教育总长汤尔和函，均足证明之。当时总统且有办事应如此之赞同语调，则其事是否秘密，是否借急遽以营私，已可大见。攻者又以公债司拟稿，及财政部咨外交部文，皆言提交阁议，何以后又不提，仅用咨呈，然辩护人询据罗文干称，前以取消购货合同，与海陆军部有关，故拟提交阁议，后以购货合同，实由借款而来，办理借款事件，为财政部之主管，认为无须提交，但以慎重之故，特用咨呈以待总理之批准等语。查卷内公债司手摺，该部咨外交部，亦尚言提交阁议，则此案并无别情可知，如谓临时不提，即系有弊，然则谓其临时始生犯罪之心乎，犯罪不在于磋商条件之初，而在磋商既定之后，未免不近情理。况罗文干为有相当知识之人，其素行人所共见，谓其出此白昼攫金直类见金不见人之举动，似亦不伦，此应请调查案卷之经过，及前国务总理王宠惠并无与公府会食各阁员，以资证明者二。（公府会食之制，为接洽政务且报告一星期内重大事件而设，非普通宴会也，合应声明。）

（寅）展期条件。是否能以应照原合同或前展期合同之条件制人，期内利息之退让，是否有互换利益

债务之期限，在于履行，展期则为一种新契约，债务者不能有执持旧约以挟制债权者之权，且债务已达履行期，债务者无履行能力而求展期，此时恒受挟于债权者，此皆稍明事理者所能知也。故攻者以此次展期合同与前合同未尽相合为口实，殊为误会。罗文干亦人耳，安能责以人力所不能为之事，今请遍查财政部历来展期借款，有一次能较旧合同轻减者否，如其有之，罗文干可以治罪，否则攻者为此非分之刻责，谅为情法之所不容。况此次展期合同，惟期内利息六厘改为八厘一项，为抛弃已成合同之利益，查其数额，仅有四万余镑，此为互换其他有利条件而为之，（其他有利条件甚多见下）应统全部合算，方能知其损益。原起诉文称经高检厅列表比较，每年损利息五万七千四百余镑，是真莫名其妙之计算法，数字计算，非可任意增减，殊不知高检厅从何得此结数，更不知地检厅曾加以复核否，若问其互换之利何在，即如（巳）（午）两项，复利计算之改定，及欠付所得税之利息亦获免除，皆我税去已成合同之拘束而换回之利益也，即此两项，我方所获利益，较本项所失者何止倍蓰，此应请调查细账之实数，以资证明者三。

（卯）过期利息改为八厘，是否意外加重

利息之高低，视金融之松紧，及债务人之信用。近年世界金融市场，利率较前为高，而我国财政紊乱，负债失信，为有目所

共见。试就年来财政部各借款观之，曾有六厘轻利者否，奥款民五展期，已加至八厘，另有一部分展期库券款，且为周息一分零八毫，乃责此次过期利息改为八厘之不当，岂为近情？且财部展期合同，如太平洋拓业公司借款，即系原约六厘过期改为八厘，其他且有加至一分以上，甚至一分五厘以上，较原合同利率增高逾倍者，本债款在所有展期债款中，可谓为最轻省之加息，此应请调查财部已办之一切展期合同，细予比较，以资证明者四。

（辰）新债票九折，是否不正当

既曰新债票，即知其与旧债票别为一事，此项借款，名曰展期，实即起新债以还旧债也。债务到期，本应偿还现金，今以债还债，则债权人之不乐，而欲有所取偿，自在意中。以发卖债票之方法，而起新债，通例几无不有折扣，此项折扣，非还旧债之折扣，乃起新债之折扣，其理亦至明显，此新债票所以当然有折扣也。又发卖债票折扣之大小，亦有其一定原因，债务人信用佳而且债额小年限短者，则折扣自小，反是则折扣亦随其程度而大，知乎此，则本案新债票九折，有何足异。攻者或谓，旧债票已极低落，应照其现在低落价格，略增折扣发行新债，已足收回全款而有余，此则不惟谓不应折扣，且谓可以反得债权者之扣折，不知债务人非至宣告破产，则债务断无可以不如数履行之事，将谓吾政府可以被宣告破产于外人耶？此外欲旧票以折扣收回者，惟有采减债基金一法，或以其他秘密手段逐渐收买，但以今日政府之滥费，试谓有无此项巨款（本金既有四百三十余万镑，则至少亦须筹有半数，以备收买，其巨可知），运用此种政策。矧票价涨落，全以市场有人买受与否为准，瞬息之间，价格可有天渊之别，攻者如不知公债原理，则请观之现在北京交易所之债票价格情况，即可了知。诚如攻者所言，凡属低价债票，可定折扣，以另换新票，则何必奥款，举财政部所欠之十七万万内外债，只须到期不还，使之跌价，由政府另发新票以折扣换回之，此换发之新票，到期再不还，使其价格又落，如此展转折换数次，则所负巨债，一钱不还而自尽，财政部且可以借债方法，永远用为唯一之收入，以供各方面无尽之需，此语无乃儿戏耶。

攻者又谓民五展期，并无折扣，须知民五之无折扣，实因有一在人至优，在我至损，遗毒至今，成为无可改免之大问题，与之交换而始然，其事唯何，则即该前展期合同第十六款所载，对于左列之购货各合同，不得以应交之货迟交之故，有何要求或处罚是也（第二项虽有从速交货之声明，然无期限之空言，实际等于无效力）。试观案卷第十二册五年三月十七日，彼方开列手摺称"现以和好为宗旨，抛弃折扣之要求，请提议他项报酬之法"，财政总长于该手摺上亲批"与瑞记所订第五款即是莫大之报酬"，所谓瑞记第五款者即前展期合同之第十六款也。试再观卷内此合同之手摺，财政总长又在该款之上亲批，"此即是莫大之报酬"，迄今犹赫然在卷，观此可以想见当时双方交换条件之情形矣。我既提供此自杀之交换品，则区区之折扣，人亦何靳之，安得以此相例。至若九折扣头，是否过失，亦有一至显而切之比较。试查财政部所有已成之展期各外债（内债之种种假借名目重利剥扣者不计），如芝加高大陆银行借款，原折扣为百分之七，分年计之，实则百分之三·六五五，如日本造纸厂借款，原折扣为百分之五，分年计之，实则百分之二·五，如纺纱借款，为百分之六，（期限只一年）留学借款，原折扣为百分之五，分年计之，实则百分之二，而奥款折扣，则名为百分之十，而分年计算，实则百分之二（期限十年每年递还债额十分之一，应折算为五全年，折扣百分之十，以五分之，应为百分之二），可知奥款新展期折扣，在其中固为最轻之折扣，何必断断然争九六公债以八四折偿还日本，是否例外耶。此外惟水灾借款一项，原折扣为百分之三·一二五，分年计之，实则百分之一弱，较奥款小百分之一强，但该借款乃慈善性质，与普通借款本不相同，然犹不能免去折扣，则知债款展期之须有折扣，已成通例。况前列各项，除芝加高借款以外，皆无发行债票，而折扣如故，且加甚焉，乃责奥款展期办法为不当乎，此应请调查本案原合同民五展期合同之规定，并卷内关系之公文书，及卷外展期外债各成案，以资证明者五。

（巳）存六付八民五展期合同是否如此

攻者谓民五展期合同，存八付八，系以同一利率计算，此次新展期合同，乃故反民五展期已定之案，改为存六付八，此诚大误特误者也。查民五展期合同，中文译本载政府将周年利八厘利息交付银行之后，银行随即将上言五十六万四千四百二十五镑十三先令四本士一款上政府所付利息缴还政府，攻者以为是即交互式之文句。然该条译文，语意甚晦，试与英文原文对照，即知其误，应请注意，依英文原本第十五款，应译为"银行兹特声明，按照本借款各合同，及各签证书（英文用复数名词，此系指原之各合同，及各附件，若指本展期合同，则应用单数名词矣），所扣留余数存于银行手中以备购货之用者，当政府按各该合同及各该签证书（此亦用复数名词与上同）之条件所发债票，照利率（英文用单数名词，此指本展期合同以外之原各合同之六厘利率），确实交付息金时，银行每次收到息金，即将息金缴还政府，其息金之数目，即与按照上开所扣留以备购货者所得之息金相等，至银行通知政府能交货之日为止，自此通知之日后，银行毋庸将息金交回政府"。盖此条乃特为声明存款之利率，及其缴利期间之规定，其意即谓照奥款第一二三各合同及各附件扣留于银行以备购货之存款，当政府按各合同及各附件所发之债票，依照其所定之六厘利率付息时，银行每收到此六厘之息金，即将此息金中等于存款息金之数缴回政府至银行通知能交货之日为止，此后该存款即无息金，文中利率二字，指原合同所载之利率（六厘）与本展期合同（民五展期）利率（八厘）无涉。须知民五展期，仅其全债款中之一部，仅此展期部分改为八厘，此外仍系六厘，此条明载"按原各该合同之债票付利时"，可见是指付旧之六厘之利，非付新之八厘之利。银行即将此所付者，按存款之数额缴回息金于政府，可见是六厘非八厘矣。攻者只见译意较晦之中文本，未见英文原文，遂生此疑，原无足责，独怪检厅何以不查对英文本，且民五展期以后，是年六月十二月结算两次，皆照存六付八办理，文件帐单皆在卷，前次检厅侦查，业已当庭核算，不起诉处分书，亦曾叙及，此次检厅起诉状，何以又执委罪案，无乃善忘耶。此应请调查英文合同原文，及民五展期后利息计算法，以资证明者六。

（午）复利是否正当，此次展期合同，对于复利改半年一结为与一年一结折中计算，是否有利

利息过期，即算复利，为银行来往通例，亦财政部从来对于无论何种借款之一律办法，非自本案始也。本案借款，当民国四五年间，有逾期付利时，皆照补复利，民国五年十二月发给国库券，亦认付月息九厘，即利上加利。故就本款而言，亦非自此次展期始也，案卷俱在，无俟多言。攻者谓原合同及民五展期合

同,均无复利之规定,民五展期时,亦有过期借款,并未增加复利,应据之力争云云。按原合同系最初借款之合同,当然只定还本付息等事,岂有预向债权者声明到期无力付息之理。民五展期时,其已到期之利息及所得税,均已付清,所展期者,仅本金而已,既无过期利息,当然不算复利,攻者之言,可谓无的放矢。且无论何项借款合同,其初皆无复利之规定,而苟有过期付息者,皆须照算复利,不难复按也。至于原合同及民五展期合同,皆定为半年付利一次,故今日结算方法,本应将所有欠付利息,按合同所载,每半年一给复利,然此次展期合同,则设法脱去前合同之拘束,而改为半年一结与一年一结之折中计算,省付之款项,计我方所得利益,有三万余镑,攻者何抹去不提耶。此应请调查奥款前后合同及各项外债合同,并核算所省之数,以资证明者七。

（未）所得税应付与否,此次展期合同改英国当时实在税率之五先令及六先令,为与假定较轻之四先令折中计算,又欠付所得税之利息,亦经免除,是否有利

所得税本债权者因所得债息,依其国法应纳之一种税款,与债务者本来无涉,无如当日订定合同时,另以证函附带声明须由我政府代为担负,民五展期合同,亦明定之,故此项负担,非至原借款及展期借款全部清偿后,无从解免。民五以前,所得税均经照付,其后则本息及所得税皆欠而未付。此次展期,清算旧欠,自不能不一一认还。查英国所得税率,本有升降,民六以后,其税率有一时期为每镑课五先令,有一时期为每镑课六先令,按照合同,则政府实应依据各该时期之英国税率,分别课算。然此次磋商时,财政部始求免付不得,继主张一律以四先令计算,而彼方则主张按各该时之实在税率计算,经安利洋行调停,将我方主

张按四先令算出之数，与彼方主张照实在税率按五先令及六先令分别算出之数，互为减除，求出所差之数若干，再由两方平均各认一半，于是本应出七十五万余镑者，遂得省去十一万余镑，而只出六十三万余镑。攻者不知其详，乃谓税率本有一定，断不能有课五课六两歧之数，真大误也。攻者又谓奥款之所得税，不仅在英，且有在奥及其他各国者，在英不过六分之二，何能认全部之所得税云云，尤为错误。独不观原合同一则曰，还本付息在英京伦敦举行，再则曰，应另行加付息款全数上之全额所得税。夫还本付息既在伦敦举行，固应课之所得税，并郑重声明为息款全数上之全额所得税，试问尚有何术以避免之？总之前约既被拘束，则后来无从脱逃，我亦只有依约照付而已，办理者于无可避免之中，犹能省出十一万余镑之利益，何以尚须受人攻击，无乃不平。又所得税从来有逾期欠付时，皆照算利息一并偿付，此项展期合同，对于前此欠付所得税之利息，一概免除不算，此亦脱去前此成例之拘束，而获得之利益也，计省出十八万余镑之多，攻者想未知之耳，此应请调查前后合同及谈话录，又英国近年来历年所得税之税率，并本案从来欠付所得税须算利息之成案，以资证明者八。

（申）取消购货合同及抛弃定金之有无必要及其利害

今试语人曰，政府今日对于购买军用品之合同，应否取销，则必应之曰，毋竭困匮之财力，增无穷之内乱，取消为便。又语人曰，因取销已定合同，而须抛弃定金六十二万余镑，可乎，则或不免以所失过巨而又生疑沮，然则取销乎购买乎，则曰应取销，但能又不抛弃定金，免失巨款，则为善。虽然此在我之希望则然，天下无此满足之事也。今试语人曰，所购军用品，实际上已不能交货，则合同急须取消乎，则必应之曰，彼不交货，则我不付价，可以勿急。又语人曰，我之购货借款，全部已被扣存，而彼之交货无期，我则不能加以何种有效之督促，且所谓购货借款者，即借之于彼而复存于彼者也，我欠彼之款利率高，而存彼之款利率小，我须永永付以差数之利息，及随此利息之所得税则我将奈何。则必应之曰，定金之为数巨，而上述之所失较微，仍不能遽予抛弃，且彼既不能交货，则我不妨据买卖之原则，力促其交货，使之知难而退让，因而设法达我不必取销定金之目的。虽然，此专就购货契约言之，似亦至浅易见之办法，然于此有一复杂问题焉。我之购货，本由借款而来，换言之，即因借款而不能不购货，借款与购货，实则二而一者也，且购货之存款及定金，亦即为借款中之一部分。借款全部既已连年逾期，本息停付，彼方日日执约以索债，我又何能用督促交货之法以难彼。且借款明订期限，我则负之，交货并无期限，仅余从速之空言，而契约中且明载不得以迟缓而有所要求或处罚，是则彼之责我者有据，我之责彼者无制裁，我促彼交货，彼可以无制裁而不即交，彼促我还偿，并促我还其所借用扣存于彼之买价存款及定金之债，则我何辞以推诿？夫我之存款及定金，既非现金，而为借之于彼之债，此债逾期不还，则我名为有存款及定金在彼，而实则我负债于彼，而所谓存款及定金，不过一架空之名词，债既未还，此架空之存款及定金，我已先失根据。彼无时不可执持此以攻我，且无时不可从容选择其有利之办法以处分我。故彼当此时，如不以取销购货契约为利，则以债权者之资格，迫我先还所借于彼之存款及定金之债，如以不取销购货契约为利，则以债权者之资格，迫我先还所借于彼之存款及定金之债，而后按月履行交货，使我支出全部二百三十余万镑之货价，可也。彼若以取销购货为利，则以我不能还债为理由，主张以定金与我欠彼之相当之债额相杀，而要求契约取销，就其所已成之货，计算损失，索我赔偿，使我付彼以比较定金更巨之款，亦可也。彼若目前且坐收此每年差数之利息，及债款上一百六十九万余镑利息之所得税（此一百六十九万余镑即与购货存款之数目相等，计年约八万余镑，以六十二万余镑例之，有周年一分三四厘之利息），无论何时，欲实行上述两种办法，则实行之，尤无不可。总之，彼利用其债权者之地位，且以交货迟延不受制裁之特约，乘我不能还债之故，无论如何计算，惟其所利而无不可为，而我则以无力还债之故，永年永月，延颈束手，以待宰割。试再思之，定金虽巨，将忍痛抛弃此有限量之数，早予了结，并以结束全部借款之债务乎，抑听其愈陷愈绝地，以贻无穷之累乎，窃料难者至此，或瞠目不能为答。知乎此，则本案取销购货合同抛弃定金为利为害，有无必要，不待言矣。

上述理由，兹请举证以明之。奥款第一二三合同，皆叙明"兹因中央政府订借英金若干万镑，允以此款之一部分，向该行定购某货，而该行一经定购某货之合同订定有效，即允借给英金若干万镑"，又皆声明"政府应向该国定购货物，计巡洋舰重炮子弹及远镜等物，当由奥银团，共扣货款二百三十一万余镑"之语，此购货实由迫于借款而来，而购货之存款及定金，即借款中一部分之债之证也。

民五展期合同第十六款载，"政府对于购货各合同，不得以应交之货迟缓交付之故，有何要求或处罚"，此交货无期限之证也，其第二项载，"以上各合同内所载，详细条件均认为完全有效，惟切实声明其交货日期，未能按照原定合同办理，应俟欧战终结，从速交货"等语。攻者谓，既有从速交货之言，又加以切实声明之字样，则我应执从速二字，向之问责。按切实声明云者，其用意重在"交货日期未能按照原合同办理"之句，以与上文"各合同所载详细条件均认为完全有效"句相对。至于"应俟欧战终结从速交货"一语，则不照原合同办理后之办法耳，故切实声明者，乃彼方有利之声明，文义甚明，不容强解，且虽曰从速交货而无期限，而其前项又已明定为虽迟缓而不得有要求或处罚，是则根本上已失其制裁矣。换言之，不从速亦不过迟缓而已，要求不能，处罚不可，试问将奈何之耶，此我不能以交货挟彼之证也。我收回之存款，利率仅六厘，我付彼之欠款，利息则八厘，此项二厘差数，每年三万三千八百余镑，连带发生之复利，每年约一千九百余镑，又欠款八厘利息上应付之所得税，每年约四万四千五百余镑，共计八万零二百余镑（此数目系就自一九一七年至一九二二年积欠债额推算而得，可见此六年间因有购货合同存在所受上列各项损失，总数已达四十八万一千二百余镑，更可推知由此以前之损失矣）。新展期合同为十年，以我今日财政状况观之，不能于十年期内还彼巨款，殆无疑义。此后如再迟付，积累计算，所受损失可以类推。且我之不能还债，即彼之挟我还债之机会，所谓存款及定金，既亦属欠彼债务之一部分，吾债能还，则我之存款及定金，固屹然存在，否则彼不论何时，皆得任其所欲以为主张（彼方从不作取销购货合同之表示，且向作购货合同当然继续之表示，所谓取销之议，皆发自我，"此事自民国九十年间即有之，其实之财政总长，且以决定取消告彼，查卷内瑞记来函两件，叙述甚详"，言及取销，彼即要求赔偿损失，其数则达一百二十余万镑，其以有所挟而强硬，可以想见）。

我能否认之耶，此我须顾虑前后，而积极的应求避人盘剥，消极的应防人之别出他途，致生更多丧失之证也。至若奥团承造船只工程已达百分之四十，加以租借船坞，共耗去一百二十万镑，（彼之成货工本及耗费造船部分，据报已有九十余万镑，加以所谓船坞租金等费二十余万镑）较诸定金，其数加倍，有工程文件为凭，并有意政府及我驻意使馆签字证明，自不能无理由竟予抹煞，虽驻意唐公使复称不符，然无何种法律上公的证明，以此空洞之复电，何能执为拒人唯一之武器。今一面据安利洋行担保，以条件附假定而订约，一面覆查真相，留我保障余地，办事本应如此。盖条件附云者，即谓彼之损失，如超于我之定金之额，则我取消定金，否则我宁赔偿损失，而定金依然不抛弃也，此理甚明，谅不必别为举证。又若换购他货，攻者以为如此即免抛弃定金，此殊幼稚之见解，盖换货亦只能就其未成部分，（即其损失以外之部分）而换之耳，更无举证之价值矣，此应请调查上列各证据以资证明者九。

二　伪造文书部分

前节所述，若能了然，则所谓损害国家财产，能否成为本案之名辞，吾人应共见之。损害国家财产，既不成立，则试问罗文干等伪造文书，果何所为耶？虽然，原诉状既以伪造文书为俱发罪而起诉，辩护人请更为指明之。

原诉状指摘之点有二：（一）为"据钱懋勋供，旧合同，民国以后四款及展期一款，均未经阁议通过总统批准等语，是旧合同所载，均属虚构，罗文干乃明知其虚构，而据以订立，已为罗文干之所承认"云云。按钱懋勋与罗文干，各异其人，何以钱懋勋之供，当然为罗文干之所承认，罗文干在检厅供我不知道载在笔录，何以强指为已经承认，此无庸举证而知其误者也。旧合同有无总统批准，是一事实，钱懋勋不能强无为有，亦不能强有为无，检厅侦查刑事案件，有求得真相之责任，岂能捕捉被告一二语之不明，即据为罪状？辩护人查奥资本团由瑞记洋行代表两种借款合同，于民国二年四月二十二日，奉大总统批"据呈已悉，应即批准，此批"等语。又民国三年四月二十七日，续借英金五十万镑，亦于是年四月二十八日，呈奉大总统批准照办。该借款共六项，除第一第二两项，系前清所成者外，民国四项，兹兹已查得其三，举三反一可知所谓已奉明令者，并非虚构。此明令财政部卷内虽未之见，而外交部每次均有照会驻使声明之事，不难以一公函请求外交部检送备证，何以检厅乃于侦查责任上应为之事而不为之耶？抑以法律言之，公文书乃最有强力之证据，旧合同明载已奉命令，罗文干信之，未予再为进一步之调查，即使实无命令，而对于如此强有力凭证之在卷合同文字，保尔误信，亦至平常，何得据为罪状之一，无乃过于深刻乎，况以钱之所言，而牵合于罗，强谓其已承认耶！此应请调查与此案有关系之外交部，询其曾否对于驻使发生声明之照会，是否声明已奉命令，此种声明是何根据，此其一。（二）为"此次合同，全部改订，与民五展期情形不同，关系极大，以程序论，应于未签字前提交阁议并呈大总统批准，方为合法，乃竟虚构事实，沿用旧文，声明为前项合同之附件，认为已经大总统批准内阁同意，罪迹显著"云云。按此点原诉状紧要之语，在于此次合同并非前项合同之附件，与未经批准而罗文干认为批准两语。夫已经批准，前项已举命令以证明之，兹可不赘，此次合同是否前之附件，固在于人之解释，然试问此次合同，是否由于前合同不能履行而生，抑为新立之借款合同，似无待辩。既由前合同之结果而生，则认为其附件，应不能指驳其不当。且内容虽有不同之虑，而皆为结束前合同当然之结果，按照前述之计算，只有减轻国家负担，并无贻累国家损失，即使从权独断，亦无犯罪可言，况经咨呈国务总理批准，当阁员在府会晤时，报告总统及大众，而总统且有办事应如此之语，吾人果能准情酌理以判断者，应不能不予以十分之谅解。原诉状责其不合程序与不合法，须知程序与法，以有明文规定者为准。试问检厅据何法令以律之，展期合同，从来不经阁议，不待批准，先例具在，非程序乎？又况此次合同第四条所载，声明本合同系照第三条所言已经内阁同意并由大总统颁令准许云云，此颁令准许，乃指第三条之颁令准许，非此项新有之颁令准许，观英文原文，此虑特特用复数名词，即知之。攻者又以有"仍认为"之语为指摘，按刑律第二百四十条规定，明知虚伪之事实据以制作所掌文书，为伪造文书罪，虚伪之事实，即虚也，明知而据以制作，即构也，谓明知为虚而构之，使人不知其虚，而误以为实也，故谓之伪造。乃攻者谓"本条以官员明知事实据以制作所掌文书为要件，不限于自己虚构事实"殊为费解，且攻者亦谓"罗文干明知而竟诈称，即系明知虚伪据以制作"，夫诈之云者，谓将无作有也，此即虚构之义。又谓"不限于自己虚构"，然则他人虚构，自己亦应犯罪乎？前后之语何其矛盾，新展期合同第三条"自应仍认为遵照前次命令"云云，明明谓并无新发命令，仍认为遵照前次命令据事直书，何曾虚构，何曾以虚构事实制作文书乎？诬罗文干之事小，诬国家法律之事大，此应请调查前后合同之文义，并参考英文原文之合同，以证原诉状有无误会，此其二。

三 被告等有无犯罪之故意

检厅起诉之两罪，皆完全不能成立，其反证已举如前，既已非罪，又何从犯，从而更无所谓故意矣。虽然，请更言之。本案之起因，系有人告密经总统下令军警长官逮捕，据其疑点，则谓亲见有八万镑三万镑五千镑之三张支票，是为罗文干等受贿私订合同之证据，迨经调查，八万镑则完全为财政部之收入，三万镑及五千镑，则英人巴克供系彼自己与前瑞记洋行办事人之劳金，证明报告不实，且该两支票，虽书来人，而查华义洋行账簿，则凭票取款，系去年十一月十五日，在本案发生以前，其取款之来人签名，系英人巴克，并盖有该安利洋行印章，于是支票之疑惑大白，此检厅所以对于受贿罪，虽奉令再行侦查，终不能据以起诉也。夫案由受贿嫌疑而发，既已证明并非受贿，则本案根本已无成立之根据，然则所谓图利自己或他人，果何所指耶，岂罗文干无故厚爱奥银团及无记名之持票人，故意损害国家，而图利之耶，抑深有恶于己之国家而图害之耶，至于伪造文书，在原诉状之推想，当然亦认为以意图损害国家财产之目的所为之一种手段，是则目的之犯罪既无，手段之犯罪，又何所附丽？夫犯罪虽不必究其原因，而以如何原因生此犯意，检厅或法院认定事实时，则不能不加推求，原诉状舍其本而执其末，无论所加指摘皆有明显反证，无一得圆其说，及此摭拾数事，以类似周纳之文字，起诉于万众具瞻之法院之前，问其被告人究竟因何而犯此罪，所谓犯罪之故意于何征之，则缺然不详，瞠然莫解，辩护人窃深为检厅憾矣。检厅既认罗文干等有犯罪嫌疑，则此犯罪故意之证据，检厅有举证之责，非辩护人所敢越俎者也。

再者黄体濂系库藏司司长，奥款事非其主管，彼以此案有款项出纳之附带关系与该管有涉，照例会稿，他不与知，未曾参预磋商之事，据其历次口供，甚为明显。查案卷黄体濂签名之稿仅二三件，其以前之谈话磋商，皆无与列，至磋商大定之后，手摺中始见其名，则显无共同关系可知。罗文干供亦相同，钱懋勋前在检厅口供，亦认本司专责，并无称与黄共办，是黄体濂与本案应属无干，阅案卷即知之，无待别为举证。

　　此呈
京师地方审判厅刑庭

辩护人律师刘崇佑

中华民国十二年五月